电信及互联网热点法律问题案例评析

洪 彬 黄国华◎著

暨南大学出版社
JINAN UNIVERSITY PRESS

中国·广州

图书在版编目（CIP）数据

电信及互联网热点法律问题案例评析/洪彬，黄国华著. —广州：暨南大学出版社，2018.5
ISBN 978 - 7 - 5668 - 2360 - 1

Ⅰ.①电⋯　Ⅱ.①洪⋯ ②黄⋯　Ⅲ.①电信—法规—案例—中国②互联网络—科学技术管理法规—案例—中国　Ⅳ.①D922.296.5②D922.175

中国版本图书馆 CIP 数据核字（2018）第 074069 号

电信及互联网热点法律问题案例评析

DIANXIN JI HULIANWANG REDIAN FALU WENTI ANLI PINGXI

著　者：洪　彬　黄国华

出 版 人：徐义雄
策划编辑：张仲玲
责任编辑：亢东昌
责任校对：苏　洁
责任印制：汤慧君　周一丹

出版发行：暨南大学出版社（510630）
电　　话：总编室（8620）85221601
　　　　　营销部（8620）85225284　85228291　85228292（邮购）
传　　真：（8620）85221583（办公室）　85223774（营销部）
网　　址：http://www.jnupress.com
排　　版：广州市天河星辰文化发展部照排中心
印　　刷：广州市穗彩印务有限公司
开　　本：787mm×960mm　1/16
印　　张：12.5
字　　数：230 千
版　　次：2018 年 5 月第 1 版
印　　次：2018 年 5 月第 1 次
定　　价：38.00 元

Contents　目录

电话（手机）号码性质及权利归属

案例摘要

【案例一】2012年2月某运营商接到客户罗某反馈，称其13×××× 99999 号码被人盗用并转卖给他人。此号码一直是罗某本人使用，三年来一直由其本人缴费，并且一直在某市某手机经营店充值，最初 SIM 卡也在此店购买。运营商向店主了解，确认用户所说的购卡和充值情况属实。

后经运营商核查发现，13×××× 99999 号码于 2012 年 1 月 20 日上午 10 点 13 分在某大厦办理密码重置与补卡业务，办理人为温某。重置密码保证书三项条件（充值记录、SIM 卡架及激活时间）清楚具备，身份证明真实有效，联系电话为正常使用号码；SIM 卡大卡托复印件显示文字以及 PUK（PIN Unlocking Key）码真实、有效。由于补卡时无 SIM 卡，工作人员于 2012 年 1 月 20 日 10 点 13 分拨打该号码，为关机状态，后为客户办理补卡业务，一切按流程办理。2 月 2 日，13×××× 99999 号码在某市某路的服务厅办理实名登记和品牌转换业务，号码实名登记用户为钟某。

据钟某反映，2012 年 2 月 1 日从 58 同城网上看到号码 13×××× 99999 在售，非常喜欢，于是联系了 13×××× 99999 本机机主，电话里确定了交易事项、交易金额和交易地点。之后于 2012 年 2 月 2 日，驾车与卖主温某本人到某市某路的服务厅凭原手机号码 SIM 卡架、密码和随机码办理了过户（实名制登记）和品牌转换业务。业务办理成功后，钟某支付了现金 2 万元，转账 1 万元给温某。

客户罗某向运营商主张其拥有 13×××× 99999 的所有权，运营商应把号码归还其使用；钟某主张其通过交易合法拥有 13×××× 99999 的所有权，该号码应继续由其使用。

【案例二】客户黄某，1998 年登记开户尾号为 7777 的号码，后移居香港，并委托第三人李某（黄某前夫）代缴该号码的基本费用。而李某未经黄某同意，在 2004 年将号码私自过户给全某。2013 年黄某起诉运营商，认为运营商未经其授权许可，在其毫不知情的情况下，私自将该号码转让给他人使用，要求运营商恢复其对尾号为 7777 的号码的使用权。

【案例三】有一客户到运营商服务厅要为号码 13××××5888 办理过户手续，称 13××××5888 号码的使用者（机主）已经过世，客户带齐了 SIM 卡原件、旧机主有效身份证件、正确的服务密码和新机主的有效身份证件。

◆二 法律问题与分析

上述三个案例是电话（手机）号码的典型纠纷案例，电话（手机）号码的性质是什么？电话（手机）号码是否可以继承？电话（手机）号码是否适用善意取得及相关纠纷如何处理？下面我们逐一分析、探讨：

（一）电话（手机）号码是否属于物权的客体，其所有权及使用权的归属如何判断

电话（手机）号码是由数字、符号组成的用于实现电信功能的用户编号和网络编号，本来没有交易价值。但随着人们的使用，电话（手机）号码可能成为个人不希望对外公布的隐私信息，擅自公开他人电话（手机）号码就构成对他人隐私权的侵犯，电话（手机）号码具有人身权利中的隐私权利属性；某个企业或者组织拥有了某个特定的电话（手机）号码，经过一段时间的使用也可能成为其无形财产的一部分，形成具有一定价值的商誉。特别是某些易记或被赋予特殊意义的"吉祥"号码，可能有助于商誉的形成，这时电话（手机）号码就具有一定的财产权属性。关于电话（手机）号码权属的性质，司法判决中有多种截然不同的认定，查阅最高人民法院公布的裁判文书，发现大致有如下三种观点：

第一种观点认为电话（手机）号码不属于物权法意义上的不动产或动产，不是物权的客体。

如北京市通州区人民法院（2015）通民初字第 20729 号民事判决[①]认为，物

---

① 参见中国裁判文书网，http://wenshu.court.gov.cn/content/content? DocID = 9ab77f42 - 07e9 - 451f - aae9 - 7f1654a1bd4e&KeyWord = （2015）通民初字第 20729 号。

包括不动产和动产，物权指权利人依法对特定的物享有直接支配和排他的权利，包括所有权、用益物权和担保物权。根据本案查明的事实，涉案手机号码是码号资源，码号资源是由数字、符号组成的用于实现电信功能的用户编号和网络编号。涉案手机号码不属于物权法意义上的不动产或动产，无法确认涉案手机号码归个人所有或使用。

第二种观点认为电话（手机）号码是所有权的客体，用户是号码的所有权人。

如黑龙江省大庆高新技术产业开发区人民法院（2015）庆高新民初字第351号民事判决①认定，刑事案件罪犯赵某采用非法手段将被告所有的手机号码变更到原告名下，以该号码作为抵押向原告获取非法利益，而赵某在未获得手机号码所有权人即被告的同意或授权的情况下，采取非法手段处置涉案号码，将其进行抵押获取利益。《最高人民法院关于贯彻执行〈中华人民共和国民法通则〉若干问题的意见（试行）》第一百一十三条规定："以自己不享有所有权或经营管理权的财产抵押的应当认定抵押无效。"故赵某以被告所有的手机号码与原告设定的抵押无效。

第三种观点认为电话（手机）号码的所有权归国家所有，用户拥有电话（手机）号码的权利是类似租赁权的使用权（债权）。

如辽宁省盘锦市兴隆台区人民法院（2016）辽1103民初141号民事判决②认为，根据我国的法律法规及部门规章规定，移动电话（手机）号码资源属于国家所有，电信业务经营者通过审批获得许可再向国家支付费用即获得对某些特定号码资源的使用权后，与电信消费者签订服务合同，为消费者提供电信服务，所以从取得方式看，个人取得移动电话号码权利是一种租赁性质的使用权。

《中华人民共和国物权法》（以下简称《物权法》）第二条规定，本法所称物，包括不动产和动产。法律规定权利作为物权客体的，依照其规定。根据该法条的文意解释，我国法律规定的物权客体包括"物"和"权利"。有学者将物权法规定物权客体（"物"和"权利"）统称为"物"，认为"权利"属于法律规定的特殊无体物。

我们认为，基于以下几个原因，应将物权的客体分为"物"和"权利"分

---

① 参见中国裁判文书网，http：//wenshu. court. gov. cn/content/content? DocID = 471d0931 – f3f7 – 46df – b054 – a4982192dca6&KeyWord = （2015）庆高新民初字第 351 号。

② 参见中国裁判文书网，http：//wenshu. court. gov. cn/content/content? DocID = 63fb4217 – 53b4 – 4437 – a20a – 39a409908cb3&KeyWord = （2016）辽 1103 民初 141 号。

别阐述：

（1）"物"和"权利"的区别是很明显的，物权法中的"物"必须能满足人们生产或生活上的需要，且能被人力所控制、支配，物是自然界客观存在的物质；而"权利"是法律赋予权利主体作为或不作为的许可，是法律拟制物权客体；如果没有法律的拟制，权利是不存在的。

（2）由于"物"是物权的一般客体，因而物通常都是所有权的客体，民法中真正的"无主物"是不存在的（《物权法》第一百一十三条规定，遗失物自发布招领公告之日起六个月内无人认领的，归国家所有。实质上我国的"无主物"是归国家所有的）。而权利只是作为法律有特别规定的物权的客体（如质权），非一般物权的客体，如果将"权利"作为"物"，将存在权利所有权的概念，如债权的所有权，所有权的所有权等，这将完全打乱现有的债权、物权逻辑体系。

（3）将"权利"视为法律特别规定的无体物也是不恰当的。根据《物权法》规定，"物"包含动产和不动产，是一般物权的客体，权利作为物权客体需有法律明确规定。何谓"不动产"和"动产"，《物权法》未作进一步界定。但《中华人民共和国担保法》（以下简称《担保法》）第九十二条规定，本法所称不动产是指土地以及房屋、林木等地上定着物。本法所称动产是指不动产以外的物。因此，《物权法》中的"不动产"和"动产"应与《担保法》的规定做相同理解，"不动产"是指土地，以及附着在土地上的房屋、林木、道路、通信、电力、燃气基础设施等不能移动的物。除此以外的"物"都属于"动产"。一般而言，无论是动产还是不动产，均为看得见、摸得着的有体物。因此，很多学者认为《物权法》规定的作为物权客体的"物"只能是有体物。

但《物权法》中"物"是否确实仅限于有体物呢？首先，《物权法》未明确规定《物权法》的物仅指有体物，而是指动产和不动产，根据相关法律规定，不能排除动产和不动产中包含无体物。其次，我们看《物权法》第五十条的规定（无线电频谱资源属于国家所有），很显然，根据该法条无线电频谱资源是国有所有权的客体，但无线电频谱资源是看不见、摸不着的无体物。因此，我们认为，虽然《物权法》中的"物"大部分都是有体物，但《物权法》规范的"物"除了有体物外，还应包括部分看不见、摸不着的无体物，比如电力、天然气、无线电频谱等。"权利"与上述无体物也存在明显区别，更重要的是，权利作为物权客体需要有法律特别规定。关于法律规定的可以作为物权客体的权利，主要有：①《物权法》第二百二十三到二百二十八条规定的权利质权的客体（包括汇票、支票、本票；债券、存款单；仓单、提单；可以转让的基金份额、股权；可以转让的注册商标专用权、专利权、著作权等知识产权中的财产权；应收账款等）。②《中华人民共和国票据法》《担保法》《中华人民共和国公司法》《中华人民共和国商标法》《中华人民共和国专利法》和《中华人民共和国著作权法》等专门法律规定的作为物权客体的权利。而"物"是一般物权的客体，无须法律特别规定，如果将"权利"视为无体物，将导致无体物作为物权客体都需法律特别规定，这明显与现实情况不符，也是没有法律依据的。

通过以上分析，我们认为，我国物权法规定的物权客体有两类：一类是物，包含大部分的有体物及部分无体物；另一类是法律特别规定的权利。关于物权法中"物"的定义，我们比较赞同梁慧星教授负责起草的《中国物权法草案建议稿》第十条的规定："本法所称物，指能够为人力控制并具有价值的有体物。能够为人力控制并具有价值的特定空间视为物。人力控制之下的电气，亦视为物。"① 当然，该规定列举的物也不全面，电气可视为物，与电气相似的无线电频谱资源等无体物也应视为物。手机号码又叫 MSISDN（Mobile Subscriber International ISDN/PSTN Number），是由数字、符号组成的用于实现电信功能的用户编号和网络编号，是在公共电话网交换网络中唯一能识别移动用户的代码。我们可以很容易判断出电话（手机）号码不属于有体物，而是看不见、摸不着的无体物。根据以上规定，我们认为电话（手机）号码属于电信网码号资源的一种，是一种具有财产价值的无体物，是物权（包括所有权）的客体。

《中华人民共和国电信条例》（以下简称《电信条例》）第二十六条规定："国家对电信资源统一规划、集中管理、合理分配，实行有偿使用制度。前款所称电信资源，是指无线电频率、卫星轨道位置、电信网码号等用于实现电信功能且有限的资源。"工业和信息化部《电信网码号资源管理办法》第二条规定："本办法所称码号资源，是指由数字、符号组成的用于实现电信功能的用户编号和网络编号。"第三条规定："码号资源属于国家所有。国家对码号资源实行有偿使用制度，具体收费标准和收费办法另行制定。"第七条的规定："电信主管部门管理的码号资源范围包括：（一）固定电话网码号……3、本地网号码中的短号码、接入码、局号等；……（二）移动通信网码号 1、数字蜂窝移动通信网的网号、归属位置识别码、短号码、接入码等……"

根据《物权法》《电信条例》等法律法规规定及上述分析，我们同意第三种司法判决认定意见，电话（手机）号码实质只是用户有偿获得网络通信服务的一个基础性条件所附带的技术参数，但由于电话（手机）号码属于稀缺性的电信资源，具备相应的使用和交易价值，国家规定其所有权属于国家。电信业务经

---

① 梁慧星：《中国物权法草案建议稿》，北京：社会科学文献出版社 2000 年版，第 6 页。

营者通过行政许可且支付相应费用后取得电话（手机）号码的使用权，根据物权法定原则，我们认为电信运营商通过支付费用获得的电话（手机）号码使用权是一种租赁性质的债权，而运营商再将号码分配给用户使用实质是一种类似转租的权利转让行为，用户获得的是一种租赁性质的债权。

有一种观点认为，电信号码属于物权法上的权利，电信号码成为物权客体需要法律特别规定，而《电信条例》及《电信网码号资源管理办法》只是行政法规及部门规章，不是《物权法》中规定的法律，无权规定电话（手机）号码成为物权的客体。我们认为这种观点不能成立，理由如下：

（1）我们认为电话（手机）号码资源是类似于无线电频谱资源的无体物，《物权法》明确规定权利成为物权的客体需有法律规定，但未规定无体物成为物权客体需要法律特别规定，如电力、天然气等无体物自然就是物权的客体，电话（手机）号码资源是物权（所有权）的客体符合《物权法》规定。

（2）即便认为电话（手机）号码成为物权客体需要法律规定，《电信条例》和《电信网码号资源管理办法》规定电话（手机）号码资源归国家所有也是符合《中华人民共和国立法法》（以下简称《立法法》）规定的。根据《立法法》第八条规定，诸如国家主权，犯罪和刑罚，对公民政治权利的剥夺、限制人身自由的强制措施和处罚，税种的设立、税率的确定和税收征收管理等税收基本制度，对非国有财产的征收、征用等事项只能制定法律。第九条规定，本法第八条规定的事项尚未制定法律的，全国人民代表大会及其常务委员会有权作出决定，授权国务院可以根据实际需要，对其中的部分事项先制定行政法规，但是有关犯罪和刑罚、对公民政治权利的剥夺和限制人身自由的强制措施和处罚、司法制度等事项除外。由于我国尚未制定电信基本法律，国务院制定《电信条例》规定电信码号资源所有权的归属是完全合法的。

而关于用户享有电话（手机）号码所有权的观点，不但与《电信条例》规定相冲突，也与所有权的基本属性不符：

（1）"一物一权"是物权的基本原则之一，一个物之上只能设立一个所有权而不能同时设立两个及以上的所有权，除非有明确法律规定。既然《电信条例》已规定电话（手机）号码资源的所有权归国家，用户不可能再单独或与国家共同享有电话（手机）号码资源的所有权。

（2）从权利效力的范围上看，物权为对世权，债权为对人权。物权对世上任何人都有拘束力，某人对某物享有物权时，其他任何人都负有不得非法妨碍其行使物权的义务，其义务人不是特定的。而债是特定人之间的法律关系，债权只对某个或某些义务人有拘束力，债权人得向其请求给付，其他人则不受债权的约束，即债权的义务人是特定的。物权是绝对权，其权利人是特定的，义务人是不特定的，物权人以外的所有人都负有尊重物权人直接支配物并排除他人非法干涉的义务。如果用户拥有电话（手机）号码的所有权，根据所有权对世权和绝对权的权利属性，用户将有权任意处置电话（手机）号码，既可以使用或不使用，也可以随意转让或丢弃，所有权也没有期限。但实际上用户从运营商处获得电话（手机）号码的使用权，需要承诺使用运营商的电信服务，而且在用户存在不缴费或非法使用等违反电信服务合同约定的违约情况下，运营商是有权解除电信服务合同收回号码使用权的。这明显与所有权的属性不符，而与支付租金使用租赁物的租赁债权属性基本相符。

（二）用户是否可以转让电话（手机）号码

基于上面的分析，在法律上用户享有的电话（手机）号码使用权是一种租赁性质的债权，其转让行为应适用《中华人民共和国合同法》（以下简称《合同法》）的相关规定。

《合同法》第七十九条规定，债权人可以将合同的权利全部或者部分转让给第三人，但有下列情形之一的除外：（一）根据合同性质不得转让；（二）按照当事人约定不得转让；（三）依照法律规定不得转让。第八十条规定，债权人转让权利的，应当通知债务人。未经通知，该转让对债务人不发生效力。债权人转让权利的通知不得撤销，但经受让人同意的除外。第八十四条规定，债务人将合同的义务全部或者部分转移给第三人的，应当经债权人同意。第八十八条规定，当事人一方经对方同意，可以将自己在合同中的权利和义务一并转让给第三人。第八十九条规定，权利和义务一并转让的，适用本法第七十九条、第八十一条至第八十三条、第八十五条至第八十七条的规定。

根据以上规定，除了因合同性质（这类债权要么与债权人的人身有不可分割的关系，如明星代言合同；要么基于债权人与债务人间的信任关系产生，如律师代理合同等），当事人有特别约定以及法律规定（如《担保法》第六十一条就规定，最高额抵押的主合同债权不得转让）外，债权人可以将合同的权利（债权）全部或部分转让给第三人，且转让债权仅需通知债务人即可，无须债务人同意。由于债务转让需要获得债权人同意，因而债权、债务一并转让需要获得合同对方同意。

电话（手机）号码实质上只是用户有偿获得网络通信服务的基础性条件所附带的技术参数，电话（手机）号码只有用于电信服务才有价值和意义，纯粹一个 11 位或 8 位的数字组合是没有任何意义的。因此，电话（手机）号码的转让实质上是电信服务合同权利义务转让的问题，除非用户与运营商有特殊约定（如用户享受运营商优惠时，与运营商在电信服务合同中约定享受优惠期间用户不得将号码过户、转让给第三人），电信服务合同的权利和义务不属于合同性质或法律规定不得转让。因而，有些电信运营商关于电话（手机）号码不能转让的主张是不能成立的，电信运营商办理用户电话（手机）号码的过户业务，也说明实务中是存在大量电话（手机）号码转让行为的。当然，由于用户享有电话（手机）号码使用权的同时需要履行一定的义务，如号码必须进行使用并按时交纳电信费用，用户转让电话（手机）号码属于合同权利义务的一并转让，因而需要获得合同另一方（运营商）的同意。因此，只有经过运营商办理过户登记（办理过户登记可视为运营商同意转让）的电话（手机）号码转让，才发生法律效力。

（三）电话（手机）号码是否可以继承

《中华人民共和国继承法》（以下简称《继承法》）对个人合法财产继承有明确规定，依法可以继承的财产包括：①公民的收入；②公民的房屋、储蓄和生活用品；③公民的林木、牲畜和家禽；④公民的文物、图书资料；⑤法律允许公民所有的生产资料；⑥公民的著作权、专利权中的财产权利；⑦公民的其他合法财产；⑧个人承包应得的个人收益。

《最高人民法院关于贯彻执行〈中华人民共和国继承法〉若干问题的意见》第三条规定，公民可继承的其他合法财产包括有价证券和履行标的为财物的债权等。客观而言，随着财产形式的不断增加，依法可继承的个人合法财产范围也在逐步扩大。因此，我们认为作为财产性权利的债权一般都是可以依法继承的。

债权的形成原因有很多，如合同之债、无因管理之债、不当得利之债、侵权之债等。债权原则上都可以由继承人继承，但具有人身专属性的债权，如子女对父母的扶养费请求权，残废军人对有关部门的抚恤金请求权等，由于该类债权与被继承人的人身是不可分离的，会随着被继承人的死亡而消灭，不能作为遗产由继承人继续享有。无因管理是指没有法定的或者约定的义务，为避免他人利益受损失而进行的管理或者服务。我国《民法通则》第九十三条规定，无因管理人有权要求受益人偿付其由于进行管理或服务而支付的必要费用。这样在无因管理人和由于无因管理而受益的受益人之间便发生了债权债务关系。如果无因管理人死亡，其继承人可以继承由此无因管理产生的债权，有权请求无因管理受益人偿还管理或服务所花费的费用。不当得利，是指没有法律上的根据，使他人受损失而获得利益。依我国《民法通则》第九十二条的规定，取得不当得利造成他人损失的，应当将取得的不当利益返还受损失的人。如果受损失人死亡，其继承人也可以继承因该不当得利产生的债权，有权请求受益人返还其取得的不当得利。侵权之债，是指行为人不法侵害他人财产权利或人身权利而使他人遭受损失，行为人依法应对受害人承担责任。如甲损坏了乙所有的财物，乙即享有请求甲赔偿损失的债权；乙死亡后其继承人丙有权继续行使该侵权产生的债权，向甲索要赔偿金。因侵犯人身权而产生的债权可否继承，如甲打伤了乙，乙死亡后其继承人丙是否有权继续行使该侵权产生的债权，向甲索要赔偿金？近来法律界多主张人身损害的受害人未表示要求赔偿，也未表示不要求赔偿而死亡的，视为要求赔偿，因而继承人可以继承其赔偿请求权。如受害人生前已明确表示要求赔偿，则其继承人当然可以继承请求权请求侵害人赔偿。

我们认为用户对电话（手机）号码享有租赁性质的债权，电话（手机）号码使用权也是财产性权利，依法可以继承。而且，电话（手机）号码使用权的继承问题，也已有生效的法院判决作出确认。如辽宁省盘锦市中级人民法院就某电信运营商盘锦分公司与梁某的电信服务合同纠纷，作出的（2013）盘中民三终字第00158号民事判决[①]认为，该案所诉争的13××××7777号码的SIM卡是孟某生前取得的财产，在其去世后该SIM卡变成遗产。在没有确定由谁继承之前，该SIM卡的使用权处于不确定状态，作为法定继承人孟某、梁某都有取得该SIM卡使用权的可能，而确定该卡的使用权只能在继承纠纷中解决。

当然，根据《继承法》第三十三条规定，继承遗产应当清偿被继承人依法应当缴纳的税款和债务，缴纳税款和清偿债务以他的遗产实际价值为限。超过遗产实际价值部分，继承人自愿偿还的不在此限。继承人放弃继承的，对被继承人依法应当缴纳的税款和债务可以不负偿还责任。即继承债权必须同时履行相应的义务，我们认为可以继承的电话（手机）号码应是正常使用中的号码（因欠费等原因被运营商收回的号码，被继承人已失去了号码使用权，因而不能继承），且继承人继承号码使用权应当继续履行使用号码相对应的义务，如承诺继续使用相应的业务并支付相应费用。简言之，继承人继承使用电话（手机）号码，须同时继承履行被继承人原电信服务合同义务。

---

① 参见中国裁判文书网，http：//wenshu. court. gov. cn/content/content？DocID = 572bb0c4 - 8310 - 4b3b - 8e1a - e3fbeafce7e0&KeyWord = （2013）盘中民三终字第00158号。

（四）电话（手机）号码是否适用善意取得

善意取得制度，是近代大陆法系与英美法系民法中的一项重要法律制度。它是均衡所有权人和善意受让人利益的一项制度。首先，它在一定程度上维护所有权人的利益，保证所有权安全。其次，它侧重维护善意受让人的利益，促进交易安全。当所有权人与善意受让人发生权利冲突时，应当侧重保护善意受让人。这样有利于维护交易的安全，还有利于鼓励交易。在现代市场经济环境中，要求当事人对每一个交易对象的权利是否属实加以查证，很不现实，也不经济。如果受让人不知道或不应当知道转让人无权转让该财产，在交易完成后因出让人的无权处分而使交易无效，并致使善意第三人退还所得的财产，这不仅要推翻已形成的财产关系，还使当事人在交易中心存疑虑，从而造成当事人交易的不安全。法律为了避免这些不安全因素的干扰规定了善意取得制度。

虽然我国现行的民事基本法律《民法通则》未明确规定善意取得制度，但《最高人民法院关于贯彻执行〈中华人民共和国民法通则〉若干问题的意见（试行)》第八十九条规定："共同共有人对共有财产享有共同的权利，承担共同的义务。在共同共有关系存续期间，部分共有人擅自处分共有财产的，一般认定无效。但第三人善意、有偿取得该财产的，应当维护第三人的合法权益，对其他共有人的损失，由擅自处分共有财产的人赔偿。"该意见虽然只是针对共有人无权处分善意取得作出的规定，但这可视作我国善意取得制度的确立，司法实践也早就将善意取得扩展到了共有人无权处分外的所有无权处分行为了。

2007 年 3 月 16 日第十届全国人民代表大会第五次会议通过了《物权法》，其中第一百零六条对善意取得作了较为完善的规定，我国法律自此正式确立了善意取得制度。

《物权法》第一百零六条规定："无处分权人将不动产或者动产转让给受让人的，所有权人有权追回；除法律另有规定外，符合下列情形的，受让人取得该不动产或者动产的所有权：（一）受让人受让该不动产或者动产时是善意的；（二）以合理的价格转让；（三）转让的不动产或者动产依照法律规定应当登记的已经登记，不需要登记的已经交付给受让人。受让人依照前款规定取得不动产或者动产的所有权的，原所有权人有权向无处分权人请求赔偿损失。当事人善意取得其他物权的，参照前两款规定。"

很明显，《物权法》规定的是物权的善意取得，但如前述分析，电话号码的使用权属于租赁性质的债权，讨论电话号码是否适用善意取得制度，需先厘清以下两个问题：

1. 债权是否适用善意取得制度

在《物权法》出台之前，我国的司法实践仅承认动产可以适用善意取得，《物权法》第一百零六条已明确把善意取得的适用范围扩展到了不动产和动产，物权的善意取得已没有争议。

由于目前没有关于债权善意取得的明确法律规定，且债权作为请求他人为一定行为的权利，体现的只是一种未来将要获得债务人交付一定财物或完成一定工作等的期待利益，债权人本身不能基于债权而占有属于债务人的财产，处分债权很难使债权受让人实际占有债权，也很难使债权的受让人能够像支配动产那样实际支配债权，如果债权根本不存在，无辜的受让人必然会蒙受损害。所以，许多学者认为，债权原则上不能适用善意取得制度。

但我们认为，债权也是可以适用善意取得制度的。理由有：

（1）债权和物权同属财产性权利，同样可以转让，同样存在善意受让方的权利和交易安全保护的问题，物权适用善意取得，债权不适用不符合逻辑。

（2）虽然《物权法》仅规定了物权的善意取得制度，但这是因为《物权法》的规范和调整对象是物权，《物权法》当然不适合规定债权的善意取得问题。《最高人民法院关于贯彻执行〈中华人民共和国民法通则〉若干问题的意见（试行)》第八十九条实质是规定了财产的善意取得制度，财产并非仅仅指物权，债权也是一种财产性权利，根据该规定可以推论出债权也是可以适用善意取得制度的。我国《合同法》规定了代理人无权处分，善意第三人的催告追认制度，但没有善意取得制度。最新出台的《民法总则》也没有对善意取得制度作出统一规定，期待将来编撰《民法典》时能完善该问题。否则，债权的善意取得问题，只能取决于法官的自由裁量了。

（3）否认债权的善意取得制度，将使合法善意占有债权凭证失去公信力，不利于保护交易安全，不利于社会经济发展和经济秩序稳定。现实中已有大量证券化、有体化的债权，受让人也有可能善意受让了转让方无权处分的该类债权。比如，目前电影市场非常火爆，大量观众通过各种平台购买电影票观影，很明显电影票是观众支付票款后获得的可以观看电影的债权凭证。假如某个售票平台是通过非法入侵院线系统盗取院线的电影票并按照正常价格卖给观众，观众按照正常市场价格订票、取票明显属于善意（关于赃物是否适用善意取得下面另行分析），如果否认债权的善意取得，观众只能找售票平台追讨损失，而无权要求院线播放电影。我们认为，从鼓励交易、保证交易安全，促进经济发展的市场经济理念考虑，让善意买票的观众享受观影的权利，由院线向平台追究责任和损失，显然比把观众的电影票作废，由观众找平台追讨损失更为公平、合理。

从最高法院网站公布的相关案件判决分析，司法实践中也确认电话号码是可以适用善意取得制度的。如辽宁省盘锦市中级人民法院（2016）辽 11 民终 892 号民事判决①关于原审第三人姜某楠是否符合善意取得问题，姜某楠称是她让李某旭帮其买号，买完后姜某楠又将该号码送给李某旭。但从姜某楠认可卖号人郑某与李某旭谈价过程，并承认李某旭是从事买卖手机号业务的事实来看，号码 189×××××55 的实际购买人是李某旭而非姜某楠。在此号码买卖过程中，李某旭明知卖号人（郑某）与登记人（岳某）不符，并且李某旭出价 12.5 万元，郑某只要 11 万，但要求将该号码保留 3 个月，在此期间不能补卡，继续让原使用人（吴某）使用，综上，李某旭在明知号码有争议的情况下以非正常价格购买此号码，不符合善意取得的构成要件。因此，不论是李某旭还是姜某楠均不属于善意第三人。虽然该判决认定号码受让人以非正常价格购买号码，不属于善意第三人，但从判决对受让方是否属于善意的论述看，法院是倾向认可电话号码的转让适用于善意取得制度。

2. 赃物是否适用善意取得制度

所谓赃物，是指刑事犯罪中犯罪嫌疑人经由走私、盗窃、诈骗等各类犯罪行为取得的财物，当然也包括尚不构成犯罪的违反治安管理处罚的违法行为取得的财物。随着社会经济活动范围的不断扩大和市场经济的快速发展，财产的流转无时无刻不在进行。在刑事案件中，犯罪嫌疑人常常将犯罪所得赃物以低于市场交易价格出卖，许多与案件无关的第三人在不知道的情况下购买或接受该物品，这就形成了"赃物的善意取得"问题。

《物权法》正式确立了善意取得制度，但未规定赃物是否适用善意取得制度。关于刑事案件中涉案物品是否适用善意取得制度有很大的争议，有部分学者认为根据《中华人民共和国刑法》（以下简称《刑法》）第六十四条的规定（犯罪分子违法所得的一切财物，应当予以追缴或者责令退赔；对被害人的合法财产，应当及时返还；违禁品和供犯罪所用的本人财物，应当予以没收。没收的财物和罚金，一律上缴国库，不得挪用和自行处理），涉案物品不适用善意取得，应当一律追缴，或返还给受害人。故而，在司法实践中，各地法院有的支持赃物适用善意取得，对善意取得赃物不予追缴；有的法院则认为赃物不适用善意取得

---

① 参见中国裁判文书网，http：//wenshu. court. gov. cn/content/content？ DocID ＝ 63fb4217 － 53b4 － 4437 － a20a － 39a409908cb3&KeyWord ＝（2016）辽 11 民终 892 号。

制度，赃物应当予以追缴。我们经办的几起涉及犯罪分子盗取电话号码后转让的案件，法院也基本认为赃物不适用善意取得制度。比如，广州市天河区人民法院（2013）穗天法民一初字第 1004 号民事判决①认为，码号作为一种资源，其使用权具有排他性。对未经实名登记使用的手机号码，其使用权可在手机用户间进行买卖、流转和占有使用，具有财产属性。涉案号码使用权经刑事判决书确认，系被案外人罗某祥和罗某杏恶意窃取。犯罪分子违法所得的一切财物，应当予以追缴或者责令退赔；对被害人的合法财产应当及时返还，对赃物不适用善意取得制度。

其实，最高人民法院的一系列司法解释已逐步确立了赃物适用善意取得制度。1996 年 12 月 16 日最高人民法院颁布了《关于审理诈骗案件具体应用法律的若干问题的解释》（现已失效），该司法解释第十一条规定，行为人将诈骗财物已用于归还个人欠款、货款或者其他经济活动的，如果对方明知是诈骗财物而收取，属恶意取得，应当一律予以追缴；如确属善意取得，则不再追缴。1998 年 5 月 8 日，最高人民法院、最高人民检察院、公安部和国家工商行政管理局发布了《关于依法查处盗窃、抢劫机动车案件的规定》，该规定的第十二条、第十七条明确了对于盗窃、抢劫侵占、抢夺、诈骗的机动车，买主购买时不明知是赃车的，结案后予以退还买主。最高人民法院、最高人民检察院在 2011 年 3 月 1 日颁布的《最高人民法院、最高人民检察院关于办理诈骗刑事案件具体应用法律若干问题的解释》对最高人民法院 1996 年的司法解释进行了修订，并在修订后的司法解释第十条第二款再次确认了他人善意取得诈骗财物的，不予追缴。

2014 年 10 月 30 日最高人民法院发布的《最高人民法院关于刑事裁判涉财产部分执行的若干规定》全面放开了对赃物适用善意取得的范围，至此所有刑事案件中的赃物都适用善意取得。其中第十一条规定："被执行人将刑事裁判认定为赃款赃物的涉案财物用于清偿债务、转让或者设置其他权利负担，具有下列情形之一的，人民法院应予追缴：（一）第三人明知是涉案财物而接受的；（二）第三人无偿或者以明显低于市场的价格取得涉案财物的；（三）第三人通过非法债务清偿或者违法犯罪活动取得涉案财物的；（四）第三人通过其他恶意方式取得涉案财物的。第三人善意取得涉案财物的，执行程序中不予追缴。作为原所有人的被害人对该涉案财物主张权利的，人民法院应当告知其通过诉讼程序处理。"

通过以上分析，我们认为电话号码使用权作为一种可以依法转让的债权，可以适用善意取得制度，即便号码是转让方或者转让方的前手通过犯罪获取的赃

---

① 参见中国裁判文书网，http：//wenshu. court. gov. cn/content/content? DocID = 64222afe - 1028 - 44d3 - 9e30 - 20102d5955e4&KeyWord =（2013）穗天法民一初字第 1004 号。

物，只要受让方符合善意取得的构成要件，受让方可以依善意取得制度获得电话号码使用权。

三 结论

基于以上分析，我们再来讨论本文开头几个案例的具体处理：

案例一，本案中罗某是13××××99999号码的真正使用权人，温某通过欺诈手段盗取了号码使用权，钟某通过支付3万元对价从无权处分人温某处购买了13××××99999号码的使用权。由于现行法律法规并未禁止或限制号码使用权的转让，且温某将号码使用权转让给钟某是通过运营商办理了过户手续的，由于号码使用权同时负有履行电信服务合同的义务，根据《合同法》规定，经过合同对方同意的合同权利义务一并转让行为有效。虽然，本案中温某获取号码使用权的途径非法，但钟某通过运营商营业厅受让号码使用权且支付了不低于市场价格的对价，可以认定为善意。因此，本案中13××××99999号码的使用权应由钟某善意取得。原号码使用权人罗某的损失应向无权处分人温某追偿。至于运营商是否需要承担赔偿责任，则需要看运营商在号码密码重置及过户登记过程中是否存在过错。

案例二，本案中李某未经黄某即尾号为7777的号码使用权人的同意，私自将号码过户给全某。根据《合同法》规定，合同权利义务一并转让需经过合同双方同意才有效。如果本案中运营商不能证明李某转让号码使用权的行为获得了号码使用权人黄某的同意，该转让行为对黄某不发生法律效力，尾号为7777的号码的使用权仍应归黄某。

案例三，本案中客户要求继承13××××5888的使用权并办理过户手续。号码使用权属于财产性质的债权，只要客户要求继承的号码属于正常使用状态，客户可以根据《继承法》进行继承，运营商也应当为其办理过户手续。只是客户需要提供办理继承的一般性证明文件，如被继承人死亡证明，继承人与被继承人关系证明，被继承人遗嘱（证明号码归该继承人继承），被继承人没有其他继承人，或者其他继承人放弃继承的声明等。如客户无法提供或者运营商无法核实上述材料，则应要求客户通过公证或诉讼的方式取得号码继承权，运营商凭公证书或法院司法文书办理过户手续。

电信号码二次放号的责任承担

【案例一】市民孙先生某日收到一条中国银行发来的短信："您的中银×××卡在线/电话消费人民币 111 元……"孙先生很惊讶，翻了下身边的钱包，被刷的信用卡在里边，手机也在身边，自己近期没有任何网上交易。孙先生立即给中国银行打电话，告知对方信用卡被盗刷，申请紧急冻结账户，以避免财产再被盗。同时，中国银行的客服人员告诉孙先生，他被盗刷的这 111 元是通过支付宝消费的。

孙先生又赶紧给支付宝的客服打电话，询问原委。支付宝客服询问过他的一些信息后，告知孙先生他们确实查到一笔支出，是一名 135 开头的手机号码使用者花 111 元买了一张火车票。支付宝客服询问孙先生，是否曾用过 135 开头的手机号码，并用这个号码绑定过支付宝？孙先生回想了一下，记起很多年前用过一个 135 开头的号码，但大概三四年前，他就把这个手机号码送给来成都上学的表侄了。孙先生再致电该 135 手机号码，他喊表侄名字，对方说的是四川话，回他说"打错了"，挂断了电话。孙先生后多次拨打这个号码，对方再也不接听。后孙先生辗转联系到了自己的表侄，表侄告诉他，这个号码一年多前就不用了。支付宝客服向他解释说，他曾用 135 的手机号码注册过或绑定过支付宝账户，而这个账户关联了他现在被盗刷的信用卡。①

【案例二】市民李女士购买了某运营商一个合约机套餐，因为买的是畅销手机，当时排了很长时间才排到，所以在拿到手机之后就快速地选择了一个觉得不错的号码。在办好套餐后，李女士正常使用手机号码注册支付宝等网络账号时，发现该号码已经被注册。更严重的是，当别人用支付宝给她手机转账时，弹出的

---

① 《"二次放号"惹的祸：男子支付宝被盗》，搜狐网，http://www.sohu.com/a/40363923_114760。

竟然是另一个账户！因为经常网购，所以李女士长期以来也拥有自己的支付宝账号，鉴于更换了电话号码，她就将自己的新号码关联到支付宝账户，起初自己也没有发现有什么问题，但当有一次朋友给她转账输入她的手机号后竟然弹出了另一个账户，她这才发现这个号码之前已经被注册过。

知道这个事情之后，李女士立即和运营商联系，运营商告知这个号码是"二次放号"，应该是之前的机主用它注册过支付宝，因为是第三方公司，运营商没有权利干预，让李女士自己和支付宝对接。当提出能否更换号码时，运营商一口否决，并表明李女士已经签署了合约机购买合同，不能中途毁约。无奈之下，李女士只能和支付宝客服取得联系，支付宝客服表示如果想要解决李女士的问题，就必须让之前的号码使用者注销支付宝账号，只有这样李女士的账号和手机号才能统一。通过多方努力，李女士终于和之前的号码使用者取得联系，但对方对于更换账号一事迟迟不肯答复。①

【案例三】上海白领尚小姐大年三十晚上给朋友居某发了个1 000元的支付宝定向红包，发送成功后，支付宝弹出的"账单详情"上，显示的接收人也是朋友居某的名字。令她意想不到的是，尚小姐随后在"红包详情"里一查，红包被一个叫"王刚"的人领取了。

她又试着给朋友居某发了个1元的红包。难以置信的是，同样的情况再度上演。尚小姐只得给朋友居某打了个电话，居某称自己从来不认识"王刚"。居某还表示，该手机号码的确是她去年2月通过联通营业厅实名购买的，但从来没有绑定过支付宝，她本人的支付宝账户是更早以前通过邮箱绑定的。②

【案例四】周先生在某运营商营业厅充值500元获得了一个满意的手机号码，尾数两个8。没想到刚开始使用新号码，就经常接到莫名其妙的骚扰电话，有推销楼盘的，有卖保险的，还有订货的，也有汽车销售店推销新车的。刚购买的新号码，为什么被这么多人骚扰？周先生在拨打了客服电话进行咨询后，才得知这个号码是回收后再次出售的。而这些骚扰电话，都是销号之前的用户遗留下来的"后遗症"。

在收到周先生的投诉后，投诉处理员进行了二次放号的相关解释，并对该号码进行查证，原来该号码的前用户是做生意的，号码以前是他们的业务电话，在

---

① 《消费者遇"二次放号"困扰 律师：运营商有告知责任》，中国经济网，http://district. ce. cn/newarea/roll/201503/04/t20150304_4727213. shtml。

② 《千元红包发对账号领错人 二次放号惹祸》，每日财经网，http://www.mrcjcn. com/n/39918. html。

本地网站上有很多销售信息，投诉处理员建议周先生重新换个号码。①

◆二 法律问题与分析

以上都是手机号码"二次放号"引起的典型纠纷案例，下面我们根据《合同法》《消费者权益保护法》和《电信条例》等法律法规规定，分析探讨二次放号的合法性及各方当事人的责任问题。

（一）二次放号的合法性分析

所谓"二次放号"，是指电信运营商将原用户注销的电话（手机）号码收回，并在冷冻期满后再次投放市场的行为。

《电信条例》第二十六条规定："国家对电信资源统一规划、集中管理、合理分配，实行有偿使用制度。前款所称电信资源，是指无线电频率、卫星轨道位置、电信网码号等用于实现电信功能且有限的资源。"

工业和信息化部《电信网码号资源管理办法》第二条规定："本办法所称码号资源，是指由数字、符号组成的用于实现电信功能的用户编号和网络编号。"第三条规定："码号资源属于国家所有。国家对码号资源实行有偿使用制度，具体收费标准和收费办法另行制定。"第七条规定："电信主管部门管理的码号资源范围包括：（一）固定电话网码号……　3、本地网号码中的短号码、接入码、局号等……（二）移动通信网码号　1、数字蜂窝移动通信网的网号、归属位置识别码、短号码、接入码等……"

根据以上规定，电话（手机）号码是国家所有的资源，运营商是通过有偿使用的方式获取号码的使用权再分配给用户使用的。同时，在运营商与用户签订的电信服务合同中，一般也会约定如果用户欠费或者违法使用，运营商有权终止电信服务合同，并在符合相关规定的情况下收回电话（手机）号码。

另外，原信息产业部 2005 年 3 月份正式公布实施的《电信服务规范》规定：电话号码冻结时限最短为 90 日。电话号码冻结时限指该号码注销后至重新启用所需要的时间。根据上述规定，运营商可以在电话（手机）号码注销后冻结 90 天再投入市场重新使用，也就是说，运营商"二次放号"是有据可依，合法可行的。

---

① 《二次放号瑕疵不难消除网址》，中国信息产业网，http://www.cnii.com.cn/wlkb/rmydb/content/2013-12/09/content_1267926.htm。

(二) 二次放号引发责任的承担问题分析

二次放号可能引发号码原使用人与号码新使用人的损失，我们需要从法律上分析这种损失的责任承担问题：

首先，看原号码使用人损失的责任承担。

如上述案例一中孙先生是 135 开头号码的原使用人，并将该号码与支付宝账号进行了绑定。后来将号码交由表侄使用一段时间，其表侄不用该号码后被运营商收回并二次放号。由于孙先生及其表侄未在手机号码被收回及二次放号后解除号码与支付宝账号的绑定，让新用户有机会用该 135 开头的号码登录孙先生的支付宝账号，并导致了孙先生的损失。至于新用户如何获知孙先生的支付宝密码，案例未能详细交代，我们猜测可能是如下两种途径：①孙先生设置的是简易支付宝密码（如原手机号码或其中几个尾数），新用户发现手机号码绑定的不是自己支付宝账号，经过简单的测试即登录了孙先生的支付宝账号。②支付宝等相关平台都有凭随机验证码重置密码的功能，由于新用户是孙先生原号码的实际使用人，在孙先生的支付宝账号未解除与原手机号码绑定的情况下，号码新使用人可以通过"忘记密码"的密码重置功能获取支付宝平台发送的验证码，并进而重置登录密码登录孙先生的支付宝账号。而如果孙先生的支付宝账号没有设置支付密码（或者开通了小额免密支付功能），或者支付密码与登录密码一致时，则号码新使用人登录孙先生支付宝账号后还可以直接使用孙先生支付宝账号中的资金或者盗刷相关联的银行卡。

像该案例中孙先生的损失应由谁承担呢？

1. 号码新使用人（资金盗用者）的责任

我们认为，孙先生的损失应由号码新使用人承担，理由如下：

第一，号码新使用人通过支付宝盗刷他人信用卡资金可能涉嫌构成犯罪。《刑法》第三十六条规定："由于犯罪行为而使被害人遭受经济损失的，对犯罪分子除依法给予刑事处罚外，并应根据情况判处赔偿经济损失。承担民事赔偿责任的犯罪分子，同时被判处罚金，其财产不足以全部支付的，或者被判处没收财产的，应当先承担对被害人的民事赔偿责任。"《中华人民共和国刑事诉讼法》（以下简称《刑事诉讼法》）第二百三十四条规定："公安机关、人民检察院和人民法院对查封、扣押、冻结的犯罪嫌疑人、被告人的财物及其孳息，应当妥善保管，以供核查，并制作清单，随案移送。任何单位和个人不得挪用或者自行处理。对被害人的合法财产，应当及时返还。对违禁品或者不宜长期保存的物品，应当依照国家有关规定处理。"

因此，如果号码新使用人的行为构成犯罪，孙先生可要求公安机关进行追赃，并返还孙先生损失；如果无法通过追赃返还，则孙先生也可以通过民事诉讼的方式进行追讨。

《刑法》第一百九十六条第三款规定，盗窃信用卡并使用的，依照本法第二百六十四条规定的盗窃罪定罪处罚。《最高人民法院关于审理扰乱电信市场管理秩序案件具体应用法律若干问题的解释》第八条规定，盗用他人公共信息网络上网账号、密码上网，造成他人电信资费损失数额较大的，依照《刑法》第二百六十四条的规定，以盗窃罪定罪处罚。《最高人民法院、最高人民检察院关于办理盗窃刑事案件适用法律若干问题的解释》（法释〔2013〕8号）规定，盗窃的数额，按照下列方法认定：盗窃公私财物价值一千元至三千元以上、三万元至十万元以上、三十万元至五十万元以上的，应当分别认定为《刑法》第二百六十四条规定的"数额较大""数额巨大""数额特别巨大"。

根据以上规定，盗窃信用卡并进行使用以及盗用他人账号、密码上网，造成他人电信资费损失数额较大的，都可认定为盗窃犯罪。虽然案例一中通过支付宝账号盗刷他人信用卡消费与《刑法》和司法解释规定的情形有所不同，但我们认为，本案中的号码新使用人明知通过支付宝账号刷的是他人的信用卡而进行消费使用，明显存在非法占有他人财物的主观故意，测试或重置密码登录他人支付宝账号，并通过该账户盗刷他人信用卡也符合盗窃信用卡并进行使用的盗窃犯罪构成要件，只要该行为造成孙先生损失的金额达到了《刑法》或司法解释规定的"较大"数额时，号码新使用人将构成盗窃罪（由于案例一中孙先生的损失只有111元，该损失达不到盗窃罪的立案标准）。

号码新使用人登录孙先生的支付宝账号并盗刷信用卡的行为，即便不构成犯罪，也属于违反《治安管理处罚法》的违法行为，可按《治安管理处罚法》的规定，处5日以上10日以下拘留，并可以处500元以下罚款；同时，孙先生可以通过民事诉讼程序要求号码新使用人承担民事赔偿责任。

根据2013年9月1日实施的工业和信息化部《电话用户真实身份信息登记规定》第五条规定，电信业务经营者应当依法登记和保护电话用户办理入网手续时提供的真实身份信息。孙先生可以申请司法机关查询二次放号号码新使用人的真实身份信息，并依法向其追偿损失。

2. 电信运营商的责任

但是，由于案例一是发生在国家全面要求电话号码实名制登记以前，孙先生可能根本无法找到号码新使用人。在此情形下，孙先生还可以向谁要求赔偿？电信运营商需对此承担责任吗？

由于是运营商将过了冷冻期的号码再次投入市场分配给新用户使用，二次放号引起相关问题的责任，人们首先想到的肯定是电信运营商，那么因为二次放号引起的相关责任真的都应由电信运营商承担吗？

我们认为，判断电信运营商是否需就孙先生的损失承担赔偿责任，需先厘清二次放号过程中各方的法律关系。

我们知道，按照责任产生的具体事由，民事责任可分为侵权责任、违约责任、缔约过失责任、不当得利责任和无因管理责任等具体责任。

先看侵权责任。根据《民法通则》《中华人民共和国侵权责任法》（以下简称《侵权责任法》）的规定和一般侵权责任理论，我们认为一般侵权责任需要有如下四个构成要件：①侵害行为；②损害事实；③侵害行为与损害事实的因果关系；④行为人的过错。

当然，基于侵权责任归责原则的不同，行为人过错并非承担侵权责任的必然构成要件，《侵权责任法》第七条规定，行为人损害他人民事权益，不论行为人有无过错，法律规定应当承担侵权责任的，依照其规定。《侵权责任法》及相关法律也有较多的无过错侵权责任条款，如《侵权责任法》第三十二条规定，无民事行为能力人、限制民事行为能力人致人损害的，由监护人承担侵权责任。第三十四条规定，用人单位的工作人员因执行工作任务造成他人损害的，由用人单位承担侵权责任。第六十五条规定，因污染环境造成损害的，污染者应当承担侵权责任。第六十九条规定，从事高度危险作业造成他人损害的，应当承担侵权责任。第八十六条规定，建筑物、构筑物或者其他设施倒塌造成他人损害的，由建设单位与施工单位承担连带责任。《中华人民共和国道路交通安全法》第七十六条规定，机动车与非机动车驾驶人、行人之间发生交通事故，机动车一方没有过错的，承担不超过百分之十的赔偿责任。因此，理论界有关于侵权责任三构成要件和四构成要件的争议，三构成要件说认为过错不是侵权责任的构成要件。我们认为由于一般侵权责任的归责原则是过错原则（过错推定也是过错原则的一种特殊情形，实质只是将过错的举证责任倒置，一般过错坚持"谁主张，谁举证"原则，即一般侵权需要由被侵权人举证证明侵害人存在过错；而过错推定是法律规定先推定侵害人有过错，侵害人需要举证证明自己无过错才能免责），无过错侵权责任需要法律特别规定。因此，一般的侵权责任应具备下述四个构成要件才能成立：

（1）侵害行为，一般而言侵害行为是指侵犯他人权利或者合法利益的加害行为，是一种主动作为的积极行为。但在特殊情形下，消极的不作为也可能承担侵权责任，即所谓的不作为侵权责任，产生不作为侵权责任的前提是行为人违反了法律规定、合同约定或基于先前行为产生的作为义务。如，成年人带着邻居的小孩去登山，孩子遇险，该成年人却不履行救助义务。又如，一同饮酒者对同伴过量饮酒、酒后驾车的行为，未尽提醒、劝阻、警示的义务等。

（2）损害事实，是指他人财产或者人身权益所遭受的不利影响，包括财产损害、非财产损害，非财产损害又包括人身损害、精神损害。我国《侵权责任法》规定的侵权责任客体（民事权益）包括生命权、健康权、姓名权、名誉权、荣誉权、肖像权、隐私权、婚姻自主权、监护权、所有权、用益物权、担保物权、著作权、专利权、商标专用权、发现权、股权、继承权等人身、财产权益。损害不仅包括现实的已存在的不利后果，也包括构成现实威胁的不利后果。

（3）侵害行为与损害事实之间的因果关系，是指各种现象之间引起与被引起的关系。侵权法上的因果关系包括责任成立的因果关系和责任范围的因果关系。责任成立的因果关系，是指行为与权益受侵害之间的因果关系，考量的是责任的成立。责任范围的因果关系，是指权益受侵害与损害结果之间的因果关系，涉及的是责任成立后责任形式以及责任大小的问题。

（4）行为人的过错，是指行为人应受责难的主观状态。过错分为故意和过失两种形式。故意是指行为人明知自己的行为会发生侵害他人权益的结果，并且希望或者放任这种结果发生的主观状态。过失是指行为人应当预见自己的行为可能发生侵害他人权益的结果，但却因为疏忽大意而没有预见，或者已经预见而轻信能够避免的主观状态。我国《民法通则》将过失分为重大过失和一般过失。所谓重大过失，是指行为人极为疏忽大意的情况；而一般过失则是指尚未达到重大过失的过失。在我国民法上，一般将故意和重大过失相提并论。法律对行为人提出了较高的注意义务，而行为人没有达到该较高的注意义务，但却达到了一般人的注意义务，此时就认为构成一般过失；假如行为人不仅未达到较高的注意义务，同时连一般人的注意义务都没有达到，就认定为重大过失。

基于以上侵权责任常识，我们来分析案例一中电信运营商是否应承担侵权责任。案例一中孙先生的损失是由二次放号后的号码新使用人非法登录其支付宝账号并进行刷卡消费造成的，孙先生的财产权受到了侵害，因而损害事实是存在的。如上所述，由于号码资源的有限性，电信运营商根据《电信服务规范》等法规规定将过了冷冻期的号码二次投入市场是合法的经营行为，且二次放号行为与孙先生资金被盗用的损害事实之间没有必然因果关系，假如孙先生或其表侄在注销手机号码前解除与支付宝的绑定，号码新使用人就不可能盗用其资金。另外，在二次放号过程中，电信运营商也不存在过错。因此，我们认为，案例一中，孙先生追究电信运营商的侵权责任是没有事实和法律依据的。

再看违约责任。《合同法》第一百零七条规定："当事人一方不履行合同义务或者履行合同义务不符合约定的，应当承担继续履行、采取补救措施或者赔偿损失等违约责任。"所谓违约责任，是指合同当事人不履行或不完全履行合同义务应当承担的民事责任。

《合同法》实施以来，国内学界关于违约责任的归责原则问题分歧较大。《合同法》第一百零七条规定："当事人一方不履行合同义务或者履行合同义务不符合约定的，应当承担继续履行、采取补救措施或者赔偿损失等违约责任。"同时"分则"中第一百八十九条规定："因赠予人故意或重大过失致使赠予的财产毁损、灭失的，赠予人应当承担损害赔偿责任。"第一百九十一条第二款规定："赠予人故意不告知瑕疵或者保证无瑕疵，造成受赠人损失的，应当承担损害赔偿责任。"第三百零三条规定："在运输过程中旅客自带物品毁损、灭失，承运人有过错的，应当承担损害赔偿责任。"第三百二十条规定："因托运人托运货物时的过错造成多式联运经营人的损失的，即使托运人已经转让多式联运单据，托运人仍然应当承担损害赔偿责任。"第三百七十四条规定："保管期间，因保管人保管不善造成保管物毁损、灭失的，保管人应当承担损害赔偿责任，但保管是无偿的，保管人证明自己没有重大过失的，不承担损害赔偿责任。"第四百零六条规定："有偿的委托合同，因受托人的过错给委托人造成损失的，委托人可以要求赔偿损失。无偿的委托合同，因受托人的故意或者重大过失给委托人造成损失的，委托人可以要求赔偿损失。受托人超越权限给委托人造成损失的应赔偿损失。"第四百二十五条规定："居间人故意隐瞒与订立合同有关的重要事实或者提供虚假情况，损害委托人利益的，不得要求支付报酬并应当承担损害赔偿责任。"

就如上规定，学术界对"《合同法》规定的是什么样的归责原则"这一问题，绝大多数学者认为是严格责任原则，也有学者坚持过错责任原则，还有一种观点认为应是以严格责任为主、过错责任为辅的归责原则。我们同意第三种观点，根据《合同法》第一百零七条规定，绝大多数违约责任均属严格责任，只要证明违反了合同约定，且不属于法律规定的免责事由（如不可抗力）引起的，不论违约方主观是否存在过错均应承担违约责任；少部分法律特别规定的需以违约方过错为前提的违约行为，按照过错责任原则（含过错推定原则）处理。

分析违约责任，需以当事人之间存在合同关系为前提，如果没有合同约定的义务，就谈不上违反合同约定（违约）。案例一中，孙先生的135号码已经销户并被电信运营商收回，据此可以确定，孙先生与电信运营商的电信服务合同已经终止，而且孙先生的支付宝账号资金被盗用是发生在孙先生与电信运营商的电信服务合同终止以后。因此我们认为，本案中孙先生追究电信运营商违约责任的前提不存在。

当然，《合同法》第九十二条规定："合同的权利义务终止后，当事人应当遵循诚实信用原则，根据交易习惯履行通知、协助、保密等义务。"这是我国合同法明确规定的合同当事人后合同义务，关于违反后合同义务责任的性质，有人认为它是一种独立的民事责任，与不当得利、无因管理、侵权行为、违约行为、缔约过失共同构成债的体系，但又认为承担后合同义务责任需有违反后合同义务的行为、损害后果的发生、违反后合同义务的行为与损害后果之间存在因果关系和行为人存在主观上的过错四个构成要件。我们认为，违反后合同义务责任实质是一种侵权责任，后合同义务责任的四个构成要件就是一般侵权责任的构成要件，当事人承担后合同义务责任的前提是，当事人违反了诚实信用原则（有主观过错），且实施了侵害对方当事人的权益的作为（违反保密义务）或不作为（违反通知、协助义务）违法行为。

目前手机号码已成为现代互联网平台认证身份和维护密码安全的一项重要工具，微信、支付宝等网络平台的账号注册与密码保护都需要手机号码，银行交易短信、信用卡、水、电、煤气信息通知均需与手机号码建立捆绑关系。案例一中，如果孙先生或其表兄是主动到电信运营商处办理135号码的销户手续，电信运营商应基于诚实信用原则，提醒用户在注销手机号码时尽快解除手机号码与相关平台的绑定关系，并提示不解除绑定可能存在的风险。如果孙先生的手机号是因为拖欠通信费用被电信运营商停机并回收的，我们认为，电信运营商也有义务在收回号码的同时下发短信提醒用户解除绑定关系。如果孙先生能够举证证明电信运营商未履行该提醒义务，电信运营商是应当依据其过错程度承担一定责任的。

另外，我们认为，本案中不存在孙先生依据缔约过失、不当得利或无因管理追究电信运营商责任的事实基础。因此，在此不做论述。

3. 支付宝等第三方平台的责任

关于支付宝平台是否需要承担用户资金被盗的责任，我们认为还需进一步区分是盗用用户支付宝账号内资金（用户通过充值或转账等方式存入支付宝账户的金额），还是通过支付宝盗刷用户银行卡内资金。

（1）通过支付宝平台盗刷银行卡的情形。

案例一中孙先生的资金是被人通过支付宝平台盗刷中国银行信用卡进行消费

的，本案中支付宝只是作为一个网络服务平台。根据《侵权责任法》第三十六条的规定，网络用户、网络服务提供者利用网络侵害他人民事权益的，应当承担侵权责任。网络用户利用网络服务实施侵权行为的，被侵权人有权通知网络服务提供者采取删除、屏蔽、断开链接等必要措施。网络服务提供者接到通知后未及时采取必要措施的，对损害的扩大部分与该网络用户承担连带责任。网络服务提供者知道网络用户利用其网络服务侵害他人民事权益，未采取必要措施的，与该网络用户承担连带责任。

本案例中135号码的新使用人非法登录孙先生的支付宝账号并利用支付宝平台盗用孙先生的中国银行信用卡消费，属于利用网络服务实施侵权行为。除非能够证明支付宝帮助135号码的新使用人实施侵权行为，或者支付宝平台知道135号码的新使用人利用其网络服务实施侵权而未采取必要措施，支付宝作为支付平台是不应当对孙先生的损失承担责任的。

本案例中我们还需分析一下支付宝的密码重置业务，是否存在帮助135号码的新使用人实施侵权的问题。我们认为支付宝通过向支付宝账号捆绑的手机号码发送随机验证码就能重置支付宝登录密码的规则，是存在一定安全隐患的。如出现本案中手机号码的真实使用人与支付宝账户绑定时不一致，或者支付宝账户绑定手机号码的手机被盗用等情形，由于实际手机号码使用人能够接收和掌握支付宝平台发送的随机验证码，盗用者可以轻而易举地通过重置密码登录他人支付宝账号。但这一安全隐患能否认定支付宝存在帮助他人实施侵权行为构成共同侵权呢？我们认为，帮助侵权作为一种特殊的侵权方式，其成立必须以帮助者的主观过错为前提，即帮助者明知他人正在或将要实施侵权行为，而主观上故意或过失为他人实施侵权提供条件或帮助。本案中支付宝根据业务规则向支付宝账户捆绑的手机发送随机验证码时，并不知道手机号码的使用人并非支付宝账号使用人，主观上不存在帮助他人侵权的过错。而且，该业务规则的主要目的确实是为广大正常用户忘记密码时提供的相对安全、合理的找回密码方式，虽然该业务规则客观上存在一定的安全隐患，但在没有法律法规禁止该类做法的情况下，该业务规则也不存在违法性。因此，我们认为本案中支付宝不应由于密码重置规则存在一定安全隐患而承担共同侵权责任。

（2）盗用用户支付宝账户内资金的情形。

假如案例一中号码新使用人不是盗刷孙先生的信用卡，而是孙先生支付宝账户中本身有一定资金，号码新使用人直接盗用支付宝账户内资金进行消费，支付宝是否需要承担赔偿责任？我们认为，用户通过充值或者转账将资金存入支付宝账户，用户与支付宝形成的应当是储蓄合同关系。关于储蓄合同的法律性质，在理论上，学术界有不同的观点：第一种观点认为存款行为不转移存款所有权，该行为本质是一种寄托行为。由于我国法律没有寄托行为的规定，故储蓄合同属于我国《合同法》所规定的保管合同；第二种观点则认为储蓄合同是一种借用合同，即储蓄机构实际是通过合同获得了资金的使用权，属于借用储户的资金；第三种观点认为储蓄行为是一种消费寄托行为，储户在将资金存入储蓄机构时，资金的所有权即刻转移给银行。该观点的主要理由是，根据"货币所有与占有一致"一般原则（即谁占有货币，谁就拥有货币的所有权），货币资金一旦存入储蓄机构，其所有权即刻转移至储蓄机构。

由于我国法律没有关于寄托或者消费寄托合同的规定，我们无法对储蓄合同寄托或消费寄托合同的性质进行认定。但我们认为储蓄合同中，储户在将资金存入储蓄机构的时刻，资金的所有权是转移至储蓄机构的。我国现行立法和司法实践已经确认储户对储蓄机构享有的是支付存款本息的请求权（债权），而非返还资金及孳息的物上请求权。比如，《中华人民共和国商业银行法》（以下简称《商业银行法》）第七十一条规定："商业银行不能支付到期债务，经国务院银行业监督管理机构同意，由人民法院依法宣告其破产。商业银行被宣告破产的，由人民法院组织国务院银行业监督管理机构等有关部门和有关人员成立清算组，进行清算。商业银行破产清算时，在支付清算费用、所欠职工工资和劳动保险费用后，应当优先支付个人储蓄存款的本金和利息。"《存款保险条例》第五条规定："存款保险实行限额偿付，最高偿付限额为人民币50万元。同一存款人在同一家投保机构所有被保险存款账户的存款本金和利息合并计算的资金数额在最高偿付限额以内的，实行全额偿付；超出最高偿付限额的部分，依法从投保机构清算财产中受偿。"上述法律、行政法规已明确确定了存款人对储蓄机构享有的是债权，在储蓄机构破产时除了保险理赔的最高50万元外，存款人未能偿付的资金只能列入破产债权。又如，各级法院大量司法判决已认定，只有能够特定化的货币资金（如开列专用账户保管的保证金）才能不作为破产财产，允许保证金缴纳人在破产时行使取回权取回。

因此，我们认为储户存入的资金发生被盗用等导致储蓄机构不能依约定向储户返本付息的情形时，储蓄机构即违反合同义务，属于违约，除非存在储蓄机构侵害储户权益的侵权竞合行为，否则储蓄机构应当依照合同约定向储户承担违约责任。违约责任原则上是无过错责任，除非法律另有规定，非违约方无须证明违约方存在过错即可要求违约方承担责任。查阅《合同法》《商业银行法》《储蓄管理条例》等相关法律法规，未发现关于储蓄合同违约责任需以储蓄机构存在过错（或推定过错）为前提的规定，因此，我们认为储蓄合同的违约责任是无过错严格责任，只要发生不能按时返本付息的违约情形，且储蓄机构不能证明损失是由不可抗力或储户的违约行为造成，储蓄机构就应当承担赔偿损失等违约责任。根据《合同法》第一百二十一条的规定，当事人一方因第三人的原因造成违约的，应当向对方承担违约责任。当事人一方和第三人之间的纠纷，依照法律规定或者按照约定解决。如果储户的损失是由于第三人原因造成的，储蓄机构向储户承担违约责任后依照法律或者约定与第三人解决。当然，依据法律规定及储蓄合同约定，储户负有保护银行密码等个人信息的义务，由于储户故意或过失造成密码等个人信息泄密并进而造成损失的，可视为储户也有违约行为，根据《合同法》第一百二十条的规定，当事人双方都违反合同的，应当各自承担相应的责任。

由于盗用支付宝账户内资金的性质与盗用银行账户内资金的性质相同，因此，关于盗用支付宝账户内资金支付宝责任承担的分析，适用前文关于案例一中孙先生被盗刷银行卡的发卡银行（中国银行）的责任分析。

另外，据报道支付宝方面已公开承诺，如果确因二次放号导致用户资金被盗，支付宝会全额赔付。工业和信息化部《关于规范电信服务协议有关事项的通知》规定，电信业务经营者在合同外通过书面形式或大众媒体方式公开做出的服务承诺，自动成为电信服务协议的组成部分。虽然支付宝不属工信部通知规范的电信业务经营者，但依照《合同法》及最高法院相关司法解释，我们认为，对于支付宝等相关业务经营者都可以参照适用工信部的相关规定，经营者在合同外通过书面形式或大众媒体方式公开做出的服务承诺都应成为相关服务合同的组成部分，经营者应当依照公开承诺履行，否则，作为合同对方的广大消费者可以追究经营者的违约责任。

4. 孙先生自己的责任

《合同法》第一百二十条规定，当事人双方都违反合同的，应当各自承担相应的责任。《侵权责任法》第二十六条规定，被侵权人对损害的发生也有过错的，可以减轻侵权人的责任。

案例一中孙先生未在注销手机号码后解除手机号码与支付宝账号的捆绑关系，是造成其经济损失的重要原因。因此，无论是根据《合同法》追究违约责任，还是根据《侵权责任法》追究侵权责任，孙先生自己对损失也应承担一定责任。

其次，看号码新使用人损失的责任承担。

案例二、三、四都涉及二次放号号码新使用人损失的责任承担问题，由于号码新使用人是从电信运营商处获取号码使用权，对于号码使用中出现的问题和造成的损失，首先想到的责任主体应当是电信运营商。下面我们先分析电信运营商对二次放号号码新使用人的责任承担问题。

同样对电信运营商是否需要对号码新使用人的问题或损失承担责任，也应基于侵权和违约的法律规定及相关理论进行分析：

号码新使用人与电信运营商订立了合法有效的电信服务合同关系，如果电信运营商需要对号码新使用人承担民事责任，则应是违约责任或者违约责任与侵权责任的竞合。

号码新使用人与电信运营商订立的是电信服务合同，号码使用者本人负有交付电信费用的义务，享有接受电信服务的权利；电信运营商享有收取电信费用的权利，负有提供电信服务的义务。电话号码作为提供电信服务的必要技术参数，电信运营商有义务保证核发给用户的电话号码能够用于正常的通信服务，保证用户能够用该号码办理运营商已开办的各类业务。但是，除非电信运营商明确向用户作出了承诺，承诺其核发给用户的电话号码一定能够绑定支付宝等第三方平台，与第三方平台绑定并非电信服务合同约定的服务内容，而且与第三方平台进行绑定是用户与第三方平台自主订立的平台服务合同关系，根据合同相对性原理，电信运营商无权介入用户与第三方平台的服务合同关系中，电信运营商无法确认和控制其核发的手机号码是否已与第三方平台进行了绑定。因此，我们认为，除非电信运营商做了明确承诺，否则用户不能以号码不能绑定支付宝等第三方平台为由，向电信运营商主张违约赔偿责任。

至于案例三中的发错红包及案例四中的电话骚扰问题，我们认为这两个案例的问题也非电信运营商违约或侵权引起。发错红包是由于发送人仅凭手机号码就认为是其朋友，而未尽基本的核实收款人身份的注意义务，相关损失应由其自负。受到各种电话骚扰是原号码使用人在注销号码后未及时将其在相关网站留下的宣传和联系方式删除或更新，相关人员根据原号码使用人留下的电话号码联络也是合法的民事活动，该类行为虽然客观上造成了对号码新使用人的滋扰，但该行为确与电信运营商的正常电信服务无关，电信运营商不存在任何侵权或违约行为。因而，电信运营商无须对案例三和案例四的问题承担责任。

三 结论

基于以上分析以及四个案件的具体处理，我们认为电信运营商可以在电话

（手机）号码注销后冻结 90 天再投入市场重新使用，二次放号是有据可依的合法行为。当然，根据《消费者权益保护法》第八条的规定，消费者享有知悉其购买、使用的商品或者接受的服务的真实情况的权利。鉴于目前手机号码已成为现代互联网平台认证身份和维护密码安全的一项重要工具，二次放号的号码可能因为存在与第三方平台的绑定等情况，也可能会出现如案例中对号码新、旧使用人产生不良影响的问题。因此，我们认为，电信运营商在向用户核发手机号码时有义务向用户说明二次放号的情况。在运营商明确告知了核发号码为二次放号的情况下，用户要么重新选择其他号码，要么接受二次放号号码的相关风险。如果电信运营商不告知二次放号情况，用户可以侵犯其知情权为由要求运营商承担一定责任。

至于二次放号号码绑定的"支付宝""微信"等相关平台问题，绑定关系是号码原使用人与平台的合同关系，解除绑定需号码原使用人与相关平台确定，电信运营商无权解除绑定。在电信运营商告知二次放号情况下，新用户选择使用二次放号的号码，则意味着号码新用户应承担相关风险，使用二次放号号码产生的损失，应根据各方的过错承担。

电信不限量套餐的违约判定

【案例一】2015 年 3 月，聂某起诉中国移动北京公司（以下简称"北京公司"）称，其依据北京公司在其网站和书面传单提出的要求，在 2014 年 12 月 10 日更换 USIM 卡并执行短信开通 4G 的指令，10086 短信回执告知"提示：您目前订购的套餐无法开通 4G 功能。如需开通 4G 功能，请先行取消移动数据流量 MO 包月套餐"。聂某认为，北京公司违反了《电信条例》第四十一条①第一款的规定，"电信业务经营者在电信服务中，不得有下列行为：（一）以任何方式限定电信用户使用其指定的业务……（四）无正当理由拒绝、拖延或者中止对电信用户的电信服务"②。聂某向工业和信息化部电信用户申诉处理中心申诉，北京公司仍然拒绝其诉求。除此之外，聂某还多次拨打北京公司热线咨询其使用的"全球通基础套餐"88 商旅套餐中的流量是否 2G/3G/4G 通用，都得到肯定答复。但其提出想使用这部分 4G 流量的时候，却遭到北京公司客服拒绝，原因也是公司规定，如果想使用这部分 4G 流量必须放弃其现在使用的移动数据流量 MO 包月套餐。因个人业务需求，聂某希望将"全球通基础套餐"88 商旅套餐的 88 元套餐变更为 128 元套餐，遂于 2015 年 2 月 11 日在北京公司提供的服务网站上进行套餐变更操作，但该操作无法执行，网站提示"客户已订购移动数据流量产品 MO 包月套餐"。聂某因此要北京公司：1. 依据《电信条例》规定无条件为原告手机号 139××××××××开通 4G 业务；2. 依据《电信条例》规定，无条件允许原告自由转换其指定的"全球通基础套餐"。

北京公司辩称：聂某所使用的号码 139××××××××为北京公司全球通

---

① 2016 年修订后的《电信条例》为第四十条。
② 2016 年修订后的《电信条例》为第四十条第一款第（三）项。

品牌，2006 年 2 月 23 日办理了"移动数据流量产品 MO 包月套餐"（资费 20 元/月，不限中国大陆范围内 CMWAP 接入点 GPRS 流量）。北京公司自 2013 年 11 月 20 日正式开通 4G 上网业务，为进一步更好地服务广大客户，北京公司随后推出 4G 移动数据流量套餐资费。但办理 4G 移动数据流量套餐存在限制，相关内容在北京公司门户网站中已有说明，即：4G 数据流量可选包与部分流量特殊套餐等无法同时办理。按照业务规则，MO 包月 20 元不限量 CMWAP 上网套餐属于特殊流量套餐，故不能与 4G 流量套餐同时办理。①

【案例二】鲍某是中国移动动感地带客户，号码为 139×××3165。中国移动于 2004 年 6 月 1 日至 7 月 31 日特别推出 MO 手机上网"任我行"套餐，内容如下：1. 每月 20 元通信费，即可不限量使用 MO 手机上网业务，并可免信息费使用"任我行"免费特区下所有业务；2. "任我行"免费特区位于"移动梦网"——"浙江风采"栏目下；3. 2004 年 6 月 1 日—7 月 31 日，办理 MO 手机上网"任我行"套餐 6—8 月交纳的每月 20 元包月费将在套餐生效次月起返还等值话费。鲍某参加了"手机上网任我行套餐"，2013 年 11 月 23 日移动公司补换卡并变更其增值业务，订购了 GPRS（4G）功能，于当日生效。后鲍某得知 GPRS（4G）功能已被改为 GPRS（4G）高速功能。鲍某现以 2014 年 1 月 1 日起有异常扣费等为由提起诉讼，要求：1. 移动公司提供号码（139×××3165）2013 年 11 月—2014 年 8 月的上网数据详单，包括以后提供该号码产生的上网数据流量详单；2. 移动公司恢复鲍某 GPRS（4G）功能；3. 移动公司按照合同协议恢复鲍某在现有 4G 网络下 CMWAP 接入上网按"手机上网任我行套餐"资费执行。②

【案例三】2014 年 3 月 23 日，梁某在移动公司的营业厅通过过户登记的方式，获取全球通电话号码 1392266××××。该号码包含于 2009 年 3 月 1 日起生效的"25 元客户关怀数据包"，内容包括：20 元 GPRS 套餐，WAP 的 GPRS 流量包月；10 元短信套餐，含 120 条网内短信；套餐优惠价格，25 元/月。

2014 年 4 月 16 日，移动公司正式推出 4G 服务。2014 年 7 月 2 日，梁某致电移动公司客服电话 10086，要求办理 4G 套餐，移动公司的客服人员告知梁某：由于涉案号码仍在使用"25 元数据业务包"，所以无法办理 4G 套餐。梁某表示

---

① 参见中国裁判文书网，http：//wenshu. court. gov. cn/list/list/？sorttype = 1&number = KEE3CCZT&guid = 9d33ad58 - 8ed1 - 1f2c3dc3 - 5ff986f4380e&conditions = searchWord + QWJS + + + 全文检索：(2015) 二中民终字第 07268 号。

② 参见中国裁判文书网，http：//wenshu. court. gov. cn/content/content？DocID = 891105c4 - af63 - 4674 - a62f - 1bca74eeb884&KeyWord = (2015) 浙杭民终字第 3096 号。

不接受该解释。2014 年 7 月 3 日，移动公司的工作人员电话回复梁某：如需办理 4G 套餐，需先取消"25 元数据业务包"。2014 年 7 月 21 日，梁某再次致电移动公司客服电话 10086，要求办理"88 元 4G 商旅套餐"。当日，移动公司的客服人员在未取消"25 元客户关怀数据包"的情况下，为梁某的电话号码 1392266×××× 办理了"88 元 4G 商旅套餐"。该套餐于 2014 年 8 月 1 日起生效，内容包括：含国内拨打国内电话（不含台港澳，不含视频通话）350 分钟，超出通话时长资费 0.19 元/分钟全包，包含国内通用流量（含 2G/3G/4G）100M，国内单模 4G 流量 200M（赠送 12 个月）。2014 年 9 月，移动公司发现业务系统对梁某的涉案号码不能信控区别 2G/3G/4G 网络的不同上网流量数据。为此，移动公司一直未将该号码的"88 元 4G 商旅套餐"体验版升级为正式版。对此，双方经多次协商，均无果。

2015 年 3 月 16 日，移动公司单方停止了该号码的 4G 服务功能。梁某使用涉案电话号码后，一直按移动公司出具的账单交纳相应的通信服务费。移动公司认为：由于业务系统存在漏洞，涉案号码在未取消"25 元客户关怀数据包"的情况下开通 4G 套餐，令系统不能信控区别 2G/3G/4G 网络的不同上网流量数据，导致账单未计算涉案号码超出套餐的 4G 流量通信费用；梁某在 2014 年 9 月、10 月、11 月使用 4G 流量的数据分别为 21 547.42M、47 486M、1 749.74M，超出套餐的流量数据分别为 5 817.42M、31 666M、1 319.74M，每 M 流量为 0.29 元，合计 11 252.9 元，按照移动公司的 4G 流量封顶规则，即套餐外最高流量 500 元封顶，故梁某 2014 年 9 月、10 月还应分别支付超出套餐的通信费用 500 元，11 月还应支付 382.72 元，三个月合计共 1 382.72 元。①

【案例四】原告林某诉称，某移动公司推出 CMWAP20 元包月无限上网套餐业务后，林某通过该公司的营销电话开通此业务，当时移动公司的官方网站、移动梦网、宣传海报均向用户承诺，开通此套餐可以以无线上网的方式随时随地自由访问互联网及网上邮箱。林某开通此项套餐后一直使用该业务，访问互联网从未受到任何限制。但自 2013 年 8 月 14 日起，移动公司在未对用户作任何通知的情况下，限制用户访问互联网，阻止用户邮箱正常登录访问。后经反映，移动公司称要严格履行合同约定，但林某发现只能访问 WAP 网站及百宝箱。此后，林某通过多种途径多次与移动公司协商无果，移动公司以恶劣的姿态敷衍了事，推

---

① 参见中国裁判文书网，http：//wenshu. court. gov. cn/list/list/? sortype = 1&number = &guid = 17ee794d－9615－a0e7ff22－541200e8b23c&conditions = searchWord + QWJS + + + 全文检索：（2015）云中法民二终字第 343 号。

脱责任，以不切实际的借口及强硬的口吻拒不承认错误、不同意履行承诺，并一再利用各种手段要求林某更改套餐。林某认为，移动公司为林某提供有偿服务，应该遵守承诺，继续履行合同。故林某诉至法院，请求依法判令移动公司对20元封顶（CMWAP）套餐通过技术手段来排除当前网络状态下的异常，恢复WAP随时访问互联网和WAP的所有业务，即对于林某现在不能使用WWW类型的业务及Internet互联网的各种应用的现象，要求恢复到当年移动公司宣传所称的随时随地可以自由访问互联网的状态。①

二 法律问题与分析

（一）什么是不限量套餐

由于不限量套餐问题涉及较多电信专业术语，分析、探讨该问题前，我们有必要先了解一下移动通信技术的简要发展历程。从1986年第一套无线移动通信系统在美国芝加哥诞生至今，移动通信技术已历经四代，目前第四代移动通信技术（4G）已是世界主流的商用移动通信技术，从2012年开始的关于第五代移动通信技术（5G）的研究也已在全球启动。

第一代移动通信技术（1G，1st Generation）采用的是模拟信号传输，1G只能应用在一般语音传输上，且语音品质低、信号不稳定、涵盖范围也不够全面。1987年蜂窝移动通信系统在我国正式启动。1G时代的主要终端是大块头的摩托罗拉8000X，俗称大哥大。由于模拟通信系统有着很多缺陷，经常出现串号、盗号等现象，1999年1G模拟通信网在我国被正式关闭。

第二代移动通信技术（2G，2nd Generation）采用的是数字调制传输。1995年前后，第二代移动通信技术基本成熟，国内也逐步挥别1G，进入了2G通信时代。从1G跨入2G则是从模拟调制进入到数字调制，相比于第一代移动通信，第二代移动通信具备高度的保密性，系统的容量也在增加，同时从这一代开始手机也可以上网了。

GSM（Global System for Mobile Communications，全球移动通信系统）是由欧洲发展起来的最主要的2G通信制式，全球有超过200个国家和地区超过10亿人使用GSM电话。同时，2G的通信制式还有TDMA（Time Division Multiple Ac-

---

① 参见中国裁判文书网，http：//wenshu. court. gov. cn/content/content? DocID = 0c60bed1 - e68e - 4fef - bb78 - ae0173ee8dc1&KeyWord = （2015）泰中民终字第00666号。

cess，时分多址）、CDMA（Code Division Multiple Access，码分多址）等，2G 时代我国三大运营商的中国移动和中国联通运营 GSM 网络，中国电信运营原中国联通建设的 CDMA 网络。

GPRS（General Packet Radio Service，通用分组无线服务技术），它是 GSM 移动电话用户可用的一种移动数据业务，属于第二代移动通信中的数据传输技术。GPRS 是 GSM 的延续，GPRS 经常被描述成"2.5G"，也就是说这项技术位于第二代（2G）和第三代（3G）移动通信技术之间，它通过利用 GSM 网络中未使用的 TDMA 信道，提供中速的数据传递，GPRS 的理论传输速率最高可达到 114Kbps。

GPRS 后面还有 EDGE（Enhanced Data Rate for GSM Evolution，增强型数据速率 GSM 演进技术），被称为 2.75G。EDGE 是一种从 GSM 到 3G 的过渡技术，它主要是在 GSM 系统中采用了一种新的调制方法，EDGE 技术有效地提高了 GPRS 信道编码效率及其高速移动数据标准，它的理论最高速率可达 384Kbps。

第三代移动通信技术（3G，3rd Generation），与 2G 相比 3G 最大的优势是数据传输速率有较大提高，3G 技术峰值数据速率可高达 8 ~ 10Mbps（1M = 1024K），稳定的联机品质也利于长时间和网络相联结，有了高频宽和稳定的传输，可视电话和大量数据的传送成为可能。3G 分为四种标准制式，分别是 CDMA2000（Code Division Multiple Access，码分多址），WCDMA（Wideband Code Division Multiple Access，宽带码分多址），TD－SCDMA（Time Division－Synchronous Code Division Multiple Access，时分同步码分多址），WiMax（Worldwide Interoperability for Microwave Access，全球微波互联接入）。2009 年我国颁发了 3 张 3G 牌照，正式进入 3G 时代，分别是中国移动的 TD－SCDMA，中国联通的 WCDMA 和中国电信的 CDMA2000。

第四代移动通信技术（4G，4th Generation），4G 系统能够以 100Mbps 的速度下载，比拨号上网快 2 000 倍，上传的速度也能达到 20Mbps。4G 技术包括 TD－LTE（Time Division Long Term Evolution，分时长期演进，也称为 LTE－TDD）和 FDD－LTE（Frequency Division Duplexing Long Term Evolution，频分双工长期演进）两种制式。2013 年 12 月，工信部在其官网上宣布向中国移动、中国电信、中国联通颁发"LTE/第四代数字蜂窝移动通信业务（TD－LTE）"经营许可证，也就是 4G 牌照。对于用户而言，2G、3G、4G 网络最大的区别在于传输速度不同，4G 网络作为最新一代通信技术，在传输速度上有着非常大的提升，理论上网速度是 3G 的 50 倍，实际体验也都在 10 倍左右，上网速度可以媲美 20M 家庭宽带，因此 4G 网络可以具备非常流畅的速度，观看高清电影、大数据传输速度都非常快。

所谓的不限量套餐是中国移动在 2003 年左右推出的一项 GPRS 上网业务，该业务在中国移动各地分公司的具体内容不尽相同，但基本内容均是用户每月支付 20 元费用可以不限流量通过 GPRS 访问 WAP 网站，以及不限量发送彩信。

WAP（Wireless Application Protocol）是一种无线应用协议，专门针对当时手机功能和网络带宽流量的限制，通过大量缩减 HTTP 网站上的内容，主要保留图片和文字信息，使之可以显示在手机显示屏上。WAP 网站与 HTTP 网站相对应，前者是基于 WAP 协议的手机网站，后者是基于 HTTP 协议的电脑网站（即互联网）。在带宽考虑方面，WAP 用"轻量级协议栈"优化协议层对话，将无线手机接入 Internet 的带宽需求降到最低，保证了现有无线网络能够符合 WAP 规范。手机通过使用 WAP 协议栈（Protocol Stack，网络中各层协议的总和）可以为无线网络节省大量的无线带宽。例如，完成一个股票指数的查询操作，如果通过使用 HTTP1.0（HyperText Transfer Protocol，超文本传输协议，是互联网上应用最为广泛的一种网络协议）的台式机浏览器来完成要比通过一个 WAP 浏览器来完成所涉及的包通信量大一倍以上。WAP 协议使用的包数量不到标准的 HTTP/TCP（Transmission Control Protocol 传输控制协议）/IP（Internet Protocol，网际协议）协议栈使用的一半。

彩信是中国移动的多媒体信息服务（即 MMS，它是 Multimedia Messaging Service 的缩写）业务，它最大的特色就是支持多媒体功能，能够传递功能全面的内容和信息，这些信息包括文字、图像、声音、数据等各种多媒体格式。

通过以上移动通信技术的发展历程可以看出，中国移动 2003 年左右推出 20 元不限量 WAP 套餐时，尚处在 2G 业务快速发展时期。用户通过 GPRS 登录 WAP 网站，即便用户保持全天 24 小时不间断上网，一个月的流量也不是太大。在 2G 时代通过 GPRS 上网，20 元不限流量用户能够享受到一定的套餐优惠，运营商也有一定的收益。

（二）运营商限制不限量套餐号码使用4G业务是否构成违约

如上所述，不限量套餐是基于 2G 技术条件下推出的业务，随着技术的快速发展、进步，3G 和 4G 技术逐步成了我国移动通信技术的主流。相对于 GPRS，4G 的网速有了上千倍的增长，不限量用户也逐渐发现其不限量套餐突然有了巨大的经济价值，如果不限量套餐用户仍可以用 20 元无限量使用 4G 上网服务，其每月的流量可能达到几百上千 G（1G =1 024M =1 024×1 024K）。因此，全国各地的不限流量用户纷纷要求移动公司为其不限流量套餐号码开通 4G 上网功能，并以移动公司违约或限制其使用电信业务为由进行投诉或起诉。

那么，运营商限制不限流量的号码使用 4G 业务，是否构成违约或限制用户使用电信业务的违法行为呢？

我们认为，用户签约使用不限量套餐都是基于 2G 的 GPRS 技术条件，在 2G 的 GPRS 业务仍在正常运营情况下，运营商仍为不限量套餐用户提供不限流量的 GPRS 上网服务，属于正常履行不限量套餐合同义务，不存在违约的情形。《合同法》第七十七条规定，当事人协商一致，可以变更合同。法律、行政法规规定变更合同应当办理批准、登记等手续的，依照其规定。第七十八条规定，当事人对合同变更的内容约定不明确的，推定为未变更。不限量套餐用户主张中国移动违约不提供 4G 不限量流量服务，需要证明不限流量套餐服务合同已发生变更（变更后包含 4G 的不限流量使用），否则，中国移动依照原不限流量套餐服务合同履行不构成违约。

中国移动的 3G 业务是在 2G 业务上平滑过渡的，用户不需换号也不用特别办理 3G 业务，只要有支持 3G（TD－SCDMA）制式的终端，用户将 2G 终端的 SIM 卡换到 3G 终端，在有 3G 网络覆盖的地方即可享受 3G 服务，用户在套餐费用及其他义务没有任何增加的情况下，可以享受更高网速的通信服务。由于在 3G 业务推出时，中国移动并未考虑不限量套餐用户的特殊性，该批用户也享受了 3G 网络下的不限量服务。不限量套餐用户能否以中国移动已提供了 3G 的不限流量服务，而要求中国移动一直提供 3G 不限流量服务和提供 4G 的不限流量服务呢？我们认为，根据《合同法》第三十六条规定，法律、行政法规规定或者当事人约定采用书面形式订立合同，当事人未采用书面形式但一方已经履行主要义务，对方接受的，该合同成立。该法条是对现实中事实合同关系的确认，即便当事人没有签订书面合同，只要一方已履行主要义务，而对方又接受的，合同成立并有效。虽然在 3G 业务开通后，中国移动让不限量用户使用了 3G 服务，但双方并未就合同变更进行任何协商并达成一致，用户在合同中的权利义务没有任何变化，3G 服务属于运营商超出合同义务的赠与行为。同时，事实履行行为被对方接受，只能是对已履行合同的确认，但对某一次履行行为的确认，不能产生一方将来必须履行而另一方必须接受的效果。如，一方接受另一方未经协商的发货并付款，并不意味着另一方下次还要按照这次的条件发货，即便另一方再发货，一方也没有接受的义务。因此，中国移动对不限量用户赠与 3G 服务的行为，并不构成双方对不限量合同的变更，运营商的这种赠与既不是法律法规规定的义务，也不是合同约定的义务，运营商可以自主决定是否继续赠与，用户据此要求中国移动提供 4G 不限流量服务更没有法律依据。

《中华人民共和国消费者权益保护法》（以下简称《消费者权益保护法》）第九条规定："消费者享有自主选择商品或者服务的权利。消费者有权自主选择提供商品或者服务的经营者，自主选择商品品种或者服务方式，自主决定购买或者不购买任何一种商品、接受或者不接受任何一项服务。消费者在自主选择商品或者服务时，有权进行比较、鉴别和挑选。"《电信条例》第三十一条规定："电信业务经营者应当按照国家规定的电信服务标准向电信用户提供服务。电信业务经营者提供服务的种类、范围、资费标准和时限，应当向社会公布，并报省、自治区、直辖市电信管理机构备案。电信用户有权自主选择使用依法开办的各类电信业务。"

如果运营商在开办不限量或限量 2G 套餐业务的同时，开办独立的 3G/4G 套餐业务，那么不限量套餐用户在继续履行 2G 不限量套餐服务合同的同时，有权自主选择再办理使用独立的 3G/4G 套餐业务。否则，运营商涉嫌侵犯用户的自主选择权。

但实际上运营商没有独立的 3G/4G 套餐业务，3G/4G 套餐都融合了 2G 业务的内容，即便办理了 3G/4G 的融合套餐业务，在没有 3G/4G 网络覆盖的区域，用户将被自动切换到 2G 网络，运营商无法实现（要实现也缺乏经济上的合理性）2G、3G/4G 的单独计费。用户要么继续使用独立的 2G 上网套餐业务，要么使用融合 2G 的 3G/4G 融合套餐业务。不限量套餐用户不愿意更改 3G/4G 融合套餐，则只能继续在 2G 网络条件下使用不限量套餐业务。

因此，在运营商没有开办独立的 3G/4G 套餐业务的情况下，不限量用户要求在保留不限量套餐的情况下另行选择使用 3G/4G 业务没有根据，技术上也无法实现。不限量套餐用户不能使用 3G/4G 业务，并没有侵害用户的自主选择权。

三 结论

通过以上分析，我们再来探讨一下本章几个案例的司法处理：

案例一：法院经审理认为，依法成立的合同，对当事人具有法律约束力，当事人应当按照约定全面履行自己的义务。本案中，聂某系中国移动北京公司的手机用户，双方形成了电信服务合同关系。电信服务合同是指电信运营公司向电信用户提供语音和文字通信、网络以及与上述业务相关的服务，用户向电信运营公司支付费用的合同。本案中，聂某办理的 MO 包月套餐的时间为 2006 年，我国移动通信市场处于第二代数字化系统阶段，尚无"4G"的概念，因此，聂某购买的该项套餐不包括4G上网产生的流量。随着移动通信技术的发展，移动通信的传输速率不断提高，信息交流综合化和服务内容多样化等特点越来越显著，如果需要使用4G网络，还需要客户购买相应的4G套餐，支付相应的费用。如依聂某主张，那么聂某办理的MO包月套餐将是一个"万能套餐"，只要通过手机上网产生的流量，都包括在该套餐之中，则所有用户只要办理这样一个套餐，即可一劳永逸了，故聂某该主张依据不足。另外，在中国移动北京公司提供的服务中，含有不同的业务套餐，且随着移动通信技术的发展，提供的套餐服务内容也在更新。在中国移动北京公司提供的不同套餐内容存在业务互斥的情况下，用户有选择使用何种业务的权利，但该种选择应在中国移动北京公司业务办理说明的框架内进行，不应同时要求办理存在互斥的业务。

《合同法》第八条第一款规定，依法成立的合同，对当事人具有法律约束力。当事人应当按照约定履行自己的义务，不得擅自变更或者解除合同。本案中，聂某系中国移动北京公司的手机用户，双方之间形成电信服务合同关系。

聂某成功开通MO套餐以及88商旅套餐之后，双方应当按照上述两个套餐内容享有权利、履行义务。现聂某上诉要求中国移动北京公司无条件允许其自由转换其指定的"全球通基础套餐"，系聂某单方要求变更套餐内容亦即变更合同内容，中国移动北京公司对此不同意，故双方未能就变更合同达成一致意见。关于聂某要求中国移动北京公司为其手机号码开通4G业务一节，鉴于2003年聂某成为中国移动北京公司手机用户时，中国移动北京公司尚无4G业务，因此双方并未就开通4G业务达成一致意见，现在聂某要求中国移动北京公司开通4G业务，基于与前文同样的道理，此亦系聂某单方要求变更合同内容，因开通4G功能与聂某已有的MO套餐之间存在互斥关系，中国移动北京公司不同意聂某的上述要求，故双方未能就变更合同达成一致意见。故此，驳回了原告聂某的诉讼请求。该判决与我们上述分析意见基本一致，是正确和合理的处理意见。

案例二：法院认为，鲍某主张按照合同协议恢复其在现有4G网络下CM-WAP接入上网按"手机上网任我行"套餐资费执行（即在CMWAP接入上网的任何情况下都是不扣费的）。因移动公司在2004年6月向市场推出CMWAP20元封顶套餐时的技术条件下，通过CMWAP接入口访问WAP类网站是当时手机上网的唯一方式，这也体现了双方基本的对价关系。随着网络技术和终端技术的发展，手机无法正常访问互联网的屏障不复存在，导致CMWAP20元封顶套餐用户也可以和其他用户一样自由地浏览互联网。而随着移动通信技术的不断演进，上网速度越来越快，视频游戏等大流量业务越来越普及，所占用的流量资源也呈几何级数增加，这显然已经远远超出了双方当事人在签订合同时所能预见的范围，也有违权利义务相一致的对价原则。尽管移动公司因受技术条件的限制，没有对其中的 CMWAP20 元封顶套餐用户进行限制，结果给用户造成 CMWAP20 元封顶套餐可以随意上网的感受，但这种访问范围的放开并无明确的合同约定或书面承诺，并不能认定是合同权利义务的变更，只能认为是被告给予用户的单方优惠。随着技术升级的完成，移动公司于 2014 年根据双方的合同约定对访问范围重新进行限制，并不构成违约。

关于要求 4G 上网资费按"手机上网任我行套餐"资费执行：2G、3G、4G 代表了移动数字通信技术的演进，除了接入技术方式的差别外，其最主要在于传输速度上的差别。就中国移动而言，2G（GSM）上网理论最高速率为 172Kbps，3G（TD – SCDMA）上网理论最高速率为 2.8Mbps，4G（TD – LTE）上网理论最高速率为 100Mbps。4G 网络是移动公司投入巨资建设的网络，其速率及上网体验与 2G、3G 网络有天壤之别。4G 上网属于移动公司的一项单独产品，移动公司有定价自主权，可以制定独立的资费政策。4G 网络犹如铁路中的高铁，铁路公司对高铁、普通火车是区分收费的，乘客拿着普通火车的车票是不能乘坐高铁的。同样道理，"手机上网任我行套餐"仅可以用于 2G、3G 上网，4G 属于一项单独产品，移动公司"手机上网任我行套餐"不适用于 4G 上网。移动公司限制"手机上网任我行套餐"用于 4G 业务，并非限制"任我行"用户手机上网，"任我行"用户仍可以通过移动公司的 2G、3G 网络上网，移动公司限制"手机上网任我行套餐"适用于 4G 业务，不违反双方的任何协议。4G 上网速度快，导致其占用的流量资源巨大，如果不限制使用，用户月使用流量可高达数百 GB。移动公司 4G 资费标准中，不存在不限量套餐，更不存在 20 元无限量套餐。如允许"手机上网任我行"用户以 20 元资费标准来享受 4G 无限量上网，明显违背合同双方权利义务相一致的对价原则，显失公平。此外，移动通信网络资源是有限的，移动公司需要合理平衡广大用户的上网权利。4G 上网速度快，故其占用电信资源多。如果"手机上网任我行"用户可以无限量 4G 上网，将长期占用移动通信网络通道，可能引起网络拥塞，影响其他用户的正常上网需求。移动公司需要限制少数用户长期占用移动通信网络，保障广大用户上网的需求。

本案中双方当事人的争议焦点主要在于上诉人订购的"任我行"套餐在 4G 网络下是否仍然适用，即上诉人能否在 4G 网络下通过手机访问互联网且流量无上限，每月流量费用按照 20 元封顶计收。《合同法》第一百二十五条第一款的规定："当事人对合同条款的理解有争议的，应当按照合同所使用的词句、合同的有关条款、合同的目的、交易习惯以及诚实信用原则，确定该条款的真实意思。"

"任我行"套餐的主要内容为：月费 20 元/月封顶（CMWAP 流量不限，CMNET 流量按 0.01 元/Kb 计算）。此处 CMWAP 和 CMNET 两个专业术语涉及对双方达成的"任我行"套餐协议的准确理解。CMWAP 和 CMNET 是两种上网的接入方式，前者为手机上网而设立，后者主要用于实现 PC、笔记本电脑的上网服务。通过 CMWAP 只能访问基于 WAP 协议的 WAP 类网站，通过 CMNET 接入口则可以获得基于 HTTP 协议的 INTERNET（因特网）访问权。WAP 类网站与 HTTP 类网站的主要区别在于，前者专门针对当时手机功能和网络带宽流量的限制，通过大量缩减 HTTP 网站上的内容，主要保留图片和文字信息，使之可以显示在手机显示屏上。由此可见，"任我行"套餐实质是适用于用户通过 WAP 接入口访问消耗上网流量较小的 WAP 网站，对于通过 CMNET 方式访问流量消耗较大的 IN-TERNET 网站则是要根据 0.01 元/Kb 的标准进行计费的。之后由于技术手段的发展，移动公司实现了 CMNET 和 CMWAP 两个接入点的融合，该改变应视作移动公司对"任我行"用户的一项优惠。"任我行"套餐协议的签署背景是在 4G 网络推出之前，2013 年 12 月移动公司获得工信部颁发的 4G 牌照后推出的 4G 业务其网络速度可达 3G 网络速度的几十倍，所占用的流量资源较之 2G 和 3G 也呈现几何级数的增加。在双方未特别约定的情况下，如允许"任我行"套餐在 4G 网络下仍然按照 20 元/月的资费封顶计算流量显属超出了理性人的预期，不符合"任我行"套餐的业务初衷和实质，亦不符合权利义务相一致的原则。故此，驳回了原告鲍某的诉讼请求。该判决事实论述较为详细，说理较为充分、有据，也是较为合理和正确的判决。

案例三：除了涉及合同变更问题，此案例还涉及重大误解导致显失公平合同的撤销问题。

法院经审理认为，双方均确认梁某涉案的手机号码在开通 4G 服务功能前，已开通使用"25 元客户关怀数据包"。而中国移动于 2014 年 5 月 22 日修订的《4G 套餐业务规范（V1.7）》明确写明，WAP 不限量套餐产品与 4G 主套餐和 4G 服务功能互斥，此类客户办理 4G 主套餐须先取消 WAP 不限量套餐。同时，移动公司推出的微信宣传页面中关于 4G 商旅套餐（正式版）的内容写明，旧资费套餐号码不能升级为正式版（如无限量套餐）。移动公司发放的业务宣传单张关于 4G 商旅套餐（正式版）的内容亦写明，非标准流量套餐客户不能办理 4G 商旅套餐（如无限量套餐客户）。且梁某于 2014 年 7 月 2 日致电移动公司客服电话 10086，要求办理 4G 套餐，亦被移动公司的客服人员以 4G 套餐与"25 元客户关怀数据包"不能并存为由拒绝办理。可见，不限量套餐等非标准流量套餐客户不能办理 4G 商旅套餐是移动公司的业务办理规则。移动公司的客服人员于

2014 年 7 月 21 日在未取消涉案号码的 "25 元客户关怀数据包" 的情况下为其开通 4G 套餐，违背了移动公司的真实意愿，是因当日的客服人员基于业务经验不足，对业务办理的流程产生误解，及其业务系统设置错误而导致的。鉴于移动公司的业务系统存在漏洞，涉案号码在未取消 "25 元客户关怀数据包" 的情况下开通 4G 套餐，令系统不能信控区别 2G/3G/4G 网络的不同上网流量数据，导致移动公司不能计算涉案号码超出 4G 套餐的流量费用，即 4G 套餐亦已成为不限量使用状态，其中梁某于 2014 年 9 月、10 月、11 月使用 4G 流量超出套餐的数据分别为 5 817.42M、31 666M、1 319.74M。可见，在涉案号码未取消 "25 元客户关怀数据包" 的情况下开通 4G 套餐，导致双方的权利与义务明显违反公平、等价有偿的原则，对移动公司是显失公平的。因此，根据《合同法》第五十四条第一款第（二）项规定："下列合同，当事人一方有权请求人民法院或者仲裁机构变更或者撤销：（二）在订立合同时显失公平的。" 移动公司与梁某涉案号码之间的 "88 元 4G 商旅套餐"，在当前的客观条件下履行合同是显失公平的，依法可以撤销。移动公司请求撤销该协议，合理合法，获得支持。

案例四：与案例一的案情及法院的认定基本一致，运营商限制不限流量套餐号码使用 4G 业务并不构成违约，也没有侵犯消费者的选择权。

通话清单查询的合法主体

【案例一】2014 年 3 月，原告刘某在被告中国电信某分公司处购买 3G 电话卡，月租 13.00 元，包含 300MB 上网流量。2014 年 9 月，原告感觉自己被扣的手机话费与实际使用费用不符，经查询 2014 年 8 月 1 日至 2014 年 8 月 31 日话费共计 28.82 元，其中手机上网费 15.45 元，上网流量 350.27MB，原告要求被告提供 15.45 元上网费的详情，因原告不提供查询密码，被告无法进行查询，不能确定该费用是否为多扣。原告诉至法院要求被告返还多扣的手机话费并赔偿原告经济损失共计约 515.00 元；被告如实提供原告手机产生上网流量的使用时间等明细查询服务，并承担本案诉讼费用。①

【案例二】2013 年 10 月，南京一家危险废物处理公司（下称"废物处理公司"）召开中层干部会议。会议开始后，人事部经理用投影仪公布了一份通话清单。原来，总公司转来一封举报信，有人向总公司反映公司在一个土建项目招投标活动中存有泄密违规行为。到底是谁向总公司举报的？公司立即展开调查，然而一无所获。由于举报信上留了一个手机号码，公司领导灵机一动，着手追查公司人员谁与这个号码发生过亲密联系。最后在李某的手机通话记录单上发现他与这个号码通过电话。于是，公司领导推测，与李某有利益勾结的供应商因投标"落选"，李某不甘心，才和其一起匿名向总部举报。会后，李某自己作了调查，发现举报人他根本不认识。李某多次向总公司鸣冤叫屈，要求公司为他恢复名誉，恢复职务。但是，他的请求不但没有得到答复，相反，公司以他"收受供应商好处，殴打公司副总经理等行为"为由，与其解除了劳动合同。被公司辞退

---

① 参见中国裁判文书网，http：//wenshu. court. gov. cn/content/content? DocID = e97583cd – 65d7 – 46a5 – a186 – 5784bf652d1f&KeyWord = （2015）抚中民终字第 01043 号。

后，李某越想越生气。他一方面向劳动部门申请仲裁，向单位索赔经济补偿金；一方面以自己的手机通话记录是隐私，在自己不知情的情况下被公布于众，隐私权受到侵犯为由向法院提起诉讼，将废物处理公司和电信运营商中国移动某分公司告上法庭，请求法院判令两被告向自己赔礼道歉，恢复名誉，并赔偿精神抚慰金。①

【案例三】 原告秦某向法院起诉某律师事务所，认为其委托的代理律师胡某在代理其申请执行案件时未履行合同义务，甚至与被执行人串通损害其合法权益。秦某称2014年4月16日通知胡某，他得知被执行人刚收到一笔款项，请胡某立即向执行法官报告并请法官安排执行，而在同日，被执行人的该笔款项已被转移给了第三人。

秦某认为胡某通知了被执行人并帮助其转移财产，因此，在案件审理过程中于2014年7月7日向法院提出申请，要求法院向胡某手机号码所属的电信运营商调取胡某在2014年4月16日上午10点之前的通话详单。但法院认为根据《宪法》第四十条规定："公民的通信自由和通信秘密受法律保护，除因国家安全或者追查刑事犯罪的需要，由公安机关或者检察机关依照法律规定的程序对通信进行检查外，任何组织或者个人不得以任何理由侵犯公民的通信自由和通信秘密。"以及《电信条例》第六十五条规定，人民法院不能检查电信用户的资料信息，法院驳回了秦某申请。

2014年8月8日，秦某又向法院提出申请，要求法院通知胡某提供自己于2014年4月16日上午10：00之前的通话详单。法院接受了该申请，并将调取事项通知了胡某。但胡某并未提供其于2014年4月16日上午10：00之前的通话详单。

2014年8月12日，秦某又向法院提交证据保全申请书，要求对胡某在2014年4月16日上午10点之前的通话详单进行保全。法院同样根据《宪法》第四十条等法律规定，驳回了秦某的证据保全的申请。②

【案例四】 原告李某向法院起诉称，自己是136××××0033号码的使用权人。2011年8月原告出借了3万元给第三人钟某，欠条写明借款期限一年，2012年8月归还，但到期钟某并未归还。此后，原告多次电话要求钟某还款，但一直

---

① 《员工通话记录，单位有权查询吗？》，中国普法网，http：//www.legalinfo.gov.cn/index/content/2014-09/03/content_5747567.htm? node=66702。

② 参见中国裁判文书网，http：//wenshu.court.gov.cn/content/content? DocID=43dbaed2-ded6-4828-949e-6848aaab6e65&KeyWord=提供自己于2014年4月16日上午10：00之前的通话详单 | (2015)洪民四终字第387号。

未果。2015 年 10 月原告拟起诉钟某，但经过咨询律师，律师告诉他如果不能证明在 2014 年 8 月之前找钟某要过，该笔债务将因超过诉讼时效而无法获得法院支持。因此，原告到手机号码的运营商处要求查询打印 136×××0033 号码在 2015 年 10 月以前两年内的通话清单，以证明原告通过电话向钟某追讨过欠款，但运营商表示只能查询打印 2015 年 10 月前 5 个月的通话清单。为此，原告起诉电信运营商，要求运营商提供 136×××0033 号码在 2015 年 10 月以前两年内的通话清单。

【案例五】2010 年 9 月 16 日上午 11 时左右，江西省某县法院工作人员到中国移动广东某分公司营业厅，表示因原告江西某某木业有限公司与被告吴某买卖合同纠纷案，需查询 139×××2371 机主登记资料及通话清单。服务厅工作人员告知法院工作人员用户登记资料属于需要严格保密的用户隐私，为防止用户资料外泄，用户个人资料由安保部门统一管理和协助查询，服务厅工作人员没有查询用户个人资料的权限和途径，指引法院人员前往安保部门查询。法院工作人员当即表示不会前往，且表示"你有你公司的规定，我有我们处理的方法"，随即就当场出具罚款决定书，对该分公司作出罚款 3 万元的决定。后经协调，运营商为其办理了查询，法院也撤回了处罚决定。

◆ 法律问题与分析

以上案例都涉及电信服务中较为敏感和复杂的通话清单查询问题，综合上述案例的争议点，我们认为分析解决该问题主要需要解决如下几个法律问题：

（一）什么是通话清单

通话清单或称通话明细单，是指通信服务商提供的，记载有主被叫电话号码、通话开始和结束时间、通话时长、通信费用等信息的明细清单。通话清单实质是电信运营商提供服务的服务清单，也是运营商收取通信费用的原始依据。

日常生活中我们经常使用一个与通话清单类似的词语"通话记录"，通话清单与通话记录是两个有密切联系，但又有明显区别的概念。一定意义上讲通话清单也是通话记录，只是人们日常所说的通话记录一般是指用户使用手机等电信终端时，该终端自行生成的记录，该记录具体内容因终端所使用的系统软件不同而不同，但一般会有主叫和被叫号码、通话发生时间和通话时长等信息，当然也有些终端的记录很简单，可能只记录主叫和被叫号码。通话清单与通话记录虽然有上述相似之处，但还是有如下实质区别：①通话记录只是用户终端的一个简单使用记录，该记录只是反映用户使用终端的基本情况。而通话清单是电信运营商通过国家权威机构检测的计费系统自动生成的用户消费清单，除了记录用户的电话使用情况，还是计量用户通信费用的合法依据；②用户手机等终端中的通话记录可以随意删减，而且只要发生拨打行为，不论是否拨通，也不论对方是否接听，通话记录均会记录该信息；而通话清单是运营商计费系统自动生成的，是不能进行修改或删减的；同时由于通话清单是作为计费依据而设计的，对于用户未能拨通以及拨通但对方未接听的电话，系统都不会记录，通话清单中也自然看不到这些未接听的被叫号码。

《消费者权益保护法》第二十二条规定："经营者提供商品或者服务，应当按照国家有关规定或者商业惯例向消费者出具发票等购货凭证或者服务单据；消费者索要发票等购货凭证或者服务单据的，经营者必须出具。"

《电信条例》第三十三条规定："电信业务经营者应当为电信用户交费和查询提供方便。电信用户要求提供国内长途通信、国际通信、移动通信和信息服务等收费清单的，电信业务经营者应当免费提供。"

《电信服务规范》"附录2：电信服务规范——数字蜂窝移动通信业务"2.1.9规定："电信业务经营者应根据用户的需要，免费向用户提供移动话费详细清单（含预付费业务）查询。移动电话原始话费数据及点到点短消息业务收费详单原始数据保留期限至少为5个月。"

根据上述法律、法规规定，电信运营商在提供电信服务时有义务为用户提供服务清单，特别是应根据用户的需要，免费向用户提供移动话费详细清单。由此可见，通话清单并非一个规范的法律用语，但实际生活中《电信条例》规定的"收费清单"、《电信服务规范》规定的"移动话费详细清单"，都是以通话清单的形式体现的。

（二）谁有权查询用户通话清单或通话记录

《宪法》第四十条规定："中华人民共和国公民的通信自由和通信秘密受法律的保护。除因国家安全或者追查刑事犯罪的需要，由公安机关或者检察机关依照法律规定的程序对通信进行检查外，任何组织或者个人不得以任何理由侵犯公民的通信自由和通信秘密。"

《中华人民共和国邮政法》（以下简称《邮政法》）第三条规定："公民的通信自由和通信秘密受法律保护。除因国家安全或者追查刑事犯罪的需要，由公安机关、国家安全机关或者检察机关依照法律规定的程序对通信进行检查外,任何组织或者个人不得以任何理由侵犯他人的通信自由和通信秘密。"

《电信条例》第六十五条规定:"电信用户依法使用电信的自由和通信秘密受法律保护。除因国家安全或者追查刑事犯罪的需要,由公安机关、国家安全机关或者人民检察院依照法律规定的程序对电信内容进行检查外,任何组织或者个人不得以任何理由对电信内容进行检查。电信业务经营者及其工作人员不得擅自向他人提供电信用户使用电信网络所传输信息的内容。"

以上法律法规明确规定了国家保护公民的通信秘密和通信自由,除侦查机关依照程序进行检查外,任何组织或者个人均不能查询、泄露他人的通信/电信内容。对通信/电信内容的保护规定是非常明确、清楚的,只有因国家安全或者追查刑事犯罪的需要,公安机关、国家安全机关或者检察机关依照法律规定的程序有权对通信/电信内容进行检查,除此以外的任何单位和个人均无权对通信/电信内容进行检查或查询。

但法律、法规没有对通信/电信内容的概念和范围进行界定,实务和理论上对通信/电信内容的具体范围都存在较大的争议,特别是通话清单清楚地反映了一个人的通话对象、通话时间、通话规律等个人隐私和秘密信息。有一种观点认为通话清单属于通信/电信内容的重要组成部分,因而除了国家安全或者追查刑事犯罪的需要,公安机关、国家安全机关或者检察机关依照法律规定的程序有权查询外,任何单位及个人均无权查询用户通话清单。

2003 年 11 月 25 日湖南省人大常委会法规工作委员会向全国人大常委会法制工作委员会递交了《关于如何理解宪法第四十条、民事诉讼法第六十五条、电信条例第六十六条问题的请示》,请示的主要内容如下:我省某移动通信有限责任公司因涉行政诉讼案件请求我委就人民法院是否有权检查移动通信用户通信资料作出法律解答。因所请示的问题超出我委权限范围,且此类纠纷较多,特报请贵委予以解释。《宪法》第四十条规定:"公民的通信自由和通信秘密受法律的保护。除因国家安全或者追查刑事犯罪的需要,由公安机关或者检察机关依照法律规定的程序对通信进行检查外,任何组织或者个人不得以任何理由侵犯公民的通信自由和通信秘密。"《民事诉讼法》第六十五条[1]第一款规定:"人民法院有权向有关单位和个人调查取证,有关单位和个人不得拒绝。"《电信条例》第六十六条[2]规定:"电信用户依法使用电信的自由和通信秘密受法律保护。除因国家

---

[1] 2017 年修订后的《民事诉讼法》为第六十七条。

[2] 2016 年修订后的《电信条例》为第六十五条。

安全或者追查刑事犯罪的需要，由公安机关、国家安全机关或者人民检察院依照法律规定的程序对电信内容进行检查外，任何组织或者个人不得以任何理由对电信内容进行检查。"我委经研究认为：一、公民通信自由和通信秘密是宪法赋予公民的一项基本权利，该项权利的限制仅限于宪法明文规定的特殊情形，即因国家安全或者追查刑事犯罪的需要，由公安机关或检察机关依照法律规定的程序对通信进行检查。二、移动用户通信资料中的通话详单清楚地反映了一个人的通话对象、通话时间、通话规律等大量个人隐私和秘密，是通信内容的重要组成部分，应属于宪法保护的通信秘密范畴。三、人民法院依照《民事诉讼法》第六十五条①规定调查取证，应符合宪法的上述规定，不得侵犯公民的基本权利。

2004年4月9日，全国人大常委会法制工作委员会办公室出具了《关于如何理解宪法第四十条、民事诉讼法第六十五条、电信条例第六十六条问题的交换意见》（法工办复字〔2004〕3号）答复意见，全国人大常委会法制工作委员会答复同意了湖南省人大常委会法规工作委员会请示提出的意见。

湖南省人大法工委上述意见公布时引起了强烈反响，各运营商均以该意见作为拒绝法院等非侦查机关查询用户通话清单的挡箭牌。这引起了各地法院特别是法院执行部门的极大不满，2005年到2010年间各地法院被拒绝查询而作出处罚运营商的案例比比皆是，案例五也是这一大背景下的典型案例之一。

基于以上原因，实务中无论是要求查询通话清单的执法机关，还是被要求配合查询的电信运营商，对究竟谁有权查询用户通话清单都存在困惑。特别是对于法院的查询要求，运营商有些无所适从：配合查询担心违反《宪法》规定，被用户以侵犯通信秘密为由投诉或起诉；不配合的话，法院很可能以不配合法院依法调查取证为由处以高额罚款。

因此，下面我们对实务中可能存在的通话清单查询主体逐一进行分析：

1. 用户

根据《消费者权益保护法》第二十二条（经营者提供商品或者服务，应当按照国家有关规定或者商业惯例向消费者出具发票等购货凭证或者服务单据；消费者索要发票等购货凭证或者服务单据的，经营者必须出具）、《电信条例》第三十三条（电信业务经营者应当为电信用户交费和查询提供方便。电信用户要求提供国内长途通信、国际通信、移动通信和信息服务等收费清单的，电信业务经营者应当免费提供）以及《电信服务规范》"附录2：电信服务规范——数字蜂

---

① 2017年修订后的《民事诉讼法》为第六十七条。

窝移动通信业务"2.1.9（电信业务经营者应根据用户的需要，免费向用户提供移动话费详细清单（含预付费业务）查询。移动电话原始话费数据及点到点短消息业务收费详单原始数据保留期限至少为 5 个月）规定，用户要求时，运营商有义务免费向用户提供通话清单，因此，用户自己查询通话清单是毫无疑义的，实务中运营商也都根据规定为用户提供通话清单的查询服务。

虽然用户有权查询自己的通话清单没有疑义，但也有几个问题需要注意：

（1）配偶之间是否有权查询对方的通话清单？

有一种观点认为，夫妻之间可基于日常家事代理权查询对方的通话清单。日常家事代理权作为婚姻法中的一项古老的制度，起源于古代罗马法，大陆法系各国的民事立法都无例外地承继了发源于罗马法的日常家事代理权制度。例如，1965 年修订的《法国民法典》规定，夫妻各方均有权单独签订目的为维持共同生活或子女教育的契约，凡由一方缔约的债务，他方负连带责任（第二百二十条第一款）。现行的《日本民法典》规定，夫妻一方就日常家事同第三人实施了法律行为时，他方对由此产生的债务负连带责任。所谓日常家事代理权是指配偶一方在与第三人就家庭日常事务为一定法律行为时，享有代理对方权利行使的权利。在法律上将日常家事代理直接规定为法定代理，可简化夫妻日常生活频繁相互授权之麻烦，也可减小与夫妻一方交易之第三人的法律风险。① 我国《婚姻法司法解释（一）》的颁布，可认定家事代理权在我国得到大体确立。该司法解释第十七条规定："婚姻法第十七条关于'夫妻对夫妻共同所有的财产，有平等的处理权'的规定，应当理解为：（一）夫或妻在处理夫妻共同财产上的权利是平等的。因日常生活需要而处理夫妻共同财产的，任何一方均有权决定。（二）夫或妻非因日常生活需要对夫妻共同财产做重要处理决定，夫妻双方应当平等协商，取得一致意见。他人有理由相信其为夫妻双方共同意思表示的，另一方不得以不同意或不知道为由对抗善意第三人。"可以看出，解释区分了是否为日常生活需要而分别予以处理，并着重于善意第三人利益的维护。但从目前的立法状况来看，法律、司法解释等对家事代理权的内涵、范围仍未得以明确，无法得知什么情况下符合家事代理权，什么情况下不适用家事代理权。

我们认为，家事代理权应主要适用于一般的日常生活需要，如夫妻一方以夫妻共同财产开支的日常柴米油盐、衣食住行费用，交易对方无须理会交易的夫妻一方是否获得了配偶的同意，该类交易自然对其配偶发生效力，未参与交易的配

---

① 《日常家事代理权制度若干法律问题新探》，藁城法院网，http://sjzgcfy.hebeicourt.gov.cn/public/detail.php? id = 109。

偶不能否认或撤销交易。而对于重要财产的处分不适用家事代理，他人有理由相信其为夫妻双方共同意思表示的实质是适用表见代理。表见代理是指行为人虽无代理权，但由于本人的行为，造成了足以使善意第三人相信行为人有代理权的表象，而与善意第三人进行的、由本人承担法律后果的代理行为。我国《合同法》第四十九条对此作了明确规定（行为人没有代理权、超越代理权或者代理权终止后以被代理人名义订立合同，相对人有理由相信行为人有代理权的，该代理行为有效）。

通话清单涉及大量个人隐私信息，隐私权属于夫妻一方的人格权，适用于处理夫妻共同财产问题的家事代理权，自然没有适用的余地。因此，我们认为，夫妻一方是无权查询配偶通话清单的。

当然，查询通话清单不属法律规定不能代理的行为，夫妻一方有权委托另一方代理进行通话清单查询。但由于夫妻之间的特殊关系，一方较易拿到对方的身份证件，加上运营商无法核实夫妻间委托授权的签名真伪，运营商办理夫妻间委托的通话清单查询，除了核对代理人和被代理人的身份证件（原件）以及授权委托书外，还应通过电话等方式与被代理人核实授权委托的真伪，如无法核实则应要求代理人提供经过公证的委托手续。否则，运营商很可能因为向伪造授权的夫妻一方提供通话清单查询服务，而被另一方以侵犯隐私为由追责。

（2）父母等法定监护人是否有权查询未成年子女的通话清单？

《中华人民共和国未成年人保护法》（以下简称《未成年人保护法》）第三十九条规定："任何组织或者个人不得披露未成年人的个人隐私。对未成年人的信件、日记、电子邮件，任何组织或者个人不得隐匿、毁弃；除因追查犯罪的需要，由公安机关或者人民检察院依法进行检查，或者对无行为能力的未成年人的信件、日记、电子邮件由其父母或者其他监护人代为开拆、查阅外，任何组织或者个人不得开拆、查阅。"

由此可见，在我国未成年人的个人隐私是受《未成年人保护法》特别保护的，未成年人的信件、电子邮件（内容），除因追查犯罪的需要由公安机关或者人民检察院依法进行检查，或者由其父母或者其他监护人代为开拆、查阅外（仅限于无行为能力的未成年人），任何组织或者个人不得开拆、查阅。这与《宪法》《邮政法》及《电信条例》保护公民通信自由和通信秘密的规定是基本一致的。

《民法通则》规定，十周岁以上的未成年人是限制民事行为能力人，可以进行与他的年龄、智力相适应的民事活动；其他民事活动由他的法定代理人代理，或者征得他的法定代理人的同意。《民法总则》对此调整为，八周岁以上的未成年人为限制民事行为能力人，实施民事法律行为由其法定代理人代理或者经其法定代理人同意、追认，但是可以独立实施纯获利益的民事法律行为或者与其年龄、智力相适应的民事法律行为。不满八周岁的未成年人为无民事行为能力人，由其法定代理人代理实施民事法律行为。

目前，我国电话用户已基本实现了实名登记，由于运营商均认为办理电话入户登记非纯获利益的民事法律行为，且是与作为限制行为能力的未成年人（十六周岁以上以自己的劳动收入为主要生活来源的未成年人除外）的年龄、智力不相适应的民事法律行为。实务中未成年人使用的电话号码要么直接是以父母等法定监护人的名义登记，要么是由其法定监护人以未成年人名义代理办理。对于第一种情况，由于电话号码登记的使用人是监护人，实际上监护人是该号码的法定使用人，监护人理所当然有权查询该号码的通话清单。对于第二种情况，我们认为，通话清单虽然涉及号码使用人的大量隐私，但通话清单不是通信内容。既然办理电话入户登记是需要法定监护人代理的民事法律行为，查询和使用通话清单也应视为需要法定监护代理的民事法律行为，法定监护人查询未成年人的通话清单不违反《未成年人保护法》的规定。

2. 公安（含国安）、检察机关

《宪法》《邮政法》等相关法律法规均明确规定，因国家安全或者追查刑事犯罪的需要，公安（国安）机关或者检察机关有权依照法律规定的程序对通信进行检查。我们认为，宪法和法律规定的公安（国安）机关或者检察机关对通信的检查权，是完整、全面的检查权。因国家安全或者侦查刑事案件的需要，公安（国安）或检察机关不但可以查阅、调取嫌疑人或相关人员的通话记录，也可以监听或监视相关人员的通信。因此，公安（含国安）、检察机关查询用户通话清单是最无争议的。

3. 人民法院

由于《宪法》和相关法律未对通信内容作出界定，上文提到的全国人大法工委意见公布后，造成运营商纷纷以该意见作为拒绝法院查询用户通话清单的挡箭牌，法院是否有权查询用户通话清单的问题充满了争议。有部分法院接受了人大法工委意见，不再向运营商查询用户通话清单。但大多数法院不接受该意见，坚持认为通话清单不属于宪法规定的"通信（内容）"，根据《中华人民共和国民事诉讼法》（以下简称《民事诉讼法》）、《中华人民共和国行政诉讼法》（以下简称《行政诉讼法》）和《中华人民共和国刑事诉讼法》（以下简称《刑事诉讼法》）的规定，人民法院有权向运营商查询、调取，运营商不配合，人民法院有权依法作出处罚。

我们同意多数法院意见，通话清单不属于《宪法》《邮政法》和《电信条例》规定的通信/电信（内容）。理由有：

（1）全国人大常委会法制工作委员会办公室不是《立法法》等法律规定的宪法、法律解释机关，其意见也仅能视为一种学理的专家意见，而不具有立法或司法解释的效力。

（2）"内容"指事物所包含的实质性事物，与"形式"相对。通信/电信内容是指通信双方交流的具体内容本身，如果是纸质书信，则通信内容为信纸上书写的文字；如果通信是电话，则通信内容是通话双方通过电讯信号交流的话语；如果通信是电子邮件，则通信内容是电子邮件文件表达的内容。通话清单的性质实际与纸质通信的信封及电子邮件的收发信息相似，通话清单虽然包含主被叫号码、通话时间等隐私信息，但通话清单并没有记录通信的具体内容，通过通话清单能够查到主被叫双方在何时通过话，通话时间多长等，但并不能查到双方通话时说了什么。

（3）《电信条例》第六十五条第二款中"电信用户使用电信网络所传输信息的内容"，实质是对该条第一款中的"电信内容"做了解释性规定，即电信内容是电信用户使用电信网络所传输信息的内容，通话清单只能反映用户使用电信网络的形式，显然不是电信网络传输信息的内容。

根据《民事诉讼法》第六十七条（人民法院有权向有关单位和个人调查取证，有关单位和个人不得拒绝）、《刑事诉讼法》第五十二条（人民法院、人民检察院和公安机关有权向有关单位和个人收集、调取证据。有关单位和个人应当如实提供证据）和《行政诉讼法》第四十条（人民法院有权向有关行政机关以及其他组织、公民调取证据。但是，不得为证明行政行为的合法性调取被告作出行政行为时未收集的证据）的规定，人民法院有权向运营商查询、调取有关用户的通话清单。

如果运营商拒绝人民法院的查询要求，人民法院有权根据法律进行处罚。如《民事诉讼法》第一百一十四条规定："有义务协助调查、执行的单位有下列行为之一的，人民法院除责令其履行协助义务外，并可以予以罚款：（一）有关单位拒绝或者妨碍人民法院调查取证的；（二）有关单位接到人民法院协助执行通知书后，拒不协助查询、扣押、冻结、划拨、变价财产的；（三）有关单位接到人民法院协助执行通知书后，拒不协助扣留被执行人的收入、办理有关财产权证照转移手续、转交有关票证、证照或者其他财产的；（四）其他拒绝协助执行的。人民法院对有前款规定的行为之一的单位，可以对其主要负责人或者直接责任人员予以罚款；对仍不履行协助义务的，可以予以拘留；并可以向监察机关或者有关机关提出予以纪律处分的司法建议。"

《民事诉讼法》第一百一十五条规定："对个人的罚款金额，为人民币十万元以下。对单位的罚款金额，为人民币五万元以上一百万元以下。拘留的期限，为十五日以下。被拘留的人，由人民法院交公安机关看管。在拘留期间，被拘留人承认并改正错误的，人民法院可以决定提前解除拘留。"

例如，2017年8月1日，湖北省利川市人民法院在审理一起提供劳务者受害责任纠纷案中，死者孙某在为被告李某喷外墙漆的过程中，不慎从五楼坠落摔伤，因抢救无效死亡，死者家属向利川市法院提起诉讼。被告及众多目击者称死者在摔落前曾与他人通话，情绪比较激动，被告遂向法院申请调取死者摔落前的通话记录，以此证明死者存在重大过失。办案人员于8月1日前往中国移动通信集团湖北有限公司利川分公司调查取证，在与该公司综合部信息查询负责人唐某多次交涉中，唐某均以《电信条例》等部门规章、内部规定，上级部门不批准等为由，拒绝法院调查取证，拒不提供死者的通话记录。8月2日，法院传唤唐某再次向其说明拒绝调查取证将面临的法律后果，但唐某到庭后仍未认识到拒不配合法院查询的错误。为此，利川市人民法院作出（2017）鄂2802司惩6号和7号决定书，对利川移动公司作出罚款500 000元的处罚，对利川移动公司综合部信息查询负责人唐某作出罚款20 000元的处罚。①

4. 通信管理、税务、海关等行政执法机关

我们认为，除了公安（含国安）、检察机关行使侦查权，人民法院行使审判权时可以查询、调取用户的通话清单外，通信管理、税务、海关等行政执法机关在相应执法权限范围内，也有权查询、调取相关用户的通话清单。比如，根据《电信服务质量监督管理暂行办法》第二十条规定，电信业务经营者必须配合电信管理机构的检查或调查工作，如实提供有关资料和情况，不得干扰检查或调查活动。如果用户投诉通话计费差错，电信部门就有权要求运营商提供涉案用户的通话清单，并现场检查计费系统的运行状况，以核查用户投诉是否成立。

5. 律师及私人调查机构

《中华人民共和国律师法》（以下简称《律师法》）第三十五条规定："受委托的律师根据案情的需要，可以申请人民检察院、人民法院收集、调取证据或者

---

① 《中国移动分公司拒绝法院调查取证，被罚50万元》，腾讯科技，http://tech.qq.com/a/20170803/006180.htm。

申请人民法院通知证人出庭作证。律师自行调查取证的，凭律师执业证书和律师事务所证明，可以向有关单位或者个人调查与承办法律事务有关的情况。"

《民事诉讼法》第六十一条规定："代理诉讼的律师和其他诉讼代理人有权调查收集证据，可以查阅本案有关材料。查阅本案有关材料的范围和办法由最高人民法院规定。"

《行政诉讼法》第三十二条规定："代理诉讼的律师，有权按照规定查阅、复制本案有关材料，有权向有关组织和公民调查，收集与本案有关的证据。对涉及国家秘密、商业秘密和个人隐私的材料，应当依照法律规定保密。"

《刑事诉讼法》第四十一条规定："辩护律师经证人或者其他有关单位和个人同意，可以向他们收集与本案有关的材料，也可以申请人民检察院、人民法院收集、调取证据，或者申请人民法院通知证人出庭作证。辩护律师经人民检察院或者人民法院许可，并且经被害人或者其近亲属、被害人提供的证人同意，可以向他们收集与本案有关的材料。"

根据《律师法》及三大诉讼法的上述规定，律师在办理诉讼案件时是有权进行调查取证的。由于法律没有规定对律师的调查取证，有关单位和个人应当如实提供证据，而且《刑事诉讼法》规定辩护律师调查取证须经被取证人的同意才能进行，实务中律师调查取证权是很难真正行使的。虽然《民事诉讼法》和《行政诉讼法》没有规定律师取证需获得被取证人同意，但实务中基本还是参照《刑事诉讼法》的规定，律师的取证只有获得被取证人同意才能进行。从理论上说，律师也是有权调取用户通话清单等相关证据的。由于通话清单涉及用户隐私，除非被调查的用户同意并书面授权，律师是无法调取的。现实中，即便有用户授权，由于运营商难以核实授权的真伪，运营商一般也是拒绝向律师提供用户通话清单的。

打开互联网搜索引擎，输入"用户通话清单查询"，能发现很多所谓的商务调查公司提供用户清单查询服务。这其实是所谓的私人侦探机构提供的所谓私家侦探服务。早在1993年9月，公安部发布了《公安部关于禁止开设"私人侦探所"性质的民间机构的通知》，该通知明确规定：①严禁任何单位和个人开办各种形式的"民事事务调查所""安全事务调查所"等私人侦探所性质的民间机构；②对现有"私人侦探所"性质的民间机构要认真清理，会同工商行政管理部门予以取缔。禁止以更换名称、变换方式等形式，继续开展类似业务；③要加强对公安系统内部人员的管理教育，禁止公安机关、武警部队的任何单位（包括公安、武警的院校、协会、学会）和个人（包括离退休人员）组织或参与"私人侦探所"性质的民间机构的工作。因此，在我国是不存在合法的私人侦探机构的，社会上的私人侦探机构都是注册为商务或商务调查公司，处于法律的灰色地带。私家侦探采用非法手段调查获刑的不在少数，如某私家侦探社的两名侦探通过跟踪、拍照等方式为雇主调查婚外情，被法院以非法经营罪判处有期徒刑1年，缓刑1年，并处罚金10万元。

因此，任何私家侦探机构都无权查询和调取用户通话清单。如果私家侦探机构能够获取用户通话清单，肯定是采用窃取、收买等非法手段获得。

（三）可以查询、调取多长时间的通话清单

通过以上分析，我们认为，用户本人、公安（国安）、检察机关、人民法院及部分行政执法机关有权查询、调取用户的通话清单，但可以查询、调取多长时间的通话清单呢？实务中电信运营商一般只提供查询时间往前推算5个月内的通话清单，运营商的做法是否有法律依据呢？

查阅相关法律、法规，没有要求运营商提供多长时间通话清单的明确规定。但《电信服务规范》"附录2：电信服务规范——数字蜂窝移动通信业务"2.1.9规定，电信业务经营者应根据用户的需要，免费向用户提供移动话费详细清单（含预付费业务）查询。移动电话原始话费数据及点到点短消息业务收费详单原始数据保留期限至少为5个月。《电信服务规范》是电信服务的国家标准，除非运营商与用户另有约定，电信服务的质量应以《电信服务规范》作为评判依据。虽然《电信服务规范》没有明确规定运营商应向用户提供多长时间的移动话费详细清单（通话清单），但明确规定了移动电话原始话费数据及点到点短消息业务收费详单原始数据保留期限至少为5个月。我们认为，通话清单需要根据原始话费数据生成，《电信服务规范》规定原始话费数据保留期限至少5个月，在没有其他法律规定或与用户的约定情况下，运营商按照《电信服务规范》规定的最低要求只保留5个月的原始话费数据，并只提供5个月的通话清单查询是符合法律规定的。

由于我国人口众多，三大电信运营商的用户数都在2亿户以上，特别是中国移动用户总数已超过8亿户，保留、存储海量用户的原始话费数据需要巨额的投入和运营成本。用户通话清单反映的内容具有较强的时效性，最近半年的通话清单可以满足大多数需求。而且，用户若有保留更长时间通话清单的特殊需求，也可以每5个月向运营商查询并打印或下载一次通话清单。因此，我们认为《电信服务规范》的规定以及运营商按照规定最低要求，只保留5个月的原始话费数据，并只提供5个月的通话清单查询也是具有相对合理性的。

三 结论

在上述分析的基础上，我们再逐一评析本章的相关案例。

案例一：涉及话费争议，原告有权向被告查询通话清单，但因原告拒不提供查询密码，导致被告无法查询消费详单。

一审法院审理认为，电信服务合同是指电信业务经营者为了重复使用而预先拟定的，规范与电信用户之间的权利义务关系的合同。原、被告已形成了电信服务合同的法律关系。被告因电信条例规定，以及原告拒不提供查询密码，从而无法查询原告话费被扣的 15.45 元是否为多扣情形。原告在不提供查询密码，不能确定消费详单的情况下，认为多出的 50.27MB 上网流量非自己所用，且原告要求被告赔偿 500 元经济损失无事实和法律依据，因此驳回原告诉讼请求。

一审宣判后，原告不服提起上诉称：被告于 2014 年 8 月多扣了其 15 元左右的上网流量费用，其到被告网站上通过输入个人密码却查询不到流量的明细信息。后多次到被告处反映，但被告的工作人员要求其提供查询密码，根据《宪法》及《电信条例》第六十六条规定："电信用户依法使用电信的自由和通信秘密受法律保护。除因国家安全或者追查刑事犯罪的需要由司法机关依照法律规定的程序对电信内容进行检查外，任何组织或者个人不得以任何理由对电信内容进行检查。"因此，原告有权不提供电信查询密码的个人隐私。被告答辩称，只要原告能提供相关查询密码，被告可以在符合电信法律规定的范围内进行查询。被告现向法院提供的明细不足以证明被告计费系统存在问题。因原告不提供查询密码，被告无法进行更深层次的查询。

二审法院审理认为，当事人对自己提出的诉讼请求所依据的事实或者反驳对方诉讼请求所依据的事实有责任提供证据加以证明。没有证据或者证据不足以证明当事人的事实主张的，由负有举证责任的当事人承担不利后果。本案争议的焦点是：原告所主张的手机话费被多扣 15.45 元是否属实？一、二审审理中，被告均表示同意配合查询争议事实，因原告持有查询密码却拒不提供，致使被告无法确定 15.45 元是否属于被告多扣行为，故原告的诉讼主张因证据不充分不予支持。据此，驳回上诉，维持原判。

本案中原告错误理解了通信秘密和个人隐私的含义，纵然查询密码属于原告掌握的秘密信息，但被告需要原告提供查询密码才能查询原告的通话清单，说明被告为原告的通信秘密和个人隐私设置了严格的保护措施。原告认为话费计费有错，有责任提供证据证明。原告拒不提供查询密码，导致被告无法查询核对的不利后果应由原告承担。

案例二：涉及的是运营商向无权查询主体提供通话清单产生的隐私侵权问题。开庭审理时，废物处理公司抗辩说，没有公布李某的全部通话记录，只是摘选了两个月的一部分记录，而且是在公司内部小范围的会议上，因此没有侵犯原告的隐私权。

运营商则抗辩称，为了便于工作联系，废物处理公司每月给中层以上干部报销一定数额的话费。李某是公司的部门副经理，每月话费都由公司报销。废物处理公司在为其员工支付全额话费的情况下，怀疑员工泄露公司秘密，从而要求移动公司提供员工通话记录，了解员工的话费去向，公司完全有这个权利。

李某反驳称，他的手机是个人购买的，号码也是自己在移动营业厅选的，即使话费由公司报销，只要手机掌握在自己手里，通话和短信即属于个人隐私，单位和其他个人均不得侵犯。运营商作为服务商对公民个人的通话信息负有隐私保密义务，其向用户所在单位披露用户个人的通话记录明显存在过错。

法院审理认为，废物处理公司获取并披露原告通话记录的行为，均不具有合法性，已构成侵权，应承担相应民事责任；运营商对用户的通话记录信息负有安全保密之义务，其未能举证证明对原告的通话记录被废物处理公司获取没有过错，故应承担相应民事责任。法院判决，两被告在判决生效十日内公开登报向原告赔礼道歉，并赔偿原告精神损失费 5 000 元。

我们同意法院的判决意见，本案中虽然原告李某的话费是由公司承担，但只要号码登记在李某名下，该号码所属通话清单就是李某的个人隐私。废物处理公司不属于有权查询用户通话清单的机构，运营商向废物处理公司提供李某通话清单的查询服务以及废物处理公司公开李某的通话清单，都是侵犯李某隐私权的侵权行为。当然，如果本案中李某使用的是登记在废物处理公司名下的公务手机，废物处理公司作为电话号码的登记使用人，是有权查询该号码通话清单的。

案例三和案例五：都涉及人民法院是否有权查询用户通话清单的问题。案例三中审判法官接受了全国人大法工委关于通话清单属于通信内容的意见，多次驳回申请人的调查取证和证据保全申请，我们不同意该观点。如果胡某与被执行人的通话记录，是判断胡某是否存在与被执行人串通损害原告合法权益的关键证据，在原告无法获取的情况下申请法院调取，法院应当接受申请依法调取。案例五中执行法官显然不同意全国人大法工委关于通话清单属于通信内容的意见，坚持认为人民法院有权调取用户通话清单，而且认为运营商没有权利设置相关条件或"规矩"要求法院遵从。

案例四：涉及用户可查询、调取多长时间通话清单的问题，根据上述分析，我们认为除非运营商与用户有特别约定，运营商有权只提供查询日往前推算 5 个月的通话清单。在本案中，经过被告向原告的再三解释，原告在开庭前撤回了起诉。

网络购物的七日无理由退货

【案例一】2013 年 1 月 9 日，邓先生通过淘宝网向被告杭州某电子商务有限公司经营的天猫店铺以 940 元的价格购买三星手机一台。根据淘宝网的记载，该商品享受七日无理由退换货服务。次日，被告通过快递将手机交付给邓先生使用。当日，邓先生在使用过程中发现手机存在质量问题。经他向三星电子服务中心授权的通信设备有限公司进行检测，确认该手机存在不读卡及不能照相等问题。1 月 15 日，邓先生通过快递将涉案手机及手机检测单等寄给被告，邮费 22 元由收件方支付。被告收到手机后，于 1 月 17 日通过快递向邓先生邮寄新的手机，邮费 22 元由寄件方支付。1 月 18 日，邓先生签收了新手机。收到新手机后他表示，新手机未发现质量问题，但他要求被告按七日无理由退换货承诺退货。经协商，被告在 1 月 22 日同意退款。邓先生遂于 1 月 25 日将新手机寄给被告，邮费 22 元由寄件方支付，但对方拒收，也拒绝退款。当年 11 月 7 日，邓先生起诉要求退还货款 940 元、邮费 66 元并赔偿利息。①

【案例二】吴先生起诉称，2015 年 12 月 25 日，他在京东商城上购买了一台某品牌 43 英寸 2D 智能 LED 液晶电视一台，共花费 2 088 元。隔天，电视机送至吴先生家并经安装调试后，吴先生发现电视机四角均存在漏光问题。12 月 29 日上午，吴先生在京东商城上申请退货。京东商城答复吴先生，由于电视机漏光属于质量问题，要求其先联系厂家进行检测，并开具检测单。后经吴先生联系，厂家进行了检测，检测单上显示电视机外观状态完好，鉴定结果为不符合换机的条件。吴先生致电京东商城，表示虽然其已经收到检测单，但并不认可检测单上显

---

① 参见中国裁判文书网，http://wenshu.court.gov.cn/content/content? DocID = c519b0bb – 058f –
4b2f – ad89 – 481b6e9fcc1b&KeyWord = （2015）穗中法民二终字第 922 号。

示的不符合换机条件的结果，仍然坚持对电视机进行七日内无理由退货。京东商城客服人员答复吴先生称"此单商品开包使用，无法无理由退货"。吴先生诉至法院，要求解除其与京东商城订立的买卖合同，京东商城向其返还电视机款2 088 元并支付三倍赔偿款 6 264 元。①

【案例三】 王小姐在某电商平台上的第三方网店购买了一个真皮斜挎手提包，价格739 元。网店首页和具体商品的购买页面，都有"七日无理由退货"的承诺标签。收到手提包的第二天，王小姐觉得手柄太短，于是要求退货。客服要求王小姐提供产品正反面的图片后，同意退货，王小姐当天就把包包寄回。几天后，商家收到退货并致电王小姐称，在包包里发现一双丝袜，还说手提包的手柄位置有细小裂缝，认为包包已经被使用过，所以不接受退货。王小姐表示，丝袜是不小心掉入包里的，她并没有使用包包，并且她拍摄的图片中并看不到裂缝，坚持要退货。

双方争持不下，王小姐致电消费者协会热线投诉，执法人员前往王小姐提供的网店线下地址进行检查，但该地址实际上是仓库，仓管人员无法解决纠纷，执法人员建议王小姐通过诉讼等其他方式解决纠纷。②

◆ 法律问题与分析

（一）"七日无理由退货"制度在法律上的确立

《消费者权益保护法》第二十五条规定："经营者采用网络、电视、电话、邮购等方式销售商品，消费者有权自收到商品之日起七日内退货，且无须说明理由，但下列商品除外：（一）消费者定作的；（二）鲜活易腐的；（三）在线下载或者消费者拆封的音像制品、计算机软件等数字化商品；（四）交付的报纸、期刊。除前款所列商品外，其他根据商品性质并经消费者在购买时确认不宜退货的商品，不适用无理由退货。消费者退货的商品应当完好。经营者应当自收到退回商品之日起七日内返还消费者支付的商品价款。退回商品的运费由消费者承担；经营者和消费者另有约定的，按照约定。"

所谓"七日无理由退货"是指消费者通过网络、电视、电话、邮购等方式

---

① 参见中国裁判文书网，http：//wenshu. court. gov. cn/list/list/？ sortype = 1&number = 8NKCVDV6&guid = a900ec22 - c3f5 - 16f5f762 - 215fe1a5ceee&conditions = searchWord + QWJS + + 全文检索：（2016）京 0108 民初 664 号。

② 参见广东消费网，http：//www. gd315. gov. cn/show - 21 - 45702 - 1. html。

（线上方式）购买商品，除法律规定的特殊商品外，消费者有权自收到商品之日起七日内不说明理由退货。

由于消费者与销售者的信息不对称，特别是非现场购物时信息更不对称，很多国家都将消费者后悔权作为消费者的一项重要权利单独作出规定。如英美法系国家称之为消费者冷静期；德国法律称之为消费者撤回权，并在其民法典中规定，在经营者和消费者订立的合同中，消费者作为合同的一方享有撤回权；法国法律称之为特别撤销权或反悔权。无理由退换货在西方发达国家已被普遍采用。我们认为，"七日无理由退货"实质是法律赋予消费者在一定期限内（收货后七日内）解除购物合同的法定解除权。《消费者权益保护法》赋予消费者线上购物的后悔权，一是为弥补线上购物导致的消费者知情权的部分受损，二是为弥补因冲动购物导致消费者选择权的部分丧失。

我国最早涉及消费者退换货的规定，是1986年10月1日实施的原国家经委、商业部、财政部和轻工业部发布的《部分国产家用电器"三包"规定》，该规定适用于彩色电视机、黑白电视机、电冰箱、洗衣机、电风扇、收录机六种国产家用电器（包括进口零部件组装的家用电器）。生产和经销企业售出的产品在保修期间内发现质量不符合国家有关法规、质量标准以及合同规定的要求时，应由生产和经销企业负责对用户（消费者）实行"三包"，即包修、包换、包退。保修期均从开具发票之日算起，不包括维修占用和因无零配件待修的时间，如确属产品质量问题而出现的主要性能故障，在半年内修理3次后仍无法达到合格标准的，可根据用户要求，免费调换同型号的产品，如无货更换，应按原销售价退货。

1995年8月25日原国家经贸委、国家技术监督局、国家工商局、财政部发布实施了《部分商品修理更换退货责任规定》（国经贸〔1995〕458号，简称"新三包规定"），并公布了《实施三包的部分商品目录（第一批）》，自行车、电视机等18类商品纳入"三包"范围。同日，1986年发布的《部分国产家用电器"三包"规定》废止。"新三包规定"第九条规定，产品自售出之日起7日内，发生性能故障，消费者可以选择退货、换货或修理。这是我国七日内退换货的最早出处。

2001年9月17日国家质量监督检验检疫总局、国家工商行政管理总局、信息产业部公布《移动电话机商品修理更换退货责任规定》，自2001年11月15日起施行，专门对移动电话机及其附件的"三包"作出规定，移动电话机的"三包"规定与家电类产品的"新三包规定"基本一致。

2012年6月27日国家质量监督检验检疫总局局务会议审议通过了《家用汽

车产品修理、更换、退货责任规定》，自 2013 年 10 月 1 日起施行。根据该规定，家用汽车产品自销售者开具购车发票之日起 60 日内或者行驶里程 3 000 公里之内（以先到者为准），家用汽车产品出现转向系统失效、制动系统失效、车身开裂或燃油泄漏，消费者选择更换家用汽车产品或退货的，销售者应当负责免费更换或退货。

从以上"三包"规定发展历程可以看出，我国相关法规对纳入"三包"范围商品的退换货规定已逐步完善。当然三包规定的七日内（汽车六十日内）退换货都是以产品存在性能故障为前提的，而且"三包"规定出台时线上购物尚不普及，"三包"规定主要是针对线下现场购物而作出的。

随着互联网和网络购物的快速发展，网络购物日益快捷、方便，很多消费者可能出于冲动而购物，特别是每年电商举办各种购物节，导致大量"剁手族"产生大量非理性购物。由于线上购物只是通过图片确认商品的各种属性，消费者无法真实接触商品，加上电商可能故意不披露商品的不良信息。消费者基于信息不对称和冲动购买的商品本身很多也不适用"三包"规定，况且基于冲动购买的商品本身可能也没有任何质量问题。因此，赋予线上消费者"后悔权"也越来越有必要，在此背景下，淘宝网在 2008 年率先推出了提供七日无理由退货的规则，允许消费者在购买后七天内退换货，且无须证明商品存在质量问题。此后，各大电商均积极跟进，基本都推出了自己平台的七日无理由退货规则。当然，由于没有法律规定，电商自行推出的七日无理由退货规则，或多或少都附有一定的条件，且随意性较大，电商可以任意扩大或缩小七日无理由退货的商品范围。

2013 年 10 月 25 日第十二届全国人民代表大会常务委员会第五次会议通过《关于修改〈中华人民共和国消费者权益保护法〉的决定》，对 1993 年颁布实施的《消费者权益保护法》进行了第二次修正，修订后《消费者权益保护法》（以下简称新《消法》）自 2014 年 3 月 15 日施行。新《消法》第二十五条以国家法律的形式，正式确立了线上购物的七日无理由退货制度。

（二）"七日无理由退货"的具体实施

2014 年新《消法》设立的"七日无理由退货"制度，消费者既表示欢迎也隐隐有些担忧。新《消法》规定的是七日"无理由退货"，而不是七日"无条件退货"，即消费者退货的商品应当"完好"。由于该制度缺乏明确的细则，在实践中出现了商家和消费者对无理由退货的适用范围存在不同理解、对"商品完好"的标准界定存在争议等问题，一定程度上架空了"七日无理由退货"制度，消费者对这种名不副实的现象诟病颇多。如，甲电商的退换货规则，反复提及不影响商品二次销售，并对"影响二次销售"做了进一步解释说明，主要有商品包装不完整，防伪层已刮开，主机有人为划痕或碰撞痕迹，通电、过水、插入卡槽等已使用情况，安装电池开机启动，产品已安装等六种主要情形。乙电商则表示，若商品能够保持出售时原状且配件、赠品（如有）齐全，则自商品收货之日起，可享受"七日无理由退货"政策，但也列出了包括鲜活易腐商品在内的10种不接受退换货商品。丙电商关于"七日无理由退货"政策规定，对于高价值商品、食品类商品、贴身衣物（如内衣袜子等）售出后无质量问题，恕不支持退货。部分高价值的商品上印有丙电商的安全封条，若剪断后再涉及退款，将不予办理退货。

2015年1月5日，国家工商总局又出台《侵害消费者权益行为处罚办法》，进一步明确，电商不得以消费者已拆封、查验影响商品完好为由拒绝退货；经营者有前述情形并超过十五日的，视为故意拖延或者无理拒绝。该办法是对新《消法》的进一步补充，但该办法亦未对商品"完好"进行具体界定，各家电商平台对于商品完整仍有不同的解读。

很显然，监管部门也注意到了上述问题，2017年1月6日国家工商行政管理总局以第90号令公布了《网络购买商品七日无理由退货暂行办法》（以下简称《暂行办法》），《暂行办法》自2017年3月15日实施。《暂行办法》对不适用"七日无理由退货"的商品范围以及广受争议的退货商品"完好"标准都做了详细规定。

1. 不适用七日无理由退货的商品范围

除了消费者定作的商品、鲜活易腐的商品、在线下载或者消费者拆封的数字化商品及交付的报纸、期刊等原先已有规定不适用七日无理由退货的商品外，验货时对商品的使用超过必要限度致使价值贬损较大的商品将被视为商品不完好，也不适用七日无理由退货。此外，对于拆封后易影响人身安全/生命健康或者拆封后易导致品质发生改变的商品、一经激活或试用后价值贬损较大的商品、销售时已明示的临近保质期的商品及有瑕疵的商品，商家应当在销售必经流程中设置显著的确认程序，消费者一旦对该次购买行为进行确认，此类商品即可不适用七日无理由退货。

2. "商品完好"标准的界定

《暂行办法》第八条规定，消费者退回的商品应当完好。商品能够保持原有品质、功能，商品本身、配件、商标标识齐全的，视为商品完好；并进一步明确，消费者基于查验需要而打开商品包装，或者为确认商品的品质、功能而进行合理的调试，不影响商品的完好。

在此基础上，《暂行办法》规定对超出查验和确认商品品质、功能需要而使用商品，导致商品价值贬损较大的，应当视为商品不完好，并进一步根据不同行业经营特点和不同类别商品性质，明确了三大类商品"不完好"的判定标准：一是食品（含保健食品）、化妆品、医疗器械、计生用品的必要的一次性密封包装被损坏的；二是电子电器类进行未经授权的维修、改动、破坏、涂改强制性产品认证标志、指示标贴、机器序列号等，有难以恢复原状的外观类使用痕迹，或者产生激活、授权信息、不合理的个人使用数据留存等数据类使用痕迹的；三是服装、鞋帽、箱包、玩具、家纺、家居类商标标识被摘、标识被剪或商品受污、受损的。

3. 七日无理由退货的相关问题

消费者在签收商品的次日起七天内可以向商家申请退货，退货时应保留退货凭证且所退商品应当完好，意即商品能够保持原有品质、功能，商品本身、配件、商标标识齐全，消费者基于查验需要而打开商品包装，或者为确认商品的品质、功能而进行合理的调试不影响商品的完好。

对于允许退货的商品，消费者需自收到商品之日起七日内退货；网络商品经营者应当自收到退回商品之日起七日内返还消费者支付的商品价款。"收到商品之日起七日内"，是以物流系统显示的签收日期为准，还是以消费者实际拿到的时间为准？另外快递由门卫或他人代收，或者有些快递是快递员直接挂门把手上或者塞门缝里，对代收或者所谓的"门把手签收""门缝签收"的收货时间如何确定？我们认为，消费者的收货时间一般应以收货单的签收时间为准，如果消费者有证据证明其实际收货时间与签收时间不一致的，以实际收货时间为准。

退货时除了商品本身及配件外，商家赠送的实物、积分、代金券、优惠券等赠品也应一并退回，若不能退回的，商家可以要求消费者按照事先标明的赠品价格支付赠品价款。退货所产生的运费如无约定应由消费者承担。

《暂行办法》的出台解决了线上购物七日无理由退货的主要问题，但并非解决了所有问题。如跨境电商平台的"七日无理由退货"问题，就是一个非常棘手和困扰电商及消费者的问题，主要原因有：①关于跨境网购中如何适用"七日无理由退货"，有观点认为，按照属地原则，境内法律只能规制平台方，对境外卖家的规制可参照其属地法律。也有观点认为，应以平台方属地法律为主，只要在境内平台上从事经营活动的，必须遵守境内法律，境外卖家也不例外。目前没有相关规定，实际操作无法可依。②受制于当前法律和政策规定，平台既无法将退回的商品发回保税仓，也无法直接开展二次销售，主要原因在海关税收制度层面，境外商品进关的行邮税以买家的名义缴纳，平台并未缴税且平台也无法以行邮税的名义纳税，若平台将退回的商品进行销售等同于贩私。如果平台以普通货物的名义补缴关税，进口资质和成本问题暂且不说，跨境电商将瞬间转为一般进口贸易商，其境外直购的优势即不复存在。③新《消法》第二十五条第一款设定的"七日无理由退货"制度，直接责任主体在于卖家，但在跨境网购中，卖家位于境外，从法律适用的角度分析境外卖家并不当然受境内法律规制。明确受我国法律约束的仅仅是境内平台，但对于境内平台应承担何种责任，该条文并未予以明确，仅在第四十四条规定平台具有披露卖家信息的义务。因此，在"七日无理由退货"的落实上，平台与卖家之间容易相互推脱责任。④价格高昂的商品如皮包、手表等奢侈品，其被买家要求退货时，平台对于商品是否被调包或拆解难以判断，可能导致损失。部分商品如保质期较短的食品，在运输过程中因在途时间、仓储条件等因素导致过期、品质受损等问题也较为突出。即使"七日无理由退货"的商品本身并不存在质量问题或缺陷，平台也难以退还至境外供应商，即便供应商同意退回，高昂的国际运费无疑推高了退货成本。

　　跨境网购作为一种新型业态，发展过程中遇到上述问题，原因来自多方面，如何更好地平衡消费者和经营者的利益，亟须更科学的制度设计。跨境网购退货问题的核心在政策层面，针对跨境网购平台目前面临的现实困境，各政策制定部门应主动作为，顺应跨境电商发展大势，适时推出新政，以扶持和服务跨境电商健康规范发展。① 随着互联网相关业务的发展，无理由退货相关的法律诉讼或仲裁会越来越多，相关的司法判例也会对此类问题的解决提供有效的途径和借鉴。

三　结论

　　根据上述分析，我们再来评析一下本章的几个案例处理。

　　案例一：一审法院审理认为，邓先生向法院提供的相关订单截图、快递单、货物发票等足以证明他与被告之间的买卖合同关系。根据淘宝网关于七日无理由

---

① 潘杰：《浅析"七天无理由退货"在跨境网购中的适用》，中国工商报网，http：//www.cicn.com.cn/zggsb/2016－03/29/cms83845article.shtml。

退换货服务条款的约定，买家签收货物后七天内，在不影响二次销售的前提下，都可以申请无理由退换货。邓先生所购置的手机尽管适用该条款，但邓先生于2013年1月10日收到手机后发现质量问题，仅是要求更换，并未要求退货，直至邓先生收到新手机后，于1月22日才提出退货要求，早已超过七日无理由退换货的时间，更何况邓先生也表示更换的手机未发现质量问题。故邓先生起诉要求退还货款及邮费依法无据，法院不支持，判决驳回邓先生的诉讼请求。

邓先生不服一审判决提起了上诉，二审法院审理认为，因第一次交付的手机有质量问题，邓先生有权要求更换，故他第一次要求更换手机是有理由的换货，而并非适用"七日无理由退换货"条款。邓先生1月18日收到新手机后，又要求根据"七日无理由退换货"的承诺退货，是邓先生依据合同约定行使权利的行为，也符合《消费者权益保护法》第二十五条的规定，"七日无理由退换货"的期限应从1月18日起计算。被告1月22日同意退货，且邓先生也于1月25日将新手机邮寄给被告，退货行为没有超出七天期限。因"七日无理由退换货"的条款并不以商品存在质量问题为适用前提，故即使新手机不存在质量问题，也并不影响邓先生行使退货权利。根据《消费者权益保护法》，因商品存在质量问题而进行退货的，经营者应当承担运输费用，故第一次退货产生的运费应由被告承担。在双方无另行约定的情况下适用七日无理由退货的，消费者应当承担运输费用，故第二次退货产生的运费应由邓先生承担。故本案中被告无须再向邓先生支付运费。据此，二审改判被告退还货款940元及利息。

邓先生进行了两次退货，第一次退货是因为手机有质量问题，符合手机"三包"规定的退换货条件，无论邓先生是线上网购或者线下实体店购买，商家均有义务接受邓先生的退货要求，并承担退换货的运费。邓先生对有质量问题的手机并没有选择退货，而是选择了更换同样型号的手机，很明显邓先生不是进行"七日无理由退货"。我们认为"七日无理由退货"制度是赋予消费者有条件解除网购合同的权利，但没有赋予消费者单方变更网购合同的权利，因此，消费者不能要求七日内无理由换货。消费者要求换货，只能是先退货再重新购买。因此，邓先生此次网购的收货日期应以收到商家交付的合格产品时起算，邓先生收到换货的日期是1月18日，被告1月22日同意退货，且邓先生也于1月25日将新手机邮寄给了被告，退货行为没有超出七天期限。一审没有区分基于"三包"规定的七天退换货和"七日无理由退货"，将邓先生行使"三包"规定的退换货权利期间计入"七日无理由退货"期间是错误的，二审改判合法有据。

案例二：京东商城答辩称，吴先生确实向客服提出过退货申请，但因为涉及商品的质量问题，需要厂家出具鉴定意见以后才能进行退货。而且后经厂家检测，产品并不存在质量问题，因此，京东商城认为电视机并不符合七日无理由退货的条件。且在后续沟通的过程中，京东商城也曾向吴先生表示可以进行退货，只是需要吴先生承担运费，但因吴先生不同意而作罢。另外，吴先生在起诉中认为京东商城在销售过程中存在欺诈行为，应当进行三倍赔偿，这项诉讼请求并没有事实和法律依据，京东商城在主观上和客观上均没有实施欺诈行为，因此不应当承担三倍赔偿责任。

法院经审理后认为，《消费者权益保护法》第二十五条规定，经营者采用网络、电视、邮购等方式销售商品，消费者有权自收到商品之日起七日内退货，且无须说明理由。"七日无理由退货"，消费者作为买方，既可以说明理由，也可以不说明理由。不说明理由，京东商城须接受退货，如果说明理由，而且涉及质量异议，京东商城更应该接受退货。至于京东商城主张已经开包使用，不适用七天内无理由退货，其理由并不成立。消费者通过网络、电视、邮购等方式购买商品的，除了开包会使商品质量发生变化（如食品）外，大多数商品开包调试并不影响其质量，况且如果不开包调试、检查，消费者无法知道该商品是否存在质量问题。因此，京东商城在吴先生收货后七日内未接受其提出的退货要求，已违反了《消费者权益保护法》第二十五条的规定。且京东商城在出售涉案商品时，写明该商品"支持七天无理由退货"，说明双方已约定解除合同的条件，京东商城的行为亦违反了该项承诺。因此，法院认为吴先生要求解除买卖合同、退还货款的诉讼请求合理合法，应当予以支持。根据《合同法》的相关规定，合同解除后，已经履行的，根据履行情况和合同性质，当事人可以要求恢复原状、采取其他补救措施，并有权要求赔偿损失。京东商城应在合同解除后自行至吴先生处将商品取回，并退还其货款 2 088 元，吴先生应保证商品的完好，退货产生的运费应由京东商城承担。

京东商城主张已经开包使用，不适用七天内无理由退货。该案发生在《网络购买商品七日无理由退货暂行办法》颁布前，新《消法》未对"商品完好"的标准进行界定，但法院基于对新《消法》的理解，认为除了开包会使商品质量发生变化（如食品）外，大多数商品开包调试并不影响其质量，况且如果不开包调试、检查，消费者无法知道该商品是否存在质量问题。京东商城在吴先生收货后七日内未接受其提出的退货要求，已违反了《消费者权益保护法》第二十五条的规定。根据《网络购买商品七日无理由退货暂行办法》第八条第三款规定，消费者基于查验需要而打开商品包装，或者为确认商品的品质、功能而进行合理的调试，不影响商品的完好。京东商城关于已经开包使用，不适用七天内无理由退货的主张是明显违反《网络购买商品七日无理由退货暂行办法》的，因而本案的判决是完全正确的。

案例三：商家收到退货后发现网购包包里有一双丝袜，且手提包的手柄位置有细小裂缝，认为包包已经被使用过，所以不接受退货。王小姐表示，丝袜是不小心掉入包里的，她并没有使用包包，并且她拍摄的图片中并看不到裂缝，坚持要退货。

《网络购买商品七日无理由退货暂行办法》第九条规定，对超出查验和确认商品品质、功能需要而使用商品，导致商品价值贬损较大的，视为商品不完好，具体判定标准如前所述。

我们认为，由于退回的包包中发现丝袜，且存在裂缝，除非王小姐能够举证证明其收到时包包就存在裂缝，且包包的商标标识没有被剪，否则，王小姐关于包包没有使用过的主张很难成立，要求商家无理由退货的依据不足。

电信、 互联网领域的虚假宣传与欺诈

案例摘要

【案例一】2014 年 1 月 16 日,王某在"静楚"开设的淘宝店铺购买了"2013 新款海宁貂皮大衣整貂水貂中长款貂毛修身款女皮草外套女装"大衣 1 件,支付价款 3 500 元,其中交易订单的颜色分类中注明"整貂绒 + 整貂下摆 + 整貂领",尺码:XL(正品保证,假一赔十),商品详情页面显示"质量保证,不是整貂,赔偿十倍",材质说明中注明"面料 100% 进口水貂狐狸领"等信息。2014 年 1 月 18 日,卖家向王某发送货物,王某收到货物后,认为货物存在质量问题,发起退货退款申请,卖家以超出七天无理由退货期为由拒绝退货,后王某申请淘宝公司介入处理,之后卖家同意退货并通过"淘宝旺旺"告知王某退货地址,王某以卖家提供的退货地址与店铺注册地址不符,未进行退货。王某提起诉讼,以卖家存在欺诈为由,要求卖家支付十倍赔偿款及交通费,淘宝公司承担连带赔偿责任。①

【案例二】2015 年 2 月 14 日,原告在被告的拍拍商店购买了华为荣耀 3C 畅玩版手机一台,商品价款为 599 元。原告称其在使用过程中发现该手机预置了大量其不需要的应用软件且该软件不能卸载,占用了其手机的空间,导致其无法安装其他软件,侵犯了原告作为消费者的自主选择权;同时被告还隐瞒了软件不能卸载这一事实,构成了欺诈。因此,原告提出的诉讼请求为判令被告:①向原告赔礼道歉,并通过安全技术手段删除原告所购手机里大量不需要的应用软件;②返还原告商品价款 599 元;③按照三倍价款赔偿原告 1 797 元,并赔偿原告误工

---

① 参见中国裁判文书网,http://wenshu.court.gov.cn/content/content? DocID = 687558f6 – 96ca – 4110 – bb95 – f62b51c507d8&KeyWord = (2015)浙杭商终字第 2477 号。

费、打印费 5 000 元。①

【案例三】原告于 2011 年 9 月 5 日看到第一被告某电信运营商潮州分公司开设的通信大楼营业厅，发现其放置于营业场所内的"华为 T8300"宣传单上标注："CMMB 手机电视，最新节目跟你走""内置 CMMB 移动手机电视芯片，随时随地感受视听盛宴""显示：3.2 寸，320×480 像素（HVGA），26 万色 TFT 彩屏"。宣传单上标注广告主为第二被告华为公司，"华为 T8300"手机为第二被告生产。

原告基于上述宣传并在第一被告潮州分公司通信大楼营业厅人员的指引下，当天到第一被告潮州分公司开设的营业厅支付 1 029 元购买了"华为 T8300"手机一部。购买后，原告发现购买的 CMMB 手机电视在家里播放时没有频道信号，无法正常使用，经上网了解，发现 CMMB 手机电视目前只在国内部分地区有信号覆盖，而不是所有地区。在国外许多地区同样也尚未覆盖，根本无法实现广告单中宣传的随时随地感受视听盛宴。

原告经过对"华为 T8300"手机的显示屏对角测量，距离约为 8.1 厘米，约等于 2.43 寸。原告认为，使用"最新"一词是《广告法》明确禁止的广告用语；两被告宣传"最新节目跟你走""随时随地感受视听盛宴"应当是不受时间、空间的限制的，但实际上在国内以及国外许多地区根本没有 CMMB 手机电视频道信号，因此"最新节目跟你走""随时随地感受视听盛宴"也是完全不可能实现的虚假宣传。同时，广告宣传单属于价格标示的形式，宣传单上标示"华为 T8300"的显示屏为 3.2 寸，而该手机显示屏对角距离约为 8.1 厘米，约等于 2.43 寸。两被告所标示商品的规格等有关内容与实际不符，使用欺骗性或者误导性的计量单位标价，并以此为手段诱骗消费者购买的行为属于欺诈。因此，原告起诉要求判令第一被告退还原告购买"华为 T8300"所付货款 1 029 元；判令第二被告双倍赔偿原告所付货款；判令两被告承担本案诉讼费用。

【案例四】原告于 2013 年 3 月 5 日在温州市鹿城区小南门荷花锦园 6 幢墙体上看见一则由被告中国移动鹿城分公司发布的广告，内容为："4M 光宽带包两年只需 398 元，还可加赠精品手机一部。受理热线10086。"次日，原告跟经营商联系要求安装宽带。3 月 9 日，被告安装人员上门安装完宽带后，向原告出示一张"有线宽带业务款收据"，上写"初装费 100 元，宽带费（2 年）860 元"，没有

---

① 参见中国裁判文书网，http：//wenshu. court. gov. cn/list/list/？sorttype＝1&number＝YEX98V58&guid＝1caee8e1－c351－d84ea1bb－dedac98d6768&conditions＝searchWord＋QWJS＋＋＋全文检索：（2016）粤 03 民终 604 号。

赠送精品手机。

事后原告向相关部门举报。2013 年 7 月 25 日，温州市工商行政管理局鹿城分局认为，被告中国移动鹿城分公司发布的广告中未依法标明其业务的有效期限和附加条件，责令其停止发布，清除影响，处以罚款 20 000 元，上缴财政。2015 年 1 月 5 日，温州市发展和改革委员会认定被告中国移动鹿城分公司在办理"4M 光宽带包两年只需 398 元，还可加赠精品手机一部"业务时，未告知该宽带业务资费标准，属于不标明价格的价格违法行为，责令被告中国移动鹿城分公司改正不标明价格的违法行为，罚款 3 000 元；其发布"4M 光宽带包两年只需 398 元，还可加赠精品手机一部"业务广告，未标明办理此项业务活动起止时间及获取所赠手机的附加条件的事实，构成价格欺诈行为，对其予以警告，鉴于温州市鹿城行政管理局鹿城分局已对其罚款 20 000 元，不再予以罚款。①

二 法律问题与分析

（一）欺诈的法律意义

关于"欺""诈"两字的含义，《说文》采用互训的方法进行训释，它们为同义词。《说文·欠部》："欺，诈也。"在理论层面上，权威教科书和法律辞典对"欺诈"作出了明确的定义。《布莱克法律辞典》解释："欺诈是指故意歪曲事实，诱使他人依靠于该事实而失去属于自己的有价财产或放弃某项法律权利。"《牛津法律大辞典》对诈欺的解释是："在民法上，诈欺是一种虚伪陈述，或图谋欺骗的行为，通常以故意做虚假陈述，或者做出其本人并不相信其真实性的陈述，或者不顾其是否真实而做出的陈述等方式构成，并意图（并且事实上如此）使受骗人引以为据。但是，诈欺同样也可以以隐瞒或故意不做出其理应做出的陈述方式，或者通过行为构成。"

我们认为，"欺诈"的含义就是欺骗，广义的"欺诈"包含各种领域内的欺骗行为，如行政法领域的虚假广告行为，刑法领域的诈骗犯罪行为实质都是欺诈行为。不同的法律有不同的目的，欺诈的认定要置于具体法律的语境当中去理解。狭义的"欺诈"则仅仅指民事法律领域的欺骗行为，实际上我国也只对民

---

① 参见中国裁判文书网，http：//wenshu. court. gov. cn/list/list/？ sorttype = 1&number = &guid = e2b607ea – ed0e – d6d6497c – fdebe4bad2b4&conditions = searchWord + QWJS + + + 全文检索：（2015）浙温民终字第 2789 号。

事法律领域的欺骗行为使用"欺诈"用语。

《最高人民法院关于贯彻执行〈中华人民共和国民法通则〉若干问题的意见（试行）》第六十八条规定："一方当事人故意告知对方虚假情况，或者故意隐瞒真实情况，诱使对方当事人作出错误意思表示的，可以认定为欺诈行为。"我国民法学界对欺诈行为的解释，大都与这一司法解释相似。如梁慧星教授认为："所谓欺诈，指故意欺骗他人，使其陷于错误判定，并基于此错误判定而为意思表示之行为。"[1] 王利明教授认为："所谓欺诈，是指故意告知对方虚假情况，或者故意隐瞒真实情况，诱使对方基于错误判定作出意思表示。"[2]

我国现有立法涉及"欺诈"的条款，基本都含有最高人民法院上述关于"欺诈"司法解释的含义，即欺诈应以受骗方基于虚假信息作出了错误意思表示为成立条件。比如《消费者权益保护法》第五十五条，经营者提供商品或者服务有欺诈行为的，应当按照消费者的要求增加赔偿其受到的损失，增加赔偿的金额为消费者购买商品的价款或者接受服务的费用的三倍；增加赔偿的金额不足五百元的，为五百元。如果欺诈不以消费者购买商品或接受服务为前提，则不存在"购买商品的价款或者接受服务的费用"，该法条如何施行？又如《合同法》第五十四条第二款规定，一方以欺诈、胁迫的手段或者乘人之危，使对方在违背真实意思的情况下订立的合同，受损害方有权请求人民法院或者仲裁机构变更或者撤销。很明显，合同中的欺诈也是以受欺诈方作出错误意思表示与欺诈方订立合同为前提的。对于民法领域以外的欺骗行为，我国立法未使用欺诈概念进行规范，如行政法领域使用"虚假宣传"或"引人误解的宣传"等概念，刑法领域使用"诈骗"等概念。

欺诈导致的法律责任主要是民事赔偿，一般情况下没有损失不产生赔偿责任。因此，我国现行立法中涉及"欺诈"的条款都含有受欺诈方因为欺诈作出错误意思表示遭受损失的含义。比如，《合同法》第四十二条关于"缔约过失责任"的规定，并未将欺诈作为承担缔约过失责任的情形之一，而是使用了"故意隐瞒与订立合同有关的重要事实或者提供虚假情况"的用语。很明显立法者意识到"欺诈"含有受欺诈者作出错误意思表示构成要素（合同成立），而承担缔约过失责任的前提是合同未成立或无效，因此用"故意隐瞒与订立合同有关的重要事实或者提供虚假情况"代替"欺诈"，避免逻辑混乱。

国家工商局对"欺诈"的监管规定的改变，说明工商部门也认可了上述最

① 梁慧星：《民法总论》，北京：法律出版社1996年版，第170页。
② 王利明：《民法》，北京：中国人民大学出版社2000年版，第106页。

高人民法院司法解释的"欺诈"概念。国家工商行政管理局1996年发布了《欺诈消费者行为处罚办法》，该办法规定欺诈消费者行为，是指经营者在提供商品或者服务中，采取虚假或者其他不正当手段欺骗、误导消费者，使消费者的合法权益受到损害的行为；同时列举了"作虚假的现场演示和说明"等十三种具体欺诈行为。"使消费者的合法权益受到损害"的用语尚不能确认工商部门是否以受欺诈的后果作为欺诈行为的构成要素，但直接列明"作虚假的现场演示和说明"属于欺诈消费者行为，说明此时工商部门是认为欺诈是不以具体消费者受害作为构成要素的，即只要实施了虚假宣传行为就构成欺诈。但2015年1月5日国家工商行政管理总局通过和发布了《侵害消费者权益行为处罚办法》，自2015年3月15日实施，同时《欺诈消费者行为处罚办法》废止。新的处罚办法未对欺诈作任何规定，而是具体列举了九种"虚假或者引人误解的宣传行为"，这九种"虚假或者引人误解的宣传行为"与《欺诈消费者行为处罚办法》列举的十三种"欺诈消费者行为"大同小异。国家工商部门用《侵害消费者权益行为处罚办法》取代《欺诈消费者行为处罚办法》，说明工商管理部门已意识到欺诈是民事法律中的概念，具体应由司法机关进行界定，行政机关对欺诈的界定没有法律依据，也与《消费者权益保护法》等法律规定不协调，使用"虚假或者引人误解的宣传行为"概念更科学、合理。

（二）虚假宣传与欺诈的关系

如上所述，我们认为欺诈行为是一方当事人故意告知对方虚假情况，或者故意隐瞒真实情况，诱使对方当事人作出错误意思表示的行为，欺诈的成立以受欺诈方作出了错误意思表示为要件。具体到消费领域，欺诈则是指经营者故意告知消费者虚假情况，或者故意隐瞒真实情况，诱使消费者作出购买商品或接受服务的行为，欺诈的成立以消费者购买商品或接受服务为要件。

虚假宣传作为一种不正当竞争行为，直接规范该行为的法律主要有《消费者权益保护法》第二十条、第四十五条、第五十六条，《反不正当竞争法》第五条、第九条、第二十四条，《广告法》第四条、第二十八条、第三十八条、第五十四条、第五十五条和第五十六条等，《食品安全法》第一百四十条、《产品质量法》第五十九条以及《刑法》第二百二十二条等。然而，上述条款并未定义何为虚假宣传，因此严格来讲，虚假宣传并非一个严谨的法律概念，同时在这些条款中还涉及两个相关的概念：一个是"虚假广告"，一个是"引人误解的虚假宣传"。

2014 年修订前的《消费者权益保护法》第三十九条中涉及此问题时采取了"虚假广告"的表述，而修订后的《消费者权益保护法》第四十五条中，将其修订为"虚假广告或者其他虚假宣传方式"。虚假广告系虚假宣传概念的下位概念，从逻辑上讲，广告系宣传的方式之一，虚假宣传当然包括虚假广告；新消法第四十五条的表述也反映出立法者认为虚假广告系与其他宣传方式并列的虚假宣传方式之一。

我们认为，"虚假宣传"和"引人误解的宣传"是既有明显区别，又有联系和交集的两个概念。通俗地讲，"虚假宣传"是指在商业活动中经营者利用广告或其他方法，对商品或者服务作出与实际内容不相符的宣传。"引人误解的宣传"是商业活动中经营者利用广告或其他方法，对商品或者服务作出的宣传，会导致受众产生错误理解。"引人误解的宣传"宣传的信息可能是虚假的（这属于引人误解的虚假宣传），更多"引人误解的宣传"宣传的信息本身是真实存在的，但经营者通常使用"含蓄、闪烁"的宣传词句或"气氛"给受众"暗示"更多的"幻想"，使受众将宣传的 A 误解成 B。除不真实的虚假宣传外，下列情形如导致或者足以导致相关公众产生错误理解的，也应当属于"引人误解的宣传"：①所宣传的内容虽然是真实的，但是由于该项内容是片面的，不能全面反映所宣传的商品的真实情况，如对比广告。②将学术上未定论的事实当作已成定论的事实进行的宣传。③以歧义性的语言进行商品宣传。当然，是否导致公众产生错误理解的认定，应当以一般公众或消费者的标准来判断，且在判断过程中应以一般公众或消费者的普通注意义务为认定原则。一些明显的错误或不实宣传，虽然很容易认定为虚假或错误宣传，但根据日常生活常识不会造成一般公众的错误理解，这种虚假或错误宣传就不应认定为"引人误解的宣传"。而另外一些宣传，虽然宣传的事实本身不是虚假的，但会导致一般公众的错误理解，就应认定为"引人误解的宣传"。

《民法通则》《合同法》等民事法律之所以会对欺诈行为赋予无效或可撤销的效力规定，是因为它严重限制了交易相对人的意思自由，使得一方交易目的无法达成。因此，消费者误解的后果应是对其意思自由的限制和其本身的交易目的无法达成，对于一些交易中"无关紧要"且不会导致交易目的无法达成的宣传要素的误解理应排除出欺诈的范围。

如上所述，我们认为欺诈应符合以下四个构成要素：①欺诈主体必须具备欺诈的故意；②实施了欺诈行为（如进行引人误解的宣传等）；③必须有受欺诈方作出的错误意思表示，即必须发生受骗的后果；④欺诈方的欺诈行为与受欺诈方的错误意思表示有因果关系。虚假宣传或引人误解的宣传是否构成欺诈，除了必须有消费者基于欺诈行为作出了错误意思表示（发生受骗后果）外，关键是虚假宣传或引人误解的宣传是否为经营者故意实施的行为，以及消费者作出错误意思表示与经营者的虚假宣传或引人误解的宣传是否有因果关系。

一般而言，除了明显的错误行为（如标错价格等），虚假宣传或引人误解的宣传均是经营者主动故意实施的。因此，消费者作出错误意思表示与经营者的虚假宣传或引人误解的宣传是否有因果关系，才是虚假宣传或引人误解的宣传是否构成欺诈的真正关键点。消费者对任何商品作出购买意思的原因无非是其能够满足自己的某种需要。因此，只有对商品主要功能或用途的虚假或引人误解的宣传才能导致消费者作出错误意思表示，对于和实际功能基本无关的虚假宣传，通常不宜认定为欺诈。当然，对于一些较为特殊的产品，即使其虚假宣传并不与其功能相关，但足以使消费者作出错误意思表示的，也应当认定为欺诈。

三 结论

基于上述分析，我们逐一探讨本章相关案例是否构成欺诈：

案例一中，法院审理认为，王某与卖家"静楚"通过信息网络方式签订了买卖合同，由此形成的交易订单信息及交易快照中记载的商品信息均属于合同的内容。卖家在涉案商品详情中明确承诺"整貂绒＋整貂下摆＋整貂领""正品保证，假一赔十""质量保证，不是整貂，赔偿十倍"等内容，因此，该承诺属于合同的一部分。王某主张卖家提供的涉案商品材质与宣传不符，宣称进口水貂，实质为獭兔，从而构成欺诈，要求卖家按约支付十倍赔偿款。根据"谁主张谁举证"原则，王某有义务就其主张的事实加以举证，但王某并未就其主张提供证据证明，王某应当承担举证不能的法律后果，故对王某关于卖家销售的涉案商品材质与宣传不符的主张，证据不足，法院不予采信。

我们认为，王某主张卖家"静楚"虚假宣传构成欺诈，应当举证证明卖家在商品详情中作的宣传是虚假的，王某没有证据证明应当承担举证不能的后果，法院据此驳回其诉请是完全合法有据的。

案例二中，法院认定根据《最高人民法院关于贯彻执行〈民法通则〉若干问题的意见（试行）》第六十八条规定，一方当事人故意告知对方虚假情况，或者故意隐瞒真实情况，诱使对方当事人作出错误意思表示的，可以认定为欺诈。根据《消费者权益保护法》第八条的规定："消费者享有知悉其购买、使用的商品或者接受的服务的真实情况的权利。消费者有权根据商品或者服务的不同情况，要求经营者提供商品的价格、产地、生产者、用途、性能、规格、等级、主要成分、生产日期、有效期限、检验合格证明、使用方法说明书、售后服务，或者服务的内容、规格、费用等有关情况。"

涉案的手机所预置的软件已在工业和信息化部进行备案，亦已取得进网许可证，属于可进行正常售卖的手机。对于涉案手机的操作系统、预置了何种基础软件以及软件的详细信息，在被告产品的官方网站及网站所载用户手册上均有明确的展示和说明，被告同时也在网站上公示了《解锁协议》以及可能引发的风险。原告未能举证证明被告在其购买手机商品时有刻意隐瞒该事实阻挠其知悉前述信息的行为。作为一名理性的消费者，对于购置与自身工作、生活息息相关且价格不菲的手机产品，于购买之前均会对手机的品牌、款型、配置、功能等进行初步的了解，亦会通过各种途径包括登录手机生产商的官网进行查询，在购机时也可翻阅随机用户手册以了解、咨询手机相关信息。因此，原审法院认定被上诉人已充分履行了告知义务，并不存在故意隐瞒预置软件不能卸载的事实，原告主张被告构成欺诈依据不足。

我们同意法院的意见，本案中原告不能证明被告存在故意告知虚假情况，或者故意隐瞒真实情况的行为，因而不存在构成欺诈的主要构成要件，被告不构成欺诈。

案例三以双方和解结案，法院未对被告是否构成欺诈作出认定。本案中原告存在两点欺诈行为：一是将手机显示屏约等于 2.43 寸的尺寸标称为 3.2 寸；二是宣传"最新节目跟你走""随时随地感受视听盛宴"，实际 CMMB 手机电视目前只在国内部分地区有信号覆盖，而不是所有地区。在国外许多地区同样也尚未覆盖。关于手机屏幕尺寸的标注问题，由于"英寸"或"时"是消费类电子产品屏幕尺寸约定俗成的计量单位，即便标注为"寸"，一般大众也会理解为英寸，而不会误解为"市寸"。因此，我们认为，虽然被告关于手机尺寸的标注不准确、不规范，但该标注不会引起一般大众的误解，该行为应不能构成欺诈。关于"最新节目跟你走""随时随地感受视听盛宴"的宣传是否构成欺诈，还需要更多的证据支持才能作出认定。使用最高级的形容词作为广告语是明显违反《广告法》的违法行为，但违反《广告法》等行政管理性法规的行为不一定构成民事欺诈行为，如果被告有证据证明其提供服务中的电视节目是及时更新的节目，就不能认定该广告语属于虚假或引人误解的宣传。至于"随时随地感受视听盛宴"，我们认为原告的理解有一定道理，但其解释过于绝对和宽泛，"随时随地感受视听盛宴"应解释为在被告提供服务的区域范围内，可以不受时间、空间的限制使用服务。如果被告明知在提供服务的区域范围内尚有大量区域未覆盖 CM-

MB 信号，宣传"随时随地感受视听盛宴"明显属于虚假或引人误解的宣传，原告也基于被告虚假或引人误解的宣传作出了错误的意思表示，则被告的行为构成欺诈，应当依照《消费者权益保护法》规定承担赔偿责任。

案例四主要涉及行政处罚与欺诈认定的关系问题。一审法院经审理认为，消费者享有知悉其购买、使用的商品或接受服务的真实情况的权利。工商部门认为被告中国移动鹿城分公司未依法标明其业务的有效期限和附加条件，违反了《浙江省广告管理条例》的有关规定，处以罚款 20 000 元。市发改委认为被告中国移动鹿城分公司在办理"4M 光宽带包两年只需 398 元，还可加赠精品手机一部"业务时，未告知消费者该宽带业务资费标准，属于不标明价格的价格违法行为，和其发布"4M 光宽带包两年只需 398 元，还可加赠精品手机一部"业务广告，未标明办理此项业务活动起止时间及获取所赠手机的附加条件的事实，构成价格欺诈行为，并处以行政处罚。因基于上述事实，被告中国移动鹿城分公司的行为已构成对消费者的欺诈，故被告中国移动鹿城分公司应承担相应的民事责任。

宣判后，中国移动鹿城分公司不服，提起上诉称，原审法院无视双方签订的真实有效的电信服务合同的书面约定，仅凭上诉人的广告被工商行政管理部门处罚，推定上诉人构成消费欺诈，属认定事实错误，缺乏事实和法律依据。本案案由为电信合同纠纷，双方的权利义务应以合同为依据。上诉人工作人员于 3 月 9 日上门安装宽带时已告知需要的金额，安装成功后收取现金并出具收据。该份收据是本案的基础法律关系，是明确约定权利义务的合同依据。收据载明"初装费 100 元，宽带费（2 年）860 元"，已明确告知服务内容及费用，根本不存在欺骗、隐瞒消费者，更没有使消费者陷入错误认知。广告系要约邀请，并非要约或者承诺，即便被上诉人有意愿以广告内容向上诉人提出要约，上诉人亦有权表示不接受。被上诉人在明确知晓服务内容及费用情况下，接受上诉人服务并支付费用，表明被上诉人认同服务合同内容，双方权利义务明确，完全不存在欺诈情形。

二审法院认为，《消费者权益保护法》（修订前）第八条规定，消费者享有知悉其购买、使用的商品或接受的服务的真实情况的权利。第十九条规定，经营者应当向消费者提供有关商品或者服务的真实信息，不得作引人误解的虚假宣传。本案中，上诉人中国移动通信集团浙江有限公司温州鹿城分公司发布广告称"4M 光宽带包两年只需 398 元，还可加赠精品手机一部"，但被上诉人在安装完光宽带后却被收取"初装费 100 元，宽带费（2 年）860 元"。经被上诉人举报后，市发改委认为上诉人在办理"4M 光宽带包两年只需 398 元，还可加赠精品手机一部"业务时，未向被上诉人告知该宽带业务资费标准，属于不标明价格的价格违法行为；其发布"4M 光宽带包两年只需398元，还可加赠精品手机一部"业务广告，未标明办理此项业务活动起止时间及获取所赠手机的附加条件的事实，属于价格欺诈行为，并予以行政处罚。上诉人接到上述处罚决定后，没有提起行政复议或者行政诉讼，并交纳了罚款，视为认同该处罚决定，即其在办理被上诉人的宽带业务时未告知宽带业务资费标准。现上诉人以"有线宽带业务款收据"抗辩称其已经告知被上诉人业务内容和收费标准，双方权利义务明确，但是该收据仅表明上诉人向被上诉人收取了超过广告宣传的业务资费，并不能证明其在为被上诉人办理业务之前就已经告知其具体收费情况。上诉人以内容不详尽的广告宣传其业务，其应对要求办理该项业务的消费者承担更明确、有效的业务内容说明义务，以消除广告内容给消费者带来的误导作用。但上诉人未尽到明确告知义务，使被上诉人不能准确认知其所购买的服务实际不同于广告宣传业务，从而陷入认为自己所购买业务仍是广告宣传之业务的错误认知，进而作出购买该服务的非真实意思表示，并因此受到财产损失，原判据此适用《消费者权益保护法》第四十九条之规定作出判决并无不当。

我们认为，工商或物价等行政机关对经营者涉嫌价格欺诈或广告违法的处罚认定，可以作为民事欺诈认定的证据材料，但不能作为认定的直接依据，前文已提到国家工商行政管理总局已通过和发布了《侵害消费者权益行为处罚办法》以取代《欺诈消费者行为处罚办法》，说明工商部门已不再直接认定经营者侵害消费者权益的行为为欺诈，而是具体规定为"虚假宣传"等违法行为，同样价格主管部门认定的价格欺诈行为也应修订为价格违法行为更为恰当。行政机关认定的虚假宣传、价格违法等行为，是违反行政管理法规的违法行为，行政机关有权依法作出相关处罚。但这些行政违法行为不一定构成民事欺诈行为，只有符合民事欺诈构成要件的行为才构成欺诈。因此，本案中一审直接以行政机关的处罚认定，作为认定民事欺诈的依据不妥；二审只是将行政机关的处罚认定作为认定民事欺诈的证据材料之一，在此基础上按照民事欺诈的认定规则进行分析认定，虽然一二审结果一致，但二审更符合法理。

电信格式条款的效力认定

◆ 案例摘要

【案例一】 原告于 2012 年 12 月 25 日向被告长城宽带深圳分公司申请了 6 个月的玩酷 e 代 3.0 网络服务套餐，金额为人民币 420 元。2013 年 6 月 26 日，原告又申请了 12 个月的玩酷 e 代 10.0 网络服务套餐，支付了网络使用费 880 元，同时被告长城宽带深圳分公司向其赠送了 3 个月的服务。《宽带个人业务申请表》中约定，选择套餐服务的用户在套餐协议的有效期内提出提前终止服务，将不享受套餐服务的优惠政策，网络使用费按照标准月租与计费周期按月扣除。

2014 年 1 月 24 日，原告提出解除合同，被告长城宽带深圳分公司停止了服务。但此后双方就退款数额产生争议。被告主张按照每月 73.33 元（880 元÷12 个月）的标准向原告返还 6 个月的网络使用费，原告则主张应按照每月 58.67 元（880 元÷15 个月）的标准返还 9 个月的网络使用费。为此，原告向法院起诉，要求被告赔偿原告 5 000 元并退还剩余 9 个月的网络使用费 528 元。①

【案例二】 郑某办理了某电信运营商的全家福幸福 128 套餐，套餐包括 1 部住宅电话 228××× 3、1 部小灵通 668××× 3 及 1 部住宅宽带，套餐费为 128 元／月，每月可消费的套餐内容为：宽带（包月不限时 2M），固定电话和小灵通（或超级无绳电话业务内的固话和小灵通）合计市话通话 800 分钟、国内长途 30 分钟，短信 30 条。

2012 年 7 月 4 日，郑某向法院起诉称，被告某电信运营商于 2012 年 5 月 25 日拆除安装在其居住小区内的移动天线，致使小灵通无法使用而造成损失，请求

---

① 参见中国裁判文书网，http：//wenshu. court. gov. cn/content/content? DocID = deb0c515 - 7e49 - 43e8 - 83af - f2e06048cd4c&KeyWord =（2014）深中法民终字第 1604 号。

判令某电信运营商继续履行套餐协议，加倍赔偿 5、6 月的话费计 512 元。①

【案例三】2012 年 10 月 27 日，赵某在某电信运营商双城分公司办理了"预存话费优惠购机"业务，即支付 888 元购买中兴 U795 型号手机一部，含预存话费 888 元。双方签订的业务受理单中写明："缴款合计 888 元、含预存话费 888 元、每月返还金额 74 元，返还截止到 2013 年 9 月。"受理单备注第一项写明"业务有效期 12 个月（含办理当月），您的预存话费每月最多允许使用总金额的 1/12，办理当月即可开始使用，超额发生的话费请您另行交纳。预存话费要求 18 个月（含办理当月）内消费完毕，消费不完，公司将在第 19 个月的第一天一次性扣除。下月赠送费用不能冲抵上月欠费"。同时受理单特别提示："您本次活动办理的手机号码和手机必须在一起使用，如手机与手机卡分开使用，则隔月预存话费不返还。"

2013 年 11 月份，赵某对该手机进行了机卡分离使用。2014 年 1 月 15 日，赵某使用的手机停机，缴纳普通话费后，才得以开机使用。停机时，该业务预存话费剩余 462.62 元。赵某因此向法院起诉，要求某电信运营商双城分公司双倍返还预存话费购机款 1 776 元，并赔偿各项经济损失 8 000 元。②

【案例四】原告许某向法院起诉某运营商，称运营商提供的合同中"使用服务密码办理的一切业务均视为本人亲临办理"的条款是"霸王条款"，要求法院确认该条款无效。

◆ 法律问题与分析

（一）格式条款相关规定

根据我国《合同法》第三十九条的规定，格式条款是当事人为了重复使用而预先拟定，并在订立合同时未与对方协商的条款。

传统交易往往要经过"要约—反要约—再反要约……承诺"的循环式交易模式，很多情况下需要经过多轮讨价还价才能最终订立合同。随着十九世纪工业革命的完成，商品和服务的交易数量相对以前呈几何级增长。特别是随着用水、用电、电信等公共服务的发展，单个公用服务企业需要面对成千上万的用户（我

---

① 参见中国裁判文书网，http：//wenshu.court.gov.cn/content/content？DocID = 670dee9c − 838d − 448e − 84a3 − a75d014f3238&KeyWord = 全家福幸福 128 套餐。

② 参见中国裁判文书网，http：//wenshu.court.gov.cn/content/content？DocID = 516bf9d8 − e5d4 − 4f20 − 8402 − d4bdfa51dca3&KeyWord =（2014）哈民四商终字第 420 号。

国的电信运营商都是两亿以上的用户），公用服务企业与每个用户每一次交易仍按照传统交易模式经过反复讨价还价显然是不现实的。生产和服务逐渐批量化、标准化，交易条件也开始标准化、格式化，格式条款也就应运而生了。标准化、格式化的交易条件简化了交易过程，节省了交易成本，从而大大提高了整个社会的经济效益。

格式条款的出现不仅改变了传统的缔约方式，还对合同自由原则形成了重大的挑战。合同自由是最早起源于罗马法的基本合同法原则，在近现代民法中逐步得到完善。合同自由原则是指合同主体在进行合同活动时意志独立、自由和行为自主，即合同主体在从事合同活动时，以自己的真实身份来充分表达自己的意愿，根据自己的意愿来设立、变更和终止民事权利义务关系。合同是两个以上当事人意思表示的合意。合意一经完成，合同宣告成立，当事人就受到合同的拘束。合同本质上是当事人通过自由协商，决定其相互间权利义务关系，并根据其意志调整他们相互间的关系。合同自由包括缔约自由、选择相对人自由、决定合同内容的自由、变更或解除合同的自由、选择合同形式的自由等几个方面。合同自由原则在我国《合同法》中具体体现在第四条中，根据该条规定："当事人依法享有自愿订立合同的权利，任何单位和个人不得非法干预。"

格式条款通常是由处于优势地位的一方提供，另一方没有讨价还价的机会和能力，只能选择接受或不接受。格式条款（合同）的订立过程确实有违合同自由原则，且格式条款也成为条款提供方转嫁风险和逃避责任的重要手段。因此，包括我国在内的各国合同法在承认格式条款的同时，从其成立、效力、解释这三方面进行严格的限定，其中，对格式条款的成立要件作出了尤为严格的规定，从而使众多的格式条款因达不到法定的成立要件而根本无效。

我国法律对格式条款规制主要体现如下几个方面：

1. 格式条款订立的规制

《合同法》第三十九条第一款规定："采用格式条款订立合同的，提供格式条款的一方应当遵循公平原则确定当事人之间的权利和义务，并采取合理的方式提请对方注意免除或者限制其责任的条款，按照对方的要求，对该条款予以说明。"

《消费者权益保护法》第二十六条第一款规定："经营者在经营活动中使用格式条款的，应当以显著方式提请消费者注意商品或者服务的数量和质量、价款或者费用、履行期限和方式、安全注意事项和风险警示、售后服务、民事责任等与消费者有重大利害关系的内容，并按照消费者的要求予以说明。"

以上条文通过为格式条款制定方设定义务的方式，从积极和消极两个方面规定了格式条款的订立规则，即提供格式条款的一方没有尽到提示义务或者拒绝说明的，该条款视为未订立；该条款不公平的，也视为未订立。

2. 格式条款效力的规制

《合同法》第四十条规定，格式条款具有《合同法》第五十二条和五十三条规定情形的，或者提供格式条款一方免除其责任、加重对方责任、排除对方主要权利的，该条款无效。

《消费者权益保护法》第二十六条第二款、第三款规定，经营者不得以格式条款、通知、声明、店堂告示等方式，作出排除或者限制消费者权利、减轻或者免除经营者责任、加重消费者责任等对消费者不公平、不合理的规定，不得利用格式条款并借助技术手段强制交易。格式条款、通知、声明、店堂告示等含有前款所列内容的，其内容无效。

根据上述规定，在以下三种情况下，格式条款是无效的：

第一，属于《合同法》第五十二条规定情形的格式条款无效：①一方以欺诈、胁迫的手段订立合同，损害国家利益；②恶意串通，损害国家、集体或者第三人利益；③以合法形式掩盖非法目的；④损害社会公共利益；⑤违反法律、行政法规的强制性规定。

第二，属于《合同法》第五十三条规定情形的格式条款无效：①造成对方人身伤害的；②因故意或者重大过失造成对方财产损失的。

第三，提供格式条款一方免除其责任、加重对方责任、排除对方主要权利的，该格式条款无效。

3. 对格式条款解释的规制

《合同法》第四十一条规定，对格式条款进行解释应当遵循以下原则：

第一，按照通常理解予以解释。也就是说，应当以可能订约者的平均的、合理的理解对格式条款进行解释。

第二，对条款制作人作不利的解释。此项解释原则来源于罗马法上"有疑义者就为表义者不利之解释"原则，后来被法学界广泛接受。

第三，非格式条款优先于格式条款。如果在一个合同中，既有格式条款，又有非格式条款（即由双方当事人经过共同协商、达成一致后所拟定的条款），并且两种条款的内容不一致，那么采用不同条款，会对双方当事人的利益产生重大、不同的影响。在这种情况下，根据该原则应当采用非格式条款，这也是充分尊重双方当事人的意愿，并且在一般情况下也更有利于保护广大消费者。

（二）"霸王条款"与格式条款的关系

"霸王条款"不是规范的法律术语，我国的法律法规中找不到"霸王条款"的表述，"霸王条款"的说法主要出现在消费维权领域。所谓的"霸王条款"是指经营者单方面制定的逃避法定义务、减免自身责任的不平等格式条款、通知、声明和店堂告示或者行业惯例等。

由于格式条款未经当事人协商订立，没有当事人之间的合意，因此，有人认为格式条款不具备法律效力，即格式条款就是"霸王条款"和无效条款。格式条款的出现对合同自由原则产生了诸多方面的限制，但是格式条款并不能因为其背离了合同自由原则而必然导致无效。随着经济社会的发展，格式条款因其使用的方便快捷而被广泛应用。

我们认为，不是所有格式条款都是"霸王条款"，只有违反法律规定的无效格式条款才是"霸王条款"；同时，"霸王条款"也不全是格式条款。根据《合同法》的规定，格式条款属于合同条款，虽未经当事人（双方或多方）协商达成合意，但格式条款经过了当事人（双方或多方）的确认（存在要约和承诺过程），因此格式条款的订立是双方或多方法律行为。"霸王条款"中除了经过当事人签订确认的格式条款外，更多的是以通知、声明、店堂告示和惯例等形式出现，而这些形式纯粹是经营者的单方法律行为，没有经过消费者确认。

（三）电信领域典型格式条款效力分析

我们从事电信法律服务工作多年，接触了大量电信领域的格式条款，现列举几条典型的电信格式条款，并分析研究其效力。

（1）某运营商用户入网协议中有这样一条格式条款："本协议自双方签订之日起生效，有效期一年；有效期届满后，双方均未提出异议的，有效期自动顺延一年，顺延次数不限。协议有效期内乙方（运营商）有权对协议相关事项进行修改、补充，并将修改、补充后的内容通知甲方（用户）；甲方不同意修改、补充的，可以终止使用乙方提供的服务；甲方继续使用乙方服务的，视为同意乙方的修改。"

该类格式条款不但在电信运营商制定的入网等用户协议中大量存在，很多互联网公司的用户注册协议同样有相同或类似的格式条款。我们认为，本格式条款的效力比较复杂，不能简单认定为有效或无效，而应根据具体情况进行分析：

①如果运营商在第一年有效期内提出合同修改或补充，属于运营商单方变更

合同。《合同法》第七十七条规定，当事人协商一致，可以变更合同。第七十八条规定，当事人对合同变更的内容约定不明确的，推定为未变更。如果用户不同意运营商的变更或补充，运营商无权单方进行变更，用户有权依照原合同约定履行。该条款中"继续使用服务视为同意修改"的约定，赋予运营商单方修改合同的权利，属于提供格式条款一方免除其责任、加重对方责任、排除对方主要权利的格式条款，应属无效。

②如果运营商在第一年有效期届满后提出合同修改或补充，则应看修改或补充的内容是否属于合同的实质性条款。

如果运营商对原合同实质性内容提出修改或补充，应视为已对原合同的自动续期提出了异议，原合同在运营商提出修改或补充时终止。运营商的修改或补充属于一项新要约，用户可以根据条款约定以停止使用或继续使用的行为对运营商的要约进行回应。停止使用视为不同意要约，双方之间的合同关系终止；继续使用视为同意运营商的要约，双方按照新的合同履行。该格式条款并未损害用户权益，属于有效条款。

如果运营商对原合同非实质性内容提出修改或补充，应视为对原合同的自动续期没有异议，原合同在一年期限届满后自动续期。自动续期以后，运营商的对合同的修改或补充与上述第一情况在第一年有效期内修改或补充没有区别，单方修改的约定同样属于无效格式条款。

至于什么是合同实质性内容，我们认为参照《招标投标法实施条例》的规定，合同的标的、价款、质量、履行期限等主要条款为合同实质性条款。

（2）电信运营商预存话费的协议中经常会有如下的格式条款："甲方（用户）预存××元话费，乙方（运营商）赠送甲方××元话费，预存话费分××个月返还至甲方话费账户，赠送话费一次性进入甲方话费账户；甲方承诺在××个月不得停机、过户、销户，且承诺每个月的最低消费额为××元。"

就此类条款，有些用户认为运营商限制了其正常停机、过户和销户的权利，属于加重对方责任、排除对方主要权利的"霸王条款"。我们认为，预存话费送话费或赠送其他有价值的物品，实质是运营商的有条件赠与行为，根据《合同法》第一百九十条规定，赠与可以附义务。赠与附义务的，受赠人应当按照约定履行义务。由于赠送类营销活动并非电信普遍服务的服务内容，用户有权自愿选择参与或不参与运营商的营销活动，选择接受赠与，就应当按照约定履行赠与所附的义务。因此，该类格式条款没有加重对方责任、排除对方主要权利的情形，也不存在《合同法》第五十二条或第五十三条的无效情形，属于合法有效的合同条款。

（3）以往电信运营商会在各种格式合同最后印上"×××××公司（运营商）对本协议具有最终解释权"，后该条款被各地消费者协会及工商部门公开指责为典型霸王条款，目前有些运营商的各类格式条款往往还会保留这么一句："在法律允许的范围内，×××××公司（运营商）保留对本协议的解释权。"

先不论该格式条款的效力如何，我们认为，对格式条款（合同）的解释问题，《合同法》第四十一条已规定得非常清楚（对格式条款的理解发生争议的，应当按照通常理解予以解释。对格式条款有两种以上解释的，应当作出不利于提供格式条款一方的解释。格式条款和非格式条款不一致的，应当采用非格式条款），运营商在合同中保留这个条款完全没有意义，且授予用户"霸王条款"的口实。

就电信服务协议问题，工业和信息化部于 2016 年 12 月 28 日发布了《关于规范电信服务协议有关事项的通知》（工信部信管〔2016〕436 号），取代了原信息产业部 2004 年 10 月 9 日公布的《关于规范电信服务协议有关问题的通知》（信部电〔2004〕381 号）。通知要求，在电信业务经营者与用户订立的电信服务协议中，不得含有涉及以下内容的条款：①限制用户使用其他电信业务经营者依法开办的电信业务或限制用户依法享有的其他选择权；②规定电信业务经营者违约时，免除或限制其因此应当承担的违约责任；③规定当发生紧急情况对用户不利时，电信业务经营者可以不对用户负通知义务；④规定只有电信业务经营者单方享有对电信服务协议的解释权；⑤规定用户因电信业务经营者提供的电信服务受到损害，不享有请求赔偿的权利；⑥违反《合同法》等法律法规相关规定。

三 结论

根据上述分析，我们再来评析一下本章的几个案例处理。

案例一中，一审法院审理认为，原告与被告长城宽带深圳分公司之间成立了电信服务合同。该合同已于 2014 年 1 月 24 日解除，被告长城宽带深圳分公司依法应在扣除已使用月份的费用后将剩余网络使用费返还给原告。双方签订的合同为长城宽带深圳分公司提供的一页两面的格式合同，正面为《宽带个人业务申请表》，背面为《入网协议》的详细条款。正面的《宽带个人业务申请表》重要提示栏第 4 条约定"选择套餐服务的用户，如在套餐协议有效期内提出提前终止服务，将不享受套餐服务的优惠政策，自动转为标准月租用户进行结算……按标准月租与计费周期按月扣除"。

对于合同《宽带个人业务申请表》重要提示部分第 4 条的解释，合同为由被告提供的格式合同，《合同法》第四十条规定："提供格式条款一方免除其责任、加重对方责任、排除对方主要权利的，该条款无效"；第四十一条规定："对格式条款的理解发生争议的，应当按照通常理解予以解释。格式条款有两种以上解释的，应当作出不利于提供格式条款一方的解释。"争议的第 4 条约定"选择套餐服务的用户，如在套餐协议有效期内提出提前终止服务，将不享受套餐服务的优惠政策，自动转为标准月租用户进行结算……按标准月租与计费周期按月扣除"，该条款规定用户有权提前终止服务，同时规定用户提前终止服务时，按标准月租按月计收实际使用费，并未免除被告退款责任，或者增加用户的负担，因此不属无效条款，合约终止后应按该条款退费。合同虽未明确约定套餐优惠的具体内容及具体的标准月租，但在申请表资费类别一栏载明套餐金额 880 元，套餐期限为 12＋3 个月，原告在诉讼中也确认套餐的优惠是赠送 3 个月使用时间。因此可以认定标准月租为套餐总价除以不包括赠送 3 个月的套餐期限（即 880 元/12 月）。

案例二中，法院经审理查明，《某电信"全家福"家庭套餐业务登记单》客户须知第 2 条为："'套餐费'包含固话基本月租费、小灵通基本月租费或超级无绳电话功能费，但不包含：IP 接入费、国际长话费、信息费、来显功能费等（以上费用按实收取）。套餐内的市话分钟数仅适用于拨打本地的电信固定电话、小灵通、移动电话，套餐内的短信仅适用于发送国内点对点短信。"其中"但不包含：IP 接入费、国际长话费、信息费、来显功能费等（以上费用按实收取）""本地的电信固定电话、小灵通、移动电话""国内点对点短信"为加粗字体且底端加注黑点。客户须知第 7 条为："家庭套餐业务将于登记次月生效，有效期为一年，有效期内，家庭套餐内的任一产品的客户信息改变（如过户、拆机等），则家庭套餐业务将于客户信息变动的次月取消。家庭套餐业务有效期满后，若业务受理单位与客户双方均无异议，则家庭套餐业务自动顺延一年，顺延次数不限。如一方提出异议，则家庭套餐业务届满之日自行终止。"登记单底部为："双方共同确认：充分了解并自愿同意以上全部内容；保证向对方提交的全部资料真实有效。"郑某签字确认，某电信运营商加盖业务合同专用章。

法院认为，双方当事人签订某电信"全家福"家庭套餐业务电信服务合同，应按照合同的约定履行。2006 年 8 月 17 日，双方当事人签订家庭套餐业务的电信服务合同包括 1 部住宅电话 228×××3、1 部小灵通 668×××3 及 1 部住宅宽带，套餐费为 128 元/月，并约定该家庭业务套餐于登记次月生效，有效期为一年，有效期满后，若双方当事人均无异议，则家庭套餐业务自动顺延一年，顺

延次数不限，如一方提出异议，则家庭套餐业务届满之日自行终止。2012 年 5 月
25 日，某电信运营商拆除安装在郑某居住的小区内的电信天线，同时无法提供
证据证明其存在其他的电信天线可以用于支持郑某持有的 668××3 这部小灵
通的正常通信，且小灵通已经逐渐退出市场，设备生产商已经不生产小灵通基站
设备，某电信运营商客观上已经无法提供小灵通产品的完好通信服务，郑某于
2012 年 7 月 4 日向法院诉求某电信运营商继续履行套餐协议未得到法院的支持，
故双方当事人约定的家庭套餐业务已在 2012 年 8 月 31 日自行终止，双方当事
人签订的家庭业务套餐的合同权利义务终止。合同终止后，郑某继续使用某电信运
营商的电信服务，应按其使用的内容向某电信运营商支付相应的费用。

一审判决后，郑某不服提出上诉，主张全家福套餐协议是格式合同，应作出
对郑某有利的解释，某电信运营商无权单方解除合同，应当赔偿郑某的损失。

二审法院认为，郑某提出异议的合同条款具体内容为"家庭套餐业务有效期
满后，若业务受理单位与客户双方均无异议，则家庭套餐业务自动顺延一年，顺
延次数不限。如一方提出异议，则家庭套餐业务届满之日自行终止"，其异议理
由为根据《消费者合同法》第四十条和第四十一条的规定，该条款无效或作出
有利于郑某的解释，但对合同是否继续履行的问题，生效的本院（2013）莆民再
终字第 26 号民事判决已经作出处理，驳回了郑某要求某电信运营商继续履行包
括小灵通在内的全家福套餐通信服务的诉讼请求。即对双方均无须再履行本案讼
争套餐协议约定的权利义务，该事项已经得到生效法律文书的确认及羁束。本案
不存在某电信运营商单方解除或终止合同的情况，也无须对相关约定是否为格式
条款进行判断分析。

案例三中，一审判决认为，消费者的合法权益受法律保护。经营者与消费者
进行交易应当遵循自愿、平等、公平、诚实信用的原则。双城分公司在推出其
"预存话费优惠购机"业务时，对其中"不准机卡分离使用及预存话费每月最多
允许使用总额的 1/12 等两项对消费者的限制性规定"的执行期限，在其业务员
口头宣传及书面业务受理单中，均未作明确提示或标注。在该业务受理单中先写
有"业务有效期 12 个月"同时又写有"预存话费 18 个月内消费完毕"，致使上
述限制性规定的执行期限是 12 个月还是 18 个月产生歧义。赵某作为消费者将上
述两项限制性规定的执行期限理解为"只以 12 个月为限，第 13 个月至 18 个月
不受此限制，只要将剩余话费消费完毕即可"，才与双城分公司签订了服务合同。
但在赵某使用该业务满 12 个月后进行机卡分离使用时，双城分公司却对业务受
理单中的条款作出不利于赵某的解释，将上述执行期限解释为 18 个月，以赵某
违约在先为由，对赵某进行停机处理，剩余话费不能使用，迫使赵某如想再开通

服务必须缴话费。双城分公司的行为并非违约，而是故意利用己方制作的格式条款产生的歧义对赵某实施的欺诈，侵害了赵某作为消费者的合法权益。况且，该格式条款是经营者提供的，应作出有利于消费者的解释。赵某作出上述理解，符合合同法的解释原则。综上，对赵某的损失双城分公司应负赔偿责任。赵某要求双倍返还预存话费购机款的诉讼请求，应予支持。

宣判后，赵某、双城分公司均不服原审判决，提起上诉。

二审经审理认为，赵某作为消费者，购买双城分公司的手机接收服务，应当受到法律保护。双城分公司在推出"预存话费优惠购机"业务时，在制作的业务受理单中，对卡机不能分离使用的期限约定不明，双方产生歧义，依据《合同法》的有关规定，应作出不利于双城分公司的解释。据此，双城分公司给赵某停机，剩余话费不能使用，侵害了消费者赵某的合法权益，双城分公司应依据相关法律承担责任。

关于双城分公司上诉主张原审判决与法律相悖，并以赵某具有完全民事行为能力，自愿接受合约机的使用为由，主张产生的责任应当由双方共同承担问题。双城分公司作为销售和服务方，应当向消费者明示消费的产品质量、性能以及服务的标准、范围等。但是，在其推出"预存话费优惠购机"活动的业务受理单中，对卡机不能分离使用的期限约定不明，使消费者产生歧义，导致纠纷发生，作为制作格式条款一方双城分公司应当承担全部责任。

案例四中，法院经审理认为，"服务密码是办理相关业务的重要身份识别凭证，在使用服务密码办理的一切业务均视为本人亲临办理"的规定，不符合《合同法》第四十条规定的无效格式条款的法定要件。

我们认为，上述四个案例中法院对格式条款效力的认定都是符合法律规定的，认定结论也基本正确，但部分案件的论述过程过于简单，缺乏充分的说服力。

电信普遍服务义务

案例摘要

【案例一】原告秦某诉称，1994 年，原告办理了 829×××4888 的固定电话号码，已沿用至今。2014 年 1 月原告秦某向电信公司申请了宽带与固定电话移机，但电信公司仅为其办理了宽带移机，未办理固定电话移机。2015 年 9 月原告秦某要求电信办理，电信提出先签"靓号"协议再移机，否则不予办理。原告秦某向工信部提出申诉，工信部出具了调解意见书，但被告某电信运营商湖北分公司仍未履行。故原告秦某起诉到法院，请求判令：①被告某电信运营商湖北分公司无条件履行普遍服务义务，以公函形式确认 829×××4888 享受所有普号业务待遇，无任何附加条件；②被告某电信运营商湖北分公司赔偿十倍损失 6 000 元；③被告某电信运营商湖北分公司向原告秦某书面赔礼道歉并保证不再故意刁难；④被告某电信运营商湖北分公司承担诉讼费。①

【案例二】某村村民李先生向通信管理部门投诉称，他们村在很多年前因为"村村通"工程已接通了固定电话业务，但至今没有移动电话基站覆盖，手机没有信号无法使用。申办有线宽带，运营商也一直以没有资源为由拒不办理。李先生要求通信主管部门督促电信运营商履行电信普遍服务义务，为他们村开通移动电话和有线宽带业务。

【案例三】市民王先生向通信管理部门投诉称，他到某电信运营商申请办理手机号码开户业务，运营商以他在该运营商处已开办了 5 个手机号码为由拒绝为其办理。王先生认为电信运营商负有电信普遍服务义务，不得拒绝为其办理相关业务。一个用户在一个运营商处不能办理 5 个以上电话号码开户只是运营商的内

---

① 参见中国裁判文书网，http：//wenshu. court. gov. cn/content/content？DocID = e646d5ff − 57cc − 4548 − 80b9 − 16bea7ba6469&KeyWord = （2015）鄂江汉民二初字第 02651 号。

部规定，没有法律依据，因此要求通信管理部门督促电信运营商履行普遍服务义务，为其办理号码开户。

法律问题与分析

（一）电信普遍服务义务的概念

"普遍服务"这个术语最早由美国电话电报公司（American Telephone & Telegraph，AT&T）总裁威尔在1907年提出，当时他提出了公司的口号："One network（一个网络），One policy（一个政策），Universal service（普遍服务）"。这是电信行业第一次出现"Universal service"的提法。

1934年的美国电信法第一次在立法中提出普遍服务的概念，但没有对它确切地定义，其具体内容留给美国联邦通信委员会（Federal Communications Commission，FCC）和美国电话电报公司（AT&T）磋商解决。在AT&T垄断时期，为了提供普遍服务，AT&T采用了大规模的交叉补贴来提供资金，包括长话补贴市话，国际电话补贴国内电话，低成本地区补贴高成本地区，办公用户补贴居民用户等。

1996年，美国新《电信法》出台，其中对电信普遍服务的界定是，尽可能以合理的资费、完美的设施向美国所有人提供快速、高效、全国乃至全球范围的有线或无线通信业务，无论是什么种族、宗教、原籍或性别，都一视同仁。美国联邦通信委员会（FCC）在1997年5月宣布了普遍服务新法令。其中规定任何一个合格的能提供普遍服务的公司，包括无线业务提供者，不论他们使用的技术如何，只要提供政府规定的普遍服务项目，就都有资格接收普遍服务的补贴。FCC为此建立了一个专门的普遍服务基金管理部门（USAC），负责从所有的电信服务公司，以业务收入为基数征收普遍服务基金，对提供普遍服务的电信公司进行补偿。

我国尚未制定电信领域的基本法律，2000年9月25日国务院以第291号国务院令颁布实施的《电信条例》，是目前我国电信领域的基本法规。《电信条例》第四十三条对电信普遍服务做了原则性规定，即电信业务经营者必须按照国家有关规定履行相应的电信普遍服务义务。国务院信息产业主管部门可以采取指定的或者招标的方式确定电信业务经营者具体承担电信普遍服务的义务。电信普遍服务成本补偿管理办法，由国务院信息产业主管部门会同国务院财政部门、价格主管部门制定，报国务院批准后公布施行。

目前，被广泛接受的关于电信普遍服务的定义是由经济合作与发展组织（Organization for Economic Cooperation and Development，OECD）作出的，即任何人在任何地点都能以承担得起的价格享受电信业务，而且业务质量和资费标准一视同仁。它传达了普遍、平等、可支付三个方面的基本含义。

（二）电信普遍服务义务的履行

普遍服务概念在电信领域确立后，逐渐向电力、铁路、航空、自来水、医疗、邮政等其他公共服务领域延伸，虽然不同行业、不同国家、不同时期针对不同的对象，普遍服务的概念有所不同，但总的来说是要求在相关行业对所有居民以可支付的价格提供有质量保证的基本服务。

《万国邮政公约》关于"各成员国应使所有使用者（客户）都能享有普遍邮政服务，即以合理的价格在领土的每一个角落提供经常、优质的基本邮政业务"的规定，可以被理解为包括中国在内的世界上所有该公约成员国共同接受的有关邮政普遍服务意涵的一个基本概括。

事实上，我国的邮政普遍服务是到 21 世纪初才受到国人广泛关注的，在1986 年通过的《邮政法》中，对于早已存在的邮政普遍服务完全没有提及。2009 年修订的《邮政法》，已将"保障邮政普遍服务"作为该法的首要立法目的，并且整部法律有 17 个条文涉及邮政普遍服务。另外，国家邮政局已会同国家财政部等部门先后制定了《邮政普遍服务（标准）》（最新修订的标准于 2017年 3 月 1 日起施行）和《邮政普遍服务监督管理办法》等配套法规。由此可见，邮政普遍服务在新邮政法中具有突出的地位和作用，邮政普遍服务的立法已较为完善，具体实施有了明确的法律依据。

反观电信普遍服务，虽然早在 2000 年《电信条例》就对电信普遍服务做了规定，但《电信条例》未对电信普遍服务进行定义，电信普遍服务的内涵、外延以及普遍服务的标准等都不明确。《电信条例》颁布实施已近 20 年，电信普遍服务成本补偿管理办法等相关配套法规也一直未能出台。

从《万国邮政公约》有关邮政普遍服务的上述规定中可以看出，邮政普遍服务有三个基本特征：其一是普遍性，即要求邮政服务遍及特定国家或地区领域内的所有用户；其二是可接受性，即普遍服务必须以用户能够接受的合理价格提供；其三是基础性，即邮政普遍服务只应当包括最基本的邮政业务，对于扩展性的、高端的邮政业务并不要求以普遍服务的形式提供。《邮政法》第二条规定，本法所称邮政普遍服务，是指按照国家规定的业务范围、服务标准，以合理的资费标准，为中华人民共和国境内所有用户持续提供的邮政服务。

我们认为，我国《邮政法》是基本接受了《万国邮政公约》的邮政普遍服务定义的，电信普遍服务与邮政普遍服务含义应当基本一致，电信普遍服务也应当具有如下三个基本特征：普遍性，即要求电信服务遍及国家或地区领域内的所有用户；可接受性，即普遍服务必须以用户能够接受的合理价格提供；基础性，即电信普遍服务只应当包括最基本的电信业务。过去，人们提到普遍服务，就会想到电话普及，包括固定、移动电话，公用电话。随着电话普及率的提高，普遍服务已经逐渐扩展到互联网、宽带等相关业务领域。①

同时，原国家信息产业部在 2005 年颁布施行了《电信服务规范》（信息产业部第 36 号令），电信服务规范是电信业务经营者提供电信服务应当达到的服务质量指标和通信质量指标。我们认为，《电信服务规范》也是电信运营商履行电信普遍义务的服务标准。

随着经济的发展和社会的进步，现代社会越来越离不开电信服务。电信服务成为人们参与社会经济生活不可或缺的途径，并融入了人们的日常生活。比如，电话是一个人同他的家庭、亲戚和朋友保持联系的桥梁和工具，电话还可以帮助人们获得信息、产品或服务（尤其是必要的急救服务）以及完成一些远距离的交易。目前互联网已成为人们交流和传递信息不可或缺的工具，宽带接入也应成为电信普遍服务的内容之一。

根据《电信条例》第四十三条的规定，电信普遍服务属于电信运营商的法定义务。同时《电信条例》第六十九条对拒不履行普遍服务义务的行为明确了处罚措施："违反本条例规定，有下列行为之一的，由国务院信息产业主管部门或者省、自治区、直辖市电信管理机构依据职权责令改正，没收违法所得，处违法所得 3 倍以上 5 倍以下罚款；没有违法所得或者违法所得不足 5 万元的，处 10 万元以上 100 万元以下罚款；情节严重的，责令停业整顿：（一）违反本条例第七条第三款的规定或者有本条例第五十八条第（一）项所列行为，擅自经营电信业务的，或者超范围经营电信业务的；（二）未通过国务院信息产业主管部门批准，设立国际通信出入口进行国际通信的；（三）擅自使用、转让、出租电信资源或者改变电信资源用途的；（四）擅自中断网间互联互通或者接入服务的；（五）拒不履行普遍服务义务的。"

---

① 参见郭宗杰：《邮政普遍服务法律问题研究》，《暨南学报》2012 年第 10 期。

三 结论

根据上述分析，我们再来评析一下本章的几个案例处理。

案例一中被告某电信运营商湖北分公司辩称，本案是电信服务合同纠纷，原告、被告之间没有签订电信服务合同，被告某电信运营商湖北分公司不是适格主体。法院经审理认为，2013 年 8 月 20 日，原告秦某与某电信运营商湖北分公司签订了《业务服务协议》，原告秦某的电话号码 829××××4888 相关业务由某电信运营商武汉分公司进行办理。《合同法》第八条规定："依法成立的合同，对当事人具有法律约束力。"根据合同相对性原则，某电信运营商湖北分公司不是本案适格的被告，据此驳回了原告秦某的起诉。

很遗憾，由于被告主体资格问题，本案法院未对电信运营商的电信普遍服务义务问题进行审理和认定。我们认为，固定电话移机实质是属于电信服务合同的变更。根据《合同法》的规定，合同变更需经合同各方当事人同意，否则合同变更不发生法律效力。如果不涉及电信普遍服务问题，电信运营商当然有权不同意或者有条件（如要求签订"靓号"协议，办理预存话费的套餐等）同意用户的合同变更要求。但固定电话的装机和移机属于基础的电信服务业务，属于电信普遍服务的服务范围，电信运营商没有正当理由拒绝为用户办理。

而且《电信条例》和《电信服务规范》均对电信终端设备的申请安装和移装作了明确具体的规定，即《电信条例》第三十一条，电信用户申请安装、移装电信终端设备的，电信业务经营者应当在其公布的时限内保证装机开通；由于电信业务经营者的原因逾期未能装机开通的，应当每日按照收取的安装费、移装费或者其他费用数额百分之一的比例，向电信用户支付违约金。《电信服务规范》的《附录1：固定网本地及国内长途电话业务》中 1.1.2 电话装机、移机时限　城镇：平均值≤15 日，最长为 25 日；农村：平均值≤20 日，最长为 30 日。电话装机、移机时限指自电信业务经营者受理用户装机、移机交费之日起，至装机、移机后能正常通话所需要的时间。

因此，我们认为，案例一中的某电信运营商湖北分公司违反了《电信条例》等法律法规的规定，拒绝为原告办理固定电话移机业务属于拒绝履行电信普遍服务义务，原告有权要求被告履行义务，通信管理部门也有权依照《电信条例》等法规对其进行处罚。

案例二是典型的电信普遍服务义务问题，村民的投诉有充分的事实和法律依据，电信运营商负有履行的义务。

在 1994 年以前，我国的电信市场是由从原邮电部分离出来的原中国电信独家经营，普遍服务义务也由其一家企业承担，中国电信也采用了内部交叉补贴的做法。政府也对电信产业给予了一系列优惠政策（如收取市话初装费和加速折旧等）鼓励运营商履行电信普遍服务义务。20 世纪 90 年代初期的"村村通"工程，也取得了巨大的成就。

但随着中国电信管理体制改革的不断深入，政府原来给予电信经营企业的一系列优惠政策先后取消。同时，继 1994 年中国联通成立以来，在电信产业已出现了多家竞争企业，如在原来利润率较高的长途电话业务领域，已有中国电信、中国联通、中国移动、中国网通和中国铁通等电信企业共同竞争，而且还有多家 IP 电话运营商经营长途电话业务。特别是中国加入 WTO 后，根据市场开放原则，中国的电信服务领域必须逐渐对外开放，新的电信经营企业进入中国电信产业后，按照利润最大化的商业原则，将首先选择业务量大、利润率高的业务和地区作为其经营领域。由于市场竞争的不断加剧，原来利润水平较高的业务和地区被多家企业瓜分；而且，竞争的结果还将导致价格下降，最终将趋向于按包括正常利润在内的平均成本定价。以上种种因素都使中国原来支持电信普遍服务的传统方式基本失效。

近年来，随着网络强国战略的逐步确立，国家对电信普遍服务逐渐重视。在 2013 年出台的《"宽带中国"战略及实施方案》中，已经把电信普遍服务补偿机制作为支持农村和中西部地区宽带发展的长效机制。"宽带中国"战略的实施，关系到信息鸿沟的缩小、农村民生的改善、信息经济的发展，以及"互联网＋""大众创业，万众创新"的国家层面战略的落地。2015 年 12 月 24 日，工信部、财政部联合印发《关于开展电信普遍服务试点工作的通知》（财建〔2015〕1032 号），正式启动电信普遍服务试点工作。任务目标是，2020 年以前推进未通宽带的行政村或宽带接入能力不足 12Mbps 的行政村宽带建设发展。

我们认为，案例三中市民王先生的投诉不涉及电信普遍服务问题，市民王先生在一个运营商处开办了 5 个手机号码，其基本的通信服务已经能完全满足。根据《合同法》有关合同自由的相关原则，运营商有权拒绝用户超出普遍电信服务义务的业务办理要求。

当然，因为《电信条例》第四十条规定："电信业务经营者在电信服务中，不得有下列行为：（一）以任何方式限定电信用户使用其指定的业务；（二）限定电信用户购买其指定的电信终端设备或者拒绝电信用户使用自备的已经取得入网许可的电信终端设备；（三）无正当理由拒绝、拖延或者中止对电信用户的电信服务；（四）对电信用户不履行公开作出的承诺或者作容易引起误解的虚假宣传；（五）以不正当手段刁难电信用户或者对投诉的电信用户打击报复。"由于一个用户在一个运营商处只能办理5个以内电话号码的开户只是运营商内部规定或者惯例，没有明确的法规依据，用户可以电信运营商"无正当理由拒绝、拖延或者中止对电信用户的电信服务"为由进行投诉或起诉。

为了防范和打击电信网络诈骗犯，2016年9月23日最高人民法院、最高人民检察院、公安部、工业和信息化部、中国人民银行、中国银监会等六部门联合发布了《关于防范和打击电信网络诈骗犯罪的通告》，其第四条规定："电信企业立即开展一证多卡用户的清理，对同一用户在同一家基础电信企业或同一移动转售企业办理有效使用的电话卡达到5张的，该企业不得为其开办新的电话卡。电信企业和互联网企业要采取措施阻断改号软件网上发布、搜索、传播、销售渠道，严禁违法网络改号电话的运行、经营。电信企业要严格规范国际通信业务出入口局主叫号码传送，全面实施语音专线规范清理和主叫鉴权，加大网内和网间虚假主叫发现与拦截力度，立即清理规范一号通、商务总机、400等电话业务，对违规经营的网络电话业务一律依法予以取缔，对违规经营的各级代理商责令限期整改，逾期不改的一律由相关部门吊销执照，并严肃追究民事、行政责任。移动转售企业要依法开展业务，对整治不力、屡次违规的移动转售企业，将依法坚决查处，直至取消相应资质。"

虽然上述六部委的通告不属于法律和行政法规，但属于具有司法解释性质的规范性文件，在全国范围内具有强制执行力，自此以后，电信运营商可以依据该通告规定明确拒绝用户超过5个号码的开户要求。

互联网领域的不正当竞争

案例摘要

【案例一】原告腾讯科技（深圳）有限公司、深圳市腾讯计算机系统有限公司诉北京奇虎科技有限公司、奇智软件（北京）有限公司称，原告发现两被告通过其运营的 www.360.cn 网站向用户提供"360扣扣保镖"软件下载，并通过各种途径进行推广宣传。该软件直接针对腾讯QQ软件，自称具有"给QQ体检""帮QQ加速""清QQ垃圾""去QQ广告""杀QQ木马""保QQ安全"和"隐私保护"等功能模块，实质上是打着保护用户利益的旗号，污蔑、破坏和篡改腾讯QQ软件的功能；同时通过虚假宣传，鼓励和诱导用户删除腾讯QQ软件中的增值业务插件、屏蔽原告的客户广告，并将其产品和服务嵌入原告的QQ软件界面，借机宣传和推广自己的产品。被告的上述行为不仅破坏了原告合法的经营模式，导致原告产品和服务的完整性和安全性遭到严重破坏，原告的商业信誉和商品声誉亦遭到严重损害。被告的上述行为违反了公认的商业道德，构成不正当竞争，两被告共同实施了涉案不正当竞争行为，应承担连带责任。请求法院判令两被告：①立即停止涉案不正当竞争行为；②就其不正当竞争行为向原告赔礼道歉，消除影响；③连带赔偿原告经济损失1.25亿元。①

【案例二】广药集团、王老吉大健康公司诉称：经调查发现，自2014年3月24日开始，加多宝（中国）公司、广东加多宝公司陆续在其官方网站以及《南方日报》《深圳特区报》《信息时报》等报刊媒体以及北京各大超市等宣传"国家权威机构发布：加多宝凉茶连续7年荣获'中国饮料第一罐'""加多宝凉茶荣获中国罐装饮料市场'七连冠'"等。加多宝（中国）公司、广东加多宝公司

---

① 参见中国裁判文书网，http://wenshu.court.gov.cn/content/content? DocID = f097a46d - b647 - 11e3 - 84e9 - 5cf3fc0c2c18&KeyWord = （2013）民三终字第5号。

进行上述宣传系故意混淆是非，意图侵占附着于王老吉凉茶上的巨大商誉，让消费者误认为加多宝凉茶就是王老吉凉茶。加多宝（中国）公司、广东加多宝公司的行为严重侵害了广药集团、王老吉大健康公司的合法权益，因此请求判令：①加多宝（中国）公司、广东加多宝公司立即停止虚假宣传行为，即立即停止发布、传播含有"加多宝凉茶连续7年荣获'中国饮料第一罐'"等用语的虚假宣传内容；②加多宝（中国）公司、广东加多宝公司连续1个月在其曾经发布过虚假宣传内容的相应店堂视频、报纸、互联网、户外广告牌上刊登声明，澄清上述六句广告语系虚假宣传，以消除影响；③加多宝（中国）公司、广东加多宝公司连带赔偿广药集团、王老吉大健康公司经济损失2000万元及合理支出100万元。①

以上两个案例是近年来我国影响力较大的不正当竞争案件，特别是终审由最高人民法院审理的腾讯科技（深圳）有限公司、深圳市腾讯计算机系统有限公司诉北京奇虎科技有限公司、奇智软件（北京）有限公司案（俗称3Q大战），为我国不正当竞争特别是互联网领域的不正当竞争案件审理树立了标杆。

法律问题与分析

（一）什么是不正当竞争

不正当竞争是指经营者以及其他有关市场参与者采取违反公平、诚实信用等公认商业道德的手段去争取交易机会或者破坏他人的竞争优势，损害消费者和其他经营者的合法权益，扰乱社会经济秩序的行为。

不正当竞争的概念最早出现在法国，1850年法国通过了适用无正当理由而对他人造成损害必须承担责任的一般民法原则，提出了"不正当竞争"的概念。根据《法国民法典》第1382条，对某些侵害工业产权，但在某些商业活动中导致欺诈，或者使人误解，或对此负有责任的行为，可以构成不正当竞争行为，这是反不正当竞争法的雏形。1896年德国颁布了《反不当竞争法》，这是世界上最早制定的，用以禁止不正当竞争行为的专门法律规范。

不正当竞争行为有广义和狭义之分，广义的不正当竞争行为包括垄断、限制竞争行为在内的所有破坏竞争的行为，如我国台湾地区在1990年颁布的《公平

---

① 参见中国裁判文书网，http：//wenshu. court. gov. cn/content/content？DocID = b0ae588b - 7a87 - 4e91 - b287 - 6759821609f7&KeyWord = 中国饮料第一罐，（2015）高民（知）终字第879号。

交易法》，比较完整地对垄断行为和不正当竞争行为作了规定，成为在一部竞争法典中全面规定各种竞争行为的立法体例的代表。狭义的不正当竞争，则是指垄断和限制竞争行为之外的破坏竞争的行为。如德国《反不正当竞争法》、日本《不正当竞争防止法》使用的都是不正当竞争的狭义概念。

现行《中华人民共和国反不正当竞争法》（以下简称《反不正当竞争法》）是在1993年12月1日开始施行的，我们认为我国《反不正当竞争法》中采用的是狭义的不正当竞争概念（《反不正当竞争法》第二条第二款："本法所称的不正当竞争行为，是指经营者在生产经营活动中，违反本法规定，扰乱市场竞争秩序，损害其他经营者或者消费者的合法权益的行为。"①），即我国《反不正当竞争法》不调整垄断和其他限制竞争的行为。但是，由于1993年制定《反不正当竞争法》时，制定反垄断法的时机尚未成熟，但政府部门滥用行政权力限制公平竞争的行为又亟待法律规范，因此1993年的《反不正当竞争法》中包括了一些反垄断法的内容（2007年8月30日第十届全国人民代表大会常务委员会第二十九次会议审议通过了《反垄断法》，自2008年8月1日起施行。《反垄断法》的第五章"滥用行政权力排除、限制竞争"与1993年《反不正当竞争法》的规定有一定的重复）。

经过20多年的发展，我国经济市场化程度大幅提高，经济总量、市场规模、市场竞争程度和竞争状况都发生了极为广泛而深刻的变化。1993年的《反不正当竞争法》已不能完全适应我国目前的市场经济环境，为此国家启动了《反不正当竞争法》的修订工作。2017年11月4日第十二届全国人民代表大会常务委员会第三十次会议通过了《中华人民共和国反不正当竞争法（修订草案）》，修订的《反不正当竞争法》自2018年1月1日起施行。修订后的《反不正当竞争法》删除了公用事业单位排除竞争、行政垄断、企业以排挤竞争者为目的的低价倾销、捆绑销售以及串通投标等《反垄断法》或《招标投标法》等法律规制的内容，同时对虚假宣传、混淆行为等的规定也进行了修改，以便于与新的《广告法》和《商标法》等法律衔接。

纵观各国对不正当竞争行为的界定，大致可以分为三种立法模式：第一种为定义式，即对不正当竞争行为的概念直接作一个简明的解释，下一个抽象的定义；第二种为列举式，即对不正当竞争行为不作抽象的定义，而只列举各种不正

---

① 该条款为2017年修订后的规定，修订前的规定是："本法所称的不正当竞争，是指经营者违反本法规定，损害其他经营者的合法权益，扰乱社会经济秩序的行为。"修订后明确了损害消费者权益可以构成不正当竞争，完善了不正当竞争行为的认定。

当竞争行为，由这些具体行为界定不正当竞争行为的概念；第三种为定义加列举式，即对不正当竞争行为首先作一个抽象的定义，随后再列举若干种比较典型的具体不正当竞争行为。

我国现行《反不正当竞争法》采用的是第三种立法模式，即定义加列举的模式。《反不正当竞争法》第二条第二款规定："本法所称的不正当竞争行为，是指经营者在生产经营活动中，违反本法规定，扰乱市场竞争秩序，损害其他经营者或者消费者的合法权益的行为。"根据该定义，我国不正当竞争行为有如下几个构成要件：①行为主体须为经营者。经营者是指从事商品经营和营利性服务的自然人、法人和非法人组织。②存在不正当竞争行为。③损害了其他经营者或消费者的合法权益。④行为主体存在主观过错。

同时，《反不正当竞争法》第二章详细列举了七种不正当竞争行为，具体包括：混淆（仿冒）行为、商业贿赂行为、虚假或引人误解的虚假宣传、侵犯商业秘密的行为、违反规定的有奖销售行为、损害竞争对手信誉的行为和网络不正当竞争行为。

（二）互联网不正当竞争行为分析

2012 年 3 月 15 日起施行的工业和信息化部《规范互联网信息服务市场秩序若干规定》第五条规定："互联网信息服务提供者不得实施下列侵犯其他互联网信息服务提供者合法权益的行为：（一）恶意干扰用户终端上其他互联网信息服务提供者的服务，或者恶意干扰与互联网信息服务相关的软件等产品的下载、安装、运行和升级；（二）捏造、散布虚假事实损害其他互联网信息服务提供者的合法权益，或者诋毁其他互联网信息服务提供者的服务或者产品；（三）恶意对其他互联网信息服务提供者的服务或者产品实施不兼容；（四）欺骗、误导或者强迫用户使用或者不使用其他互联网信息服务提供者的服务或者产品；（五）恶意修改或者欺骗、误导、强迫用户修改其他互联网信息服务提供者的服务或者产品参数；（六）其他违反国家法律规定，侵犯其他互联网信息服务提供者合法权益的行为。"

2014 年 3 月 15 日正式实施的国家工商行政管理总局《网络交易管理办法》第十九条规定："网络商品经营者、有关服务经营者销售商品或者服务，应当遵守《反不正当竞争法》等法律的规定，不得以不正当竞争方式损害其他经营者的合法权益、扰乱社会经济秩序。同时，不得利用网络技术手段或者载体等方式，从事下列不正当竞争行为：（一）擅自使用知名网站特有的域名、名称、标识或者使用与知名网站近似的域名、名称、标识，与他人知名网站相混淆，造成消费者误认；（二）擅自使用、伪造政府部门或者社会团体电子标识，进行引人误解的虚假宣传；（三）以虚拟物品为奖品进行抽奖式的有奖销售，虚拟物品在网络市场约定金额超过法律法规允许的限额；（四）以虚构交易、删除不利评价等形式，为自己或他人提升商业信誉；（五）以交易达成后违背事实的恶意评价损害竞争对手的商业信誉；（六）法律、法规规定的其他不正当竞争行为。"第二十条规定："网络商品经营者、有关服务经营者不得对竞争对手的网站或者网页进行非法技术攻击，造成竞争对手无法正常经营。"

新修订的《反不正当竞争法》第十二条规定："经营者利用网络从事生产经营活动，应当遵守本法的各项规定。经营者不得利用技术手段，通过影响用户选择或者其他方式，实施下列妨碍、破坏其他经营者合法提供的网络产品或者服务正常运行的行为：（一）未经其他经营者同意，在其合法提供的网络产品或者服务中，插入链接、强制进行目标跳转；（二）误导、欺骗、强迫用户修改、关闭、卸载其他经营者合法提供的网络产品或者服务；（三）恶意对其他经营者合法提供的网络产品或者服务实施不兼容；（四）其他妨碍、破坏其他经营者合法提供的网络产品或者服务正常运行的行为。"

以上是我国立法已规定的互联网领域的主要不正当竞争行为，互联网领域的不正当竞争行为，一部分属于传统不正当竞争行为在互联网领域的延伸；一部分属于互联网领域特有的、利用技术手段进行的不正当竞争行为。[①] 我们认为传统不正当竞争行为在网络上的延伸，从本质上讲可以纳入传统不正当竞争行为种类，如通过黑客行为获取他人商业秘密、通过网络媒体发布和传播侵害他人商誉的内容等。互联网领域特有的、利用技术手段进行的不正当竞争行为则是网络环境中产生的新型不正当竞争行为，如流量劫持、网络搭便车等，这类不正当竞争行为是伴随互联网而新产生的，很难纳入传统竞争法体系中的某个具体种类。

当然，也有一些网络不正当竞争行为，同时符合或结合传统不正当竞争行为和新型互联网不正当竞争行为的特征，不能简单归入上述任何一个类别，但是这一类可以综合适用上述两类不正当竞争行为的规制原则。因此，本文将依照上述两个类别逐一探析互联网领域的不正当竞争行为。

1. 延伸至互联网领域的传统不正当竞争行为

如上所述，这一类不正当竞争行为是传统不正当竞争行为在网络上的延伸或

---

① 《全国人民代表大会法律委员会关于〈中华人民共和国反不正当竞争法（修订草案）〉修改情况的汇报》，http://www.npc.gov.cn/npc/xinwen/2017-11/04/content_2031357.htm。

异化，从本质上讲可以纳入传统不正当竞争行为种类。我国现行《反不正当竞争法》第二章（第六条至第十一条）列举规定了六类传统不正当竞争行为，分别为混淆（仿冒）行为、商业贿赂行为、虚假或引人误解的虚假宣传、侵犯商业秘密的行为、违反规定的有奖销售行为和损害竞争对手信誉的行为。除了商业贿赂外，传统不正当竞争行为在互联网领域基本都有延伸或异化，下面逐一分析互联网领域延伸或异化的传统不正当竞争行为。

（1）混淆（仿冒）行为。

明确混淆（仿冒）行为的法律特征，有利于对混淆（仿冒）行为作出正确的认定。在现实生活中，模仿是创新的基础，人类社会的发展离不开对前人的模仿。绝对禁止模仿行为，不利于社会的创新和进步。但是模仿与仿冒是不同的，模仿过度形成仿冒，就会对他人的权利和劳动造成侵害，更重要的是使市场秩序引起混乱。根据大多数国家法律的规定，模仿必须掌握在适当的尺度之内，如"厦华诉长虹商标侵权案"① 中北京市第一中级人民法院经过审理做出判决：厦华诉讼请求缺乏事实和法律依据被驳回，长虹公司所使用的标识与"CHDTV"既不相同也不相似，属正常使用。判决书内同时认定，"HDTV"是本行业中技术术语"高清晰度电视"的英文缩写，已作为国家标准予以明确，故厦华电子公司在行使"CHDTV"注册商标专用权时无权禁止他人正常使用。

具有以下特征的行为才构成混淆（仿冒）行为：

首先，混淆（仿冒）行为人具有主观故意。混淆（仿冒）行为一般都是对质量好、知名度高、市场销售量大的商品进行混淆，它的实质就是掠夺他人的经营优势，侵害他人长期形成的无形资产。因此，混淆（仿冒）行为是一种故意的不正当竞争行为。市场上不存在无意识的混淆，因此，主观故意就成为混淆（仿冒）行为的法律特征之一。

其次，混淆（仿冒）行为具有特定性。由于混淆（仿冒）行为是对市场中经营优势的掠夺，因此，混淆（仿冒）行为总是发生在特定的具有市场优势的经营者身上及其特定的商品上。混淆者通过对这些特定商品的商标、包装、企业名称等的精心模仿，造成市场上用户和消费者受到混淆的后果。因此，认定混淆（仿冒）行为首先是确定被混淆的特定经营者和特定商品。

最后，混淆（仿冒）行为具有误导性。混淆者都不希望以自己的真实身份从事市场交易活动，其从事混淆（仿冒）行为的目的就是在于使交易对方对其

---

① 《长虹商标侵权案已做出判决　厦华北京败诉》，搜狐 IT 频道，http：//it. sohu. com/20040727/n221244475. shtml。

提供的商品或服务产生混淆或误解，从而接受其商品或服务，以此获得竞争优势。因此，混淆者的主要手法是故意缩小自己产品的标志，如商标、厂名或其他特有的标志的影响，而以他人的商品形象出现在市场竞争之中，这种引人"误解"的后果就成为认定混淆（仿冒）行为的要件之一。因此，如何理解"引人误解"是判断混淆行为的关键。按照大多数国家的法律规定，对混淆（仿冒）行为是否构成误解以"一般购买者施以普通注意力会发生误认"等综合分析进行认定。由此可见，"误解"的主体是"一般消费者"，即相关领域中的普通大众。"普通注意力"则是指非专业人员的注意或非特别的注意。

作为传统经济领域混淆行为的延伸，互联网领域的混淆行为具有上述传统经济领域混淆行为的基本相同的表现形式，要判断互联网领域的模仿是否构成混淆，同样要看模仿行为是否具备混淆的法律特征。分析近年来相关案例，我们认为互联网领域的混淆行为主要有如下几类：

第一类是假冒网站或网页。如"钓鱼网站"，除了 URL 和真实网站有细微差别外，它几乎和被假冒网站一模一样，不但假冒真实合法网站权利人的注册商标、企业名称、装潢等，而且假冒合法网站的一切表现元素，是一种彻彻底底的假冒。

第二类是搜索引擎关键字混淆。这种混淆的具体形式是使用与知名商业标识相同或相似的标识作为搜索关键字，或者通过某种表述建立与某些常用词或知名商业标识的联系，造成消费者误认链接的网页为知名商业标识权利人经营或授权经营的网站。如上海大众搬场物流有限公司诉百度商标侵权和不正当竞争案中，法院认为，接受"竞价排名"的第三方网站在自己的网站上擅自使用"上海大众搬场物流有限公司"等字样，引人误认为其是原告上海大众搬场公司的网站，构成擅自使用他人企业名称的不正当竞争。① 如富安娜诉罗莱家纺 Google 案，以"富安娜"为关键词，搜索结果处于首位的是"买富安娜，到 LOVO"，点击打开的网站却是 LOVO 家纺官方网站（罗莱家纺）。②

第三类是域名不正当竞争行为。所谓域名（Domain Name），是一种用于互联网上识别和定位计算机的地址结构。在互联网上，计算机的位置是用 IP 地址的形式表示的。每一个 IP 地址是由四个被句点分割的数字组成，这种地址表示方法的缺点是缺乏直观，不便于记忆。于是人们又设立了域名，域名由英文字

---

① 《大众搬场诉百度网络案》，问问律师网，http：//www. ask64. com/Html/2262. html。
② 《谷歌搜李逵出现李鬼 富安娜起诉罗莱家纺侵权》，http：//hom. fang. com/jiaja/2010 - 08 - 16/3675463_ 2. htm。

母、数字、句点及其他特殊符号组成，采用层次结构设置，具有不同的级别，在同一等级水平内的域名是唯一的。域名系统（Domain Name System，DNS）可以将域名翻译为网络上使用的 IP 地址，与 IP 地址相比，用域名定位计算机的方法便于人们更好地识别与记忆。同时，域名也成为特定组织或个人在国际互联网上的标志。在网络空间，域名如同名片，在网络经济运行中起着极为重要的作用。但是，我国现有的法律对域名的保护却相对有限，相关规定主要包括《中国互联网络域名注册暂行管理办法》《中国互联网络域名注册实施细则》。但是，这些规定并不是正式意义上的立法，其法律效力有限。

域名不正当竞争行为主要有两种表现形式：

一是使用与他人驰名商标、注册商标、企业名称等标识相同或相似的元素作为域名，这种行为实际属于上述混淆不正当竞争行为。将他人的企业名称、他人的域名或相似的域名注册为自己的域名，以图搭便车、提高点击率。构成这类不正当竞争需要符合混淆不正当竞争行为的构成要件，即域名或其主要部分构成对他人驰名商标的复制、模仿、翻译或音译；或者与他人的注册商标、域名等相同或近似，且足以造成相关公众的误认。

网络域名侵权现象通常表现为域名侵犯他人的商标权、企业名称、他人域名等，只有当网络域名与商标权发生直接冲突时才可适用商标法，而将普通注册商标注册为域名，按照现行商标法的规定，很难认定为一种侵犯商标专用权的行为。在我国，目前仅注重对驰名商标进行保护，而对将他人的注册商标抢注为域名行为缺少必要的惩罚，致使商标权利人的合法权益得不到有效的保护。显然，这种法律上的缺陷实际上是对侵犯他人知识产权及其他合法权益的一种纵容，有违社会公平和正义。这些域名侵犯商标专用权、企业名称以及他人域名的行为应当纳入《反不正当竞争法》的调整范围内。如杜邦公司诉北京国网信息有限责任公司侵犯商标权及不正当竞争纠纷案，这是我国首个认定未经许可恶意将他人驰名商标注册为域名，构成不正当竞争的生效判决。①

二是恶意抢注域名，域名抢注行为的基本特征可概括为以下三点：将他人知名的商标、商号等商业标志抢先注册为域名；抢注数量众多的域名；公开出租或出售被抢注的域名以牟利。

域名抢注使许多企业无法在网络上利用自己的商标、商号等商业标志进行宣传和开展电子商务，大大降低了企业商标、商号等无形资产的价值。根据《反不

---

① 《杜邦公司与北京国网信息有限责任公司侵犯商标权、不正当竞争纠纷案》，110 裁判案例，http://www.110.com/panli/panli_ 50898.html。

正当竞争法》第二条所体现的民法的诚实信用原则，域名抢注行为应当是受我国《反不正当竞争法》调整的不正当竞争行为，适用《反不正当竞争法》可以较完善地保护权利人的合法权益。为此，最高人民法院2001年出台的《关于审理涉及计算机网络域名民事纠纷案件适用法律若干问题的解释》明确将恶意抢注域名的行为规定为侵权或不正当竞争行为。

该司法解释第四条规定："人民法院审理域名纠纷案件，对符合以下各项条件的，应当认定被告注册、使用域名等行为构成侵权或者不正当竞争：（一）原告请求保护的民事权益合法有效；（二）被告域名或其主要部分构成对原告驰名商标的复制、模仿、翻译或音译；或者与原告的注册商标、域名等相同或近似，足以造成相关公众的误认；（三）被告对该域名或其主要部分不享有权益，也无注册、使用该域名的正当理由；（四）被告对该域名的注册、使用具有恶意。"

第五条规定："被告的行为被证明具有下列情形之一的，人民法院应当认定其具有恶意：（一）为商业目的将他人驰名商标注册为域名的；（二）为商业目的注册、使用与原告的注册商标、域名等相同或近似的域名，故意造成与原告提供的产品、服务或者原告网站的混淆，误导网络用户访问其网站或其他在线站点的；（三）曾要约高价出售、出租或者以其他方式转让该域名获取不正当利益的；（四）注册域名后自己并不使用也未准备使用，而有意阻止权利人注册该域名的；（五）具有其他恶意情形的。"

第四类是互联网领域各类商品和服务的混淆行为，这类混淆行为实际完全属于传统混淆行为，只不过是出现的场所由传统的实体领域（如市场、商店等）延伸至互联网领域，如购物网站销售混淆产品等。

（2）虚假或引人误解宣传行为。

虚假宣传行为是指在市场交易中，经营者利用广告或者其他方法公开对商品或服务做与实际情况不符的宣传，导致或足以导致消费者产生误解的行为。《反不正当竞争法》第八条规定："经营者不得对其商品的性能、功能、质量、销售状况、用户评价、曾获荣誉等作虚假或者引人误解的商业宣传，欺骗、误导消费者。经营者不得通过组织虚假交易等方式，帮助其他经营者进行虚假或者引人误解的商业宣传。"

虚假宣传的方式包括"广告或者其他方法"。其中广告是指由《广告法》《广告管理条例》所规范的商业广告，而其他方法却并未在法律和行政法规的层面得以明确。2007年2月生效施行的《最高人民法院关于审理不正当竞争民事案件应用法律若干问题的解释》对虚假宣传行为做了进一步的明确。根据该司法解释的规定，要构成《反不正当竞争法》第九条①所规定的行为需要满足两个要件，不仅要求宣传是虚假的，而且还必须"足以造成相关公众误解"。由此可见，司法解释把"足以造成相关公众误解"作为构成引人误解的虚假宣传行为的必要条件。同时司法解释列举了如下三种虚假宣传的典型情形：对商品做片面的宣传或者对比的；将科学上未定论的观点、现象等当作定论的事实用于商品宣传的；以歧义性语言或者其他引人误解的方式进行商品宣传的。

随着互联网和电子商务的发展，越来越多的经营者将宣传的重心放在了网络上，网络宣传的低成本和广范围使得互联网成了重要平台，在新媒体时代，表现最突出的就是网络广告。网络广告给立法和监管提出了新的挑战。2016 年 7 月 4 日国家工商行政管理总局令第 87 号发布了《互联网广告管理暂行办法》，自 2016 年 9 月 1 日起施行。根据《互联网广告管理暂行办法》规定，互联网广告是指通过网站、网页、互联网应用程序等互联网媒介，以文字、图片、音频、视频或者其他形式，直接或者间接地推销商品或者服务的商业广告。互联网广告包括：①推销商品或者服务的含有链接的文字、图片或者视频等形式的广告；②推销商品或者服务的电子邮件广告；③推销商品或者服务的付费搜索广告；④推销商品或者服务的商业性展示中的广告，法律、法规和规章规定经营者应当向消费者提供的信息的展示依照其规定；⑤其他通过互联网媒介推销商品或者服务的商业广告。

《广告法》第十四条规定："广告应当具有可识别性，能够使消费者辨明其为广告。大众传播媒介不得以新闻报道形式发布广告。通过大众传播媒介发布的广告应当有广告标记，与其他非广告信息相区别，不得使消费者产生误解。"但是，以往大多数网络广告都不符合该法的规定，存在许多使消费者产生误解的广告。这些广告的主要形式有：以网络新闻形式发布、在 BBS 上发布、以新闻组形式出现、利用电子邮件发布、通过网上调查形式发布，网上交易会等，这些隐形广告难以识别和规范。其中最突出的问题就是不真实的广告对消费者或者其他经营者的利益构成的威胁或者损害。因此，《互联网广告管理暂行办法》明确规定，互联网广告应当具有可识别性，显著标明"广告"，使消费者能够辨明其为广告；付费搜索广告应当与自然搜索结果明显区分；利用互联网发布、发送广告，不得影响用户正常使用网络；在互联网页面以弹出等形式发布的广告，应当显著标明关闭标志，确保一键关闭；不得以欺骗方式诱使用户点击广告内容。

（3）损害竞争对手信誉行为。

---

① 修改后为第八条。

《反不正当竞争法》第十一条规定，经营者不得编造、传播虚假信息或者误导性信息，损害竞争对手的商业信誉、商品声誉。现实生活中商业诋毁行为的表现是形形色色、多种多样的，归纳起来，主要有以下几种：

①利用散发公开信，召开新闻发布会，刊登对比性广告、声明性广告等形式，制造、散布贬损竞争对手商业信誉、商品声誉；

②利用商品的说明书，吹嘘自己产品质量上乘，贬低同业竞争对手生产销售的同类产品；

③唆使他人在公众中（如通过微博、微信等）造谣并传播、散布竞争对手所售的商品质量有问题，使公众对该商品失去信赖，以便自己的同类产品取而代之；

④组织人员，以顾客或者消费者的名义，向有关经济监督管理部门做关于竞争对手产品质量低劣、服务质量差、侵害消费者权益等情况的虚假投诉，从而达到贬损其商业信誉的目的等。

在传统条件下，一家企业如果要通过传播手段抹黑竞争对手，难度极大，而且代价也极其高昂。首先媒体审查这一关就很难通过，即便侥幸通过，一旦事发，媒体本身很容易引火烧身。但在互联网领域，由于网络的开放性及信息的光速传播，企业进行不正当竞争行为的成本几乎为零，但效果却极佳。而主体的虚拟性又使现实社会中的道德成本与法律成本降到非常低的程度，在不需要动用大量资源的情况下，通过互联网进行商誉诋毁的案件大量出现。如引起广泛关注的蒙牛"未来星"品牌经理安勇等人恶意攻击伊利"QQ星儿童奶"一案，就是一起雇用网络"打手"用键盘和手指对竞争对手实施的商业诽谤的典型案件。[①] 此外，如近年来大量出现的"差评师""黑公关"及网络水军等一系列"新兴行业"，甚至已发展成了从事诋毁商誉不正当竞争的灰色产业链。

我们认为互联网领域的商誉诋毁行为完全可以依照传统商誉诋毁行为的构成特征进行分析和适用法律，符合商誉诋毁不正当竞争行为构成要件的，应当依照《反不正当竞争法》进行处罚；构成犯罪的，应当依照《刑法》第二百二十一条（捏造并散布虚伪事实，损害他人的商业信誉、商品声誉，给他人造成重大损失或者有其他严重情节的，处二年以下有期徒刑或者拘役，并处或者单处罚金）的规定追究刑事责任。

（4）侵犯商业秘密行为。

---

① 《蒙牛品牌经理安勇被批捕　乳业巨头一团混战》，腾讯新闻，https：//news. qq. com/a/20101021/000028. htm。

侵犯商业秘密行为是指以不正当手段获取、披露、使用他人商业秘密的行为。根据《反不正当竞争法》第九条的规定，商业秘密是指不为公众所知悉、具有商业价值并经权利人采取相应保密措施的技术信息和经营信息，即商业秘密必须具备"秘密""商业价值"以及"保密"的三性。《最高人民法院关于审理不正当竞争民事案件应用法律若干问题的解释》对商业秘密的上述三性做了具体解释：

第一，有关信息不为其所属领域的相关人员普遍知悉和容易获得，为"不为公众所知悉"，具有下列情形之一的，可以认定有关信息不构成不为公众所知悉："（一）该信息为其所属技术或者经济领域的人的一般常识或者行业惯例；（二）该信息仅涉及产品的尺寸、结构、材料、部件的简单组合等内容，进入市场后相关公众通过观察产品即可直接获得；（三）该信息已经在公开出版物或者其他媒体上公开披露；（四）该信息已通过公开的报告会、展览等方式公开；（五）该信息从其他公开渠道可以获得；（六）该信息无需付出一定的代价而容易获得。"

第二，有关信息具有现实的或者潜在的商业价值，能为权利人带来竞争优势的，为"能为权利人带来经济利益、具有实用性"。

第三，权利人为防止信息泄漏所采取的与其商业价值等具体情况相适应的合理保护措施的，为采取了"保密措施"。具有下列情形之一，在正常情况下足以防止涉密信息泄漏的，应当认定权利人采取了保密措施："（一）限定涉密信息的知悉范围，只对必须知悉的相关人员告知其内容；（二）对于涉密信息载体采取加锁等防范措施；（三）在涉密信息的载体上标有保密标志；（四）对于涉密信息采用密码或者代码等；（五）签订保密协议；（六）对于涉密的机器、厂房、车间等场所限制来访者或者提出保密要求；（七）确保信息秘密的其他合理措施。"

侵犯商业秘密的具体表现形式主要有：①以盗窃、贿赂、欺诈、胁迫或者其他不正当手段获取权利人的商业秘密；②披露、使用或者允许他人使用以前项手段获取的权利人的商业秘密；③违反约定或者违反权利人有关保守商业秘密的要求，披露、使用或者允许他人使用其所掌握的商业秘密。④第三人明知或者应知商业秘密权利人的员工、前员工或者其他单位、个人实施前款所列违法行为，仍获取、披露、使用或者允许他人使用该商业秘密。

由于互联网的开放性及信息的光速传播，侵犯商业秘密的行为，在互联网的世界里则更为常见，包括通过黑客侵入竞争对手的系统或数据库的行为。如曾经沸沸扬扬的三一重工"间谍门"事件，经长沙市公安局刑侦支队查明，2011 年三一重工市场策划部分析师杨某联系韩某要求其调查搜集中联重科有关销售方面的内部机密资料，并许诺事后支付相应报酬，后韩某通过付某、苗某将此事转交给齐某实施。齐某于2011年6月实施了攻击中联重科OA服务器系统的黑客行为，并非法获取中联重科环卫及路机等部分的各类销售文件。韩某、付某将齐某获取的中联重科文件交给了杨某。[①] 从广义上来讲，在网络用户的终端上秘密植入程序（如木马病毒等），记录网络用户的浏览信息、使用信息等行为，既是侵犯用户隐私，也具有非法收集商业数据的性质，因为对于互联网企业而言，终端用户的使用数据就是第一手的商业信息，具有极大的价值。

通过网络对商业秘密的侵犯也变得更容易，且往往后果很严重，有些更构成对国家安全的影响。美国正是出于对国家安全的考虑，将对商业秘密的侵犯作为刑罚处罚的对象，并不惜动用实力雄厚的联邦调查局承办案件的侦破。在我国，对商业秘密的侵犯可能构成民事侵权或者是刑事犯罪，因而对侵犯商业秘密的救济措施一是要求追究民事法律责任，二是要求追究刑事法律责任，同时我国工商行政管理局的公平交易局对侵犯商业秘密的行为应予以行政处罚。

（5）违反规定的有奖销售行为。

《反不正当竞争法》第十条规定："经营者进行有奖销售不得存在下列情形：（一）所设奖的种类、兑奖条件、奖金金额或者奖品等有奖销售信息不明确，影响兑奖；（二）采用谎称有奖或者故意让内定人员中奖的欺骗方式进行有奖销售；（三）抽奖式的有奖销售，最高奖的金额超过五万元。"

根据国家工商总局《关于禁止有奖销售活动中不正当竞争行为的若干规定》，有奖销售是指经营者销售商品或者提供服务，附带性地向购买者提供物品、金钱或者其他经济上的利益的行为。包括：奖励所有购买者的附赠式有奖销售和奖励部分购买者的抽奖式有奖销售。凡以抽签、摇号等带有偶然性的方法决定购买者是否中奖的，均属于抽奖方式。

随着电子商务的飞速发展，网络购物已非常普遍和平常，电子商务经营者（电商）也经常举办各类有奖销售活动。《网络交易管理办法》规定，以虚拟物品为奖品进行抽奖式的有奖销售，虚拟物品在网络市场的约定金额不得超过法律法规允许的限额。虚拟物品是指从虚拟的网络游戏等互联网服务中衍生出来的物品，主要包括游戏装备、武器，虚拟货币以及各类会员资格等。虚拟物品在网络环境中是客观存在的，其本身具有财产的全部特征：有使用价值，如游戏装备能

---

① 参见湖南天地人律师事务所、国浩律师（上海）事务所：《关于媒体报道涉及中联重科股份有限公司相关情况之独立尽职调查报告》，http：//stock. caijing. com. cn/2013 - 07 - 17/113051142. html。

帮助游戏者所操纵的虚拟人物在虚拟环境中发挥作用，为游戏者带来精神上的愉悦，间接地满足了游戏运营商赚钱的需要。具有价值，游戏者以支付金钱和劳动力为代价；游戏者为获取装备必须按时间支付上网费和游戏费等费用。能够为拥有者所控制，如游戏装备必须借助于一定的载体存在，即电脑、软件和网络，游戏者使用电脑网络，并用其自行设定的 ID 号和密码对虚拟人物及其附属的游戏装备实施占有和使用。具有流动性，依附于虚拟人物的游戏装备在游戏者的操控下可以在虚拟人物间转让、交换，可以由游戏者自由处分。《民法总则》第一百二十七条规定，法律对数据、网络虚拟财产的保护有规定的，依照其规定。《网络交易管理办法》已确认了虚拟物品的价值，规定以虚拟物品进行抽奖式有奖销售的虚拟物品奖励价值不得超过法定金额，实际已将虚拟物品与普通物品同等看待。因此，虚拟物品的有奖销售除了遵守抽奖式有奖销售奖励限额的规定外，同样需遵守不得进行欺骗性有奖销售，及不得利用有奖销售的手段推销质次价高的商品或服务的规定。

2. 网络催生的新型不正当竞争行为

网络不正当竞争行为是伴随网络环境而产生的新型不正当竞争行为，在我国1993 年颁布《反不正当竞争法》时，国际互联网的雏形刚刚建立，立法者不可能预见并规定各类伴随互联网发展而产生的新型不正当竞争行为，同时这些新型不正当竞争行为与传统不正当竞争行为有很大区别，也很难纳入当时的竞争法体系中的某个具体种类中。

虽然新型互联网不正当竞争行为在《反不正当竞争法》修订前未能纳入法律进行规制，但相关违背诚实信用原则的互联网竞争行为还是层出不穷。民事诉讼奉行的是"不告不理、有告必理"原则，在《反不正当竞争法》修订前，由于没有明确的法律适用依据，大量新型不正当竞争案件起诉到人民法院，人民法院不得不主要靠适用《反不正当竞争法》第二条关于市场交易基本原则以及不正当竞争的定义（即"兜底条款"）作为判案的依据。虽然这种不得已的处理方式也可以对个案作出相对合理的裁判，但是经营者的行为需要依靠法律的指引，并根据法律规定进行风险评估和预测，经营者无法根据抽象、模糊的法律基本原则从事活动。而且我国不是判例法体系，法院根据法律原则就个案作出的判决虽有一定的指引和借鉴作用，但并不能直接适用于其他案件，在没有明确法律依据的情况下，法律理论和业务能力稍有欠缺的法官是很难根据法律原则作出公正、合理判决的。

显然国家也注意到了这个问题，在《反不正当竞争法》的修订中增加了互联网新型不正当竞争行为的有关规定，根据修订后《反不正当竞争法》第十二条的规定，互联网新型不正当竞争行为主要包括如下几类：

（1）网络链接不正当竞争行为。

所谓链接（Hyperlink），又称超链接、超文本链接，是指通过使用超文本标示语言（Hyper Text Markup Language，HTML）编辑包含标记指令的文本文件，在两个不同的文档或同一文档的不同部分建立联系，从而使访问者可以通过一个网址访问不同网址的文件或通过一个特定的栏目访问同一站点上的其他栏目。超文本链接技术是 HTTP 协议及万维网浏览器为人们提供的一种超媒体、超时空的信息接续方式，使得我们可以方便地遨游于浩如烟海的互联网信息流中，被称为互联网上的导航工具与路标。

超文本链接的技术基础有三：一是超文本传输协议（HTTP），指在远程服务器与用户计算机之间传输导引信息的协议；二是超文本标记语言（HTML），指在以图形或以文字为基础的文件中埋置导引信息的文件格式；三是通用资源定位符（URL），用于分辨远程服务器或服务器上的文档的位置。链接技术随着互联网的发展而发展，在一系列遵从 HTML 规范的网页信息结构中，通过在同一文档的不同部分或者不同文档之间建立关键字链接，可以在世界各地的站点中自由移动和交互搜索、浏览信息。

从链接的外在表现形式上看，链接主要分为三种类型：一是文字链接（hypertext reference），它完全由文字（汉字或字母）构成网站名称或网址，通过该主题文字直接链接到相关站点的地址上。采用这种链接方式，用户从网站的地址变化上可以清楚地知道自己身在何处。二是图像链接（image link），即将他人网站上的图像插入自己的网页中作为链接。简单地说就是 A 公司将 B 公司的图形影像用来在自己主页中作为链接"锚"的外表。三是视框链接（frame link），这种技术是以视框将网页分隔成不同的区间，每个区间可呈现不同的资料，网站设计人可利用此技术将其他网站的资料显现在自己网页的某一视框，而网站本身的其他内容仍然存在，而访问的用户可能根本不知道他在视框内看到是另一个网站的资料，因为屏幕上的网址仍然为设链网页的网址。

此外，链接还可分为普通链接与埋置链接、深层链接与浅层链接。普通链接是指用户可以看见这种链接的存在，也能够看到这种链接所导引的文件转换；而埋置链接则是设链者将被链接对象的网址"埋"在自己的网站或网页当中，成为自己网页的一个组成部分。用户并不一定知道设链者网站或网页同其他网站或网页建立了链接，并不一定知道其访问的网站或网页非屏幕上所显示的网址所在，以及其下载行为是通过链接的方式完成的。深层链接是通过网站的分页地址设置链接，略过所在网站的主页，直接将用户导向某个分页。浅层链接则是直接进入被链网站的主页。

互联网最初不是为了商业用途而建立的，链接技术最初也是为了优化页面设计，方便用户操作，同时给用户提供一种查询网络信息的手段，其宗旨在于最大限度达到资源的共享。保障网站之间的链接也是互联网上网站设计的最基本要求，是互联网的基本原则和生命。无论是从网络技术本身还是互联网用户来说，链接都是受欢迎的。除了人们对全球化资源共享的要求外，对于设链者来说不需要被链接网页或网站权利人的任何许可和帮助，即可自动将点击链接的访问者引导至被链接的网址所在地，丰富自己网站的内容，提高浏览量和点击率，超链接无疑是一种最便捷的手段。正是由于目前绝大多数链接未经被链者授权或允许，所以引发了一系列的知识产权纠纷，如何判断这些行为的性质成了国内外争论的焦点。

对于普通链接，用户在链接的导引下访问被链对象时，就离开了设链者的网页，用户浏览器会清楚地显示地址的变化。浅层链接也一样，用户会看到浏览器显示的被链地址，可以归入普通链接。普通链接只是为用户提供了一个路径指示，没有任何利用或改变被链对象的行为，因此，除非设链者恶意设置侵害商誉或名誉权的链接（比如设置某某知名公司的友情链接，却将用户链接至黄色网站等），一般是不存在侵犯被链者权利问题的。

埋置链接则不一样，用户看不到也觉察不到链接的存在，其浏览器地址的一栏提示的仍然是设链者的地址，被链对象则自动出现在设链者的网页上，像设链者网页自己的材料一样。视框链接也是一样，它实际上是埋置链接的高级形式，比普通埋置链多了几个框，用户虽然能在框中看到被链对象，但是并不知道这些内容不属于设链人。因此，设置埋置链接和视框链接实际是将他人网站内容引入设链者网站播放，未经权利人同意或未支付报酬，是侵犯他人信息网络传播权等著作权的侵权行为，应受到《著作权法》及《信息网络传播权保护条例》等法律法规的规制。

采用深层链接方式绕过别人的主页直接到达某分页，由于设链人既未复制，又未改变网页的内容，而且用户浏览器地址栏显示的仍是被链者的地址，并不能构成著作权侵权。但由于分页的 URL 地址与内容不具有与主页一样显著的识别性，用户往往不知道该网页的确切归属，容易误认该分页为设链人的分页，足以造成用户的混淆，使用户对它们的性质、关系等产生一定的联想。如果绕过的是知名企业的网站，从一定程度上也是对该企业商标尤其是驰名商标的淡化，减弱了其显著性。根据《反不正当竞争法》及《民法通则》等民事法律规定的诚实信用的原则，这种行为应被认为是一种不正当竞争行为。如"淘某网"与"聚某网"不正当竞争案中，法院认定"淘某网"向世华公司购买取得外汇资讯重要数据，并投入人力、物力进行栏目管理，实时更新，但"聚某网"未经"淘某网"许可，未支付任何费用，擅自对"淘某网"网站主页以下的栏目内容进行深层链接，主观上违背了"淘某网"的意愿，客观上势必造成访问者的分流，减少商业机会，因此，"聚某网"上述行为违背了诚实信用和公平竞争的法律原则，属于不正当的经营行为，应承担相应的法律责任。[①]

（2）网络流量劫持不正当竞争行为。

流量，通常称为点击量、浏览量，是衡量网站和网页的核心指标。流量对网站的意义，就像收视率对传统电视的意义，从某种程度上已成为投资者衡量商业网站表现的重要尺度之一。正是流量的高度商业价值，决定了其必然成为各大网站争夺的对象。

流量劫持行为，即劫持点击量的行为。网络用户访问某网站的过程一般包括如下环节：用户发出访问请求、到达某网站服务器、服务器返回访问请求给用户、最终网站获得流量、用户获得访问结果。这个完整的过程由用户所在的客户端、运营商转发网络和 DNS 服务器完成，其中任何一个环节均可能发生劫持被访问网站流量的行为，即客户端劫持、DNS 劫持和运营商劫持。

客户端也称用户端，指和服务器相对应、为客户提供本地服务的程序，如浏览器、安全软件等，都是常见的客户端。客户端劫持主要表现为通过恶意插件、木马病毒或正常软件的恶意功能来实施两种行为：劫持用户对网站的正常访问、在用户正常访问网站时弹出各种广告或信息。

运营商劫持，主要指电信、网通等基础电信服务商及互联网服务提供商利用其负责基础网络设施运营、网络数据传输、网络数据接入等便利，将用户访问第三方网站的流量劫持到己方或己方指定的网站，或在第三方网站页面弹出己方或己方指定的广告或其他信息。此类行为不但无偿利用了第三方网站的流量，亦会导致用户产生混淆，误认为推送广告、信息或有意误导用户的行为是第三方网站所为，严重影响了第三方网站的运营和用户评价。最高人民法院公布的"2010年知识产权司法保护十大案件"中有一起典型案例，即北京百度网讯科技有限公司诉中国联合网络通信有限公司青岛市分公司、中国联合网络通信有限公司山东省分公司、青岛奥商网络技术有限公司不正当竞争纠纷案。该案中，被告采取技

---

① 《直接链接其他网站栏目引争议　双方诉诸法律》，网易科技，http：//tech. 163. com/06/0731/09/2NBOCHR8000915BF. html。

术手段劫持流量，导致使用其接入服务的网络用户在登录原告网站进行关键词搜索时，在正常搜索结果显示前强行弹出其指定的广告页面。青岛市中级人民法院、山东省高级人民法院对此案分别通过两审判决，认定原告、被告之间存在竞争关系，且被告的行为违反了《反不正当竞争法》的第二条诚实信用原则，构成不正当竞争。①

客户端干扰行为，即客户端软件利用其优势地位，修改、拦截、屏蔽竞争对手的产品或服务，多见于安全软件服务领域，包括利用自身的客户端软件攻击竞争对手的客户端软件，致使对方软件无法下载、安装或者正常使用等。在"北京百度网讯科技有限公司、百度在线网络技术（北京）有限公司诉北京奇虎科技有限公司、奇智软件（北京）有限公司案"中，被告通过其浏览器捆绑网址导航站，在原告的搜索框中插入被告设置的搜索提示词，导致用户通过搜索提示词无法正常访问原告的网站，而是被引导至被告的影视、游戏等网站频道中。北京市第一中级人民法院在判决中认定："被告行为属明显的搭便车行为，不仅不正当地获取了相关利益，亦有可能因为引导用户更多地访问与其搜索目的完全不同的页面，从而挫伤用户继续使用原告服务的积极性，或使用户对原告服务产生负面评价。"由此可见，客户端干扰的流量劫持行为构成不正当竞争。

（3）网络攻击不正当竞争行为。

网络攻击是指利用网络存在的漏洞和安全缺陷对网络系统的硬件、软件及其系统中的数据进行的攻击。网络攻击的目的是使被攻击方的服务器崩溃或瘫痪，造成用户无法访问被攻击的服务器，从而达到破坏或打击竞争对手的目的。

根据《刑法》第二百八十六条的规定，违反国家规定，对计算机信息系统功能进行删除、修改、增加、干扰，造成计算机信息系统不能正常运行，后果严重的，处五年以下有期徒刑或者拘役；后果特别严重的，处五年以上有期徒刑。利用黑客等技术实施的网络攻击行为属于破坏计算机信息系统的犯罪行为，依法应当承担刑事责任。

利用短时间集中访问进行的网络攻击，由于本身对计算机系统没有明显的破坏性，较难被认定为破坏计算机信息系统的犯罪行为。但是如果有预谋的短时间大量数据集中访问，确实会造成网络拥堵，甚至导致被访问服务器瘫痪，严重影响用户的正常访问，从而达到打击竞争对手的目的。这种行为是明显违反《反不正当竞争法》的第二条诚实信用原则的，属于不正当竞争行为。如著名的 8848

---

① 《指导案例45号：北京百度网讯科技有限公司诉青岛奥商网络技术有限公司等不正当竞争纠纷案》，http：//www. court. gov. cn/shenpan - xiangqing - 14243. html。

诉百度网络攻击案，虽然由于原告不能证明涉案攻击行为具有特定性、排他性、唯一性，不能证明百度实施了该网络攻击行为，因而被法院判决驳回了诉讼请求。① 但是法院已确认 8848 网站受到来自百度联盟网站大量的非正常访问，造成其网络服务器的非正常访问现象，如果 8848 能够证明该非正常访问就是百度实施的，法院判决百度构成不正当竞争，并承担责任的可能性还是很大的。

（4）恶意不兼容及误导、欺骗、强迫用户修改、关闭、卸载其他经营者合法提供的网络产品或者服务的不正当竞争行为。

工业和信息化部《规范互联网信息服务市场秩序若干规定》第五条规定，互联网信息服务提供者不得恶意对其他互联网信息服务提供者的服务或者产品实施不兼容，不得恶意修改或者欺骗、误导、强迫用户修改其他互联网信息服务提供者的服务或者产品参数，侵犯其他互联网信息服务提供者合法权益。

三 结论

下面我们来看法院是如何认定案例一中恶意不兼容不正当竞争行为的：

法院认为，所谓兼容性，是指几个硬件之间、几个软件之间或是几个软硬件之间的相互配合的程度。兼容的概念比较广，相对于硬件来说，几种不同的电脑部件，如 CPU、主板、显示卡等，如果在工作时能够相互配合、稳定地工作，就说它们之间的兼容性比较好，反之就是兼容性不好。而在软件行业，一种是指某个软件能稳定地工作在若干个操作系统之中，就说明这个软件对于各系统有良好的兼容性。再就是在多任务操作系统中，几个同时运行的软件之间，如果能稳定地工作，不频繁崩溃、死机，则称之为它们之间的兼容性良好，反之兼容性不好。另一种就是软件共享，几个软件之间无须复杂的转换，即能方便地共享相互间的数据，也称为兼容。

不能简单理解为"不兼容"就构成不正当竞争，基于恶意行为最终导致的不兼容，才是不正当竞争行为。所谓"恶意"则是指违反诚实信用原则和公认的商业道德，以达到增加自己市场交易机会并获取市场竞争优势的目的。

最高人民法院终审认定，奇虎公司等在经营"扣扣保镖"时，将自己的产品和服务嵌入 QQ 软件界面，取代了 QQ 软件的部分功能，其根本目的在于依附

---

① 《全国首例网络攻击案宣判 8848 告百度败诉》，中国网，http：//www. china. com. cn/chinese/law/1047676. htm。

QQ 软件强大用户群，通过对 QQ 软件及其服务进行贬损的手段来推销、推广 360 安全卫士，从而增加自己市场交易机会并获取市场竞争优势，此行为本质上属于不正当地利用他人市场成果，为自己谋取商业机会从而获取竞争优势的行为。违反了诚实信用和公平竞争原则，构成不正当竞争。

同时，法院认为在本案纠纷中，奇虎公司除了推出恶意不兼容腾讯 QQ 的"扣扣保镖"软件外，还存在欺骗、误导、强迫用户修改 QQ 产品参数的不正当竞争行为。最高人民法院的判决认定，奇虎等公司为达到其商业目的，诱导并提供工具积极帮助用户改变腾讯 QQ 软件的运行方式，并同时引导用户安装其 360 安全卫士，替换 QQ 软件安全中心，破坏了 QQ 软件相关服务的安全性，并对 QQ 软件整体具有很强的威胁性。奇虎专门针对 QQ 软件开发、经营"扣扣保镖"，以帮助、诱导等方式破坏 QQ 软件及其服务的安全性、完整性，减少了被上诉人的经济收益和增值服务交易机会，干扰了被上诉人的正当经营活动，损害了被上诉人的合法权益，违反了诚实信用原则和公认的商业道德，属于不正当竞争行为。

案例二是属于传统不正当竞争行为延伸到互联网的情形，2014 年 12 月 4 日，北京三中院做出一审判决，加多宝败诉。法院认为"'加多宝'品牌是自 2012 年才开始独立投入使用的，其品牌历史还没有七年之久。涉案广告语由于在表达上不真实、不恰当且遗漏了重要的信息，足以导致相关消费者误解，侵犯了广药集团、王老吉大健康公司的正当利益，损害了公平平等的竞争秩序，构成《反不正当竞争法》第九条所规制的虚假宣传"。此后，加多宝表示不服，上诉至北京高级人民法院，北京高级人民法院于 2015 年 7 月对该案进行二审，维持原判。加多宝上诉至最高人民法院，要求再审，该请求也被最高人民法院驳回。

避风港原则及红旗标准的适用

案例摘要

【案例一】2004 年 3 月，湖北长江出版集团长江文艺出版社出版了小说作品《血色浪漫》。2005 年 3 月，解放军文艺出版社出版了小说作品《亮剑》。2006 年 4 月，湖北长江出版集团长江文艺出版社出版了小说作品《狼烟北平》。2008 年 10 月，湖北长江出版集团长江文艺出版社出版了小说作品《荣宝斋》。2012 年 12 月，北京联合出版公司出版了小说作品《大崩溃》。上述小说作品的作者均系杨湛，笔名都梁。

2009 年 9 月 2 日，杨湛出具授权书，授权传奇时代公司独家享有以下权利：①全权处理著作权人包括但不限于《亮剑》《狼烟北平》《血色浪漫》《荣宝斋》等全部作品著作权有关的全部事务；②在全球范围内对著作权人的全部作品的数字出版行使专有使用权（包括但不限于信息网络传播权、制作、复制、发行数字化制品，对作品进行表演或演绎制作成听书产品并进行复制、发行和网络传播等权利），对上述权利享有再许可权；③以传奇时代公司名义通过诉讼或其他方式对任何侵犯作品著作权的第三方主张权利（包括但不限于要求停止侵权、赔礼道歉、消除影响、赔偿经济损失等）。上述授权书自签发之日起生效，有效期 10 年。2013 年 2 月 1 日，杨湛出具授权书，授权传奇时代公司独家享有以下权利：全权处理著作权人包括但不限于《大崩溃》等全部作品著作权有关的全部事务；其他权利与杨湛于 2009 年 9 月 2 日出具的上述授权书的权利相同。

随后，传奇时代公司发现宜搜公司旗下的宜搜网站存在侵权行为：用户通过宜搜网站搜索上述涉讼作品时，宜搜网站直接将第三方来源网站的内容大量上传、复制使用；或将被链接第三方来源网站在该项服务中作为异站存储（或外置存储器）使用，使之成为自身网站具体内容的主要组成部分，使社会公众用户无须访问第三方网站即可完整获得涉讼作品具体文字内容，该行为对著作权人构成明显不利影响，涉嫌侵权，故诉至法院并提交相关公证书予以证明。传奇时代公司认为，宜搜公司明知涉案作品侵权，且直接获得广告利益，不能适用"避风港原则"；宜搜公司在网站网页中设置了分享到新浪、腾讯微博的方式，亦构成侵权。

宜搜公司向法庭出具了公证书，书中指出：宜搜网站页面，点击"彩版"链接项后，再点击进入"服务声明"，分别点击浏览"转码说明"和"免责条款"等，显示宜搜公司在其网站上对宜搜无线搜索引擎服务作出的相关声明：①关于转码声明，宜搜使用的是搜索引擎技术，用户搜索点击后，宜搜网页会提供转码，即通过网页实时转换技术，将页面转换为适于手机用户访问的页面。用户若想获取完整的原网站完整有效的内容，应选择去原网站浏览。②关于免责条款，通过使用本服务搜索到的第三方网页均系第三方提供或制作，宜搜无法对其合法性负责，亦不承担任何法律责任。庭审中，传奇时代公司和宜搜公司均确认宜搜公司已断开被控侵权网页的链接。宜搜公司基于上述事实答辩称：①其网站是搜索引擎网站，提供搜索链接服务；②宜搜公司已经公开声明其采用了页面格式转码技术向用户提供服务；③宜搜公司依法履行通知断开义务，主观无过错。①

【案例二】原告系知名摄影家、摄影评论家、策展人，是市场价值很高的摄影作品《土家歌王谭明锐》的拍摄者，享有该作品著作权。被告作为国内最大的搜索网络服务提供商，未经原告允许，擅自将上述作品用于 www. baidu. com 的百度百科，被任意搜索浏览，且搜索浏览"土家族"该作品以快照形式排在第一位。原告称，被告之行为已严重侵犯了原告对涉案作品享有的信息网络传播权、获得报酬权、署名权，现诉至法院，请求判令：①被告向原告支付损害赔偿金3万元；②被告向原告支付上述款项的同期中国人民银行贷款利息，自2015年1月8日起算至实际支付之日止；③在《北京晚报》上公开赔礼道歉并不得少于30日。

被告百度公司辩称：被告经营的 baike. baidu. com 百度百科是 www. baidu. com 网址下的二级域名，baike. baidu. com 是信息存储空间，是供网友共同协助编写的创作型平台，网友能自由地创造、完善内容，词条内容与图片是网友自行创建、编辑、上传的，被告并不编辑词条内容。涉案词条"土家族"的创建者是网名为"爱新觉罗毓鸣"的网友，本案的涉案图片是由网名为"china_il-

① 参见中国裁判文书网，http：//wenshu. court. gov. cn/content/content？DocID = 30b35a41 - 290c - 4aa3 - 9b47 - ed9ac8ef2779&KeyWord = （2014）深中法知民终字第 156 - 160 号。

ove"的网友 2014 年 9 月编辑上传的，被告没有侵犯原告著作权的行为及事实。被告在百度百科页面的帮助项目中已经进行了事前提示，百度百科协议中明确提示用户不得侵犯包括他人著作权在内的知识产权以及其他权利，也不能未经著作权人同意对他人的作品进行全部或部分的复制、传播、拷贝，不得把相关内容发布到百度百科上；百度公司在百度网站和百度百科协议中已经公告，任何权利人认为自己的权利受到侵害，均可以向被告提起投诉，同时为了保证投诉信息的充分有效和可操作性，被告要求投诉时提供必要的信息要件，包括投诉人的身份、内容和投诉的网址，被告收到有效投诉后会核实并处理，被告也公布了投诉方式，方便投诉人维护自己权利。被告作为百度百科的经营者已经尽到了注意、监管的义务，不应承担赔偿责任。被告作为信息存储空间的提供者，适用避风港规则，原告在诉前并未投诉，被告收到起诉状后经核实，已于 2015 年 5 月 6 日之前删除涉案图片，被告并不存在管理的过错。原告无证据证明其对涉案图片享有著作权。综上所述，被告并未侵权，且已尽到合理注意义务，不应承担侵权责任，请求法院驳回被告的诉讼请求。①

【案例三】黄晓阳诉称：《二号首长》系黄晓阳所著知名小说，网易公司未经许可提供涉案作品应用软件的下载阅读服务，并从中获取利益，侵犯了黄晓阳的合法权利并造成经济损失，请求法院判令网易公司赔偿黄晓阳经济损失及合理开支等合计人民币 6 万元。②

◆二 法律问题与分析

上述三个案例是较为典型的互联网领域著作权侵权案件，其中都涉及"避风港原则"及该原则的例外"红旗标准"，本文将结合上述典型案例详细探讨分析"避风港原则"和"红旗标准"的适用。

（一）避风港原则和红旗标准概念与法律规定

避风港原则（Safe Harbor Rules）是指，若网络服务提供者（Internet Service Provider，ISP）仅提供传输、存储和搜索等网络服务，不制作网络内容，当侵权

---

① 参见中国裁判文书网，http：//wenshu. court. gov. cn/content/content? DocID = 62ffd599 - 1487 - 485a - 925f - 9d7ee2ad6ff1&KeyWord = 土家歌王谭明锐。

② 参见中国裁判文书网，http：//wenshu. court. gov. cn/content/content? DocID = c15a6ba9 - badc - 4d9b - 9e61 - 67ad1557f6bc&KeyWord = 二号首长。

案件发生时，侵权内容既不在 ISP 的服务器上存储，又没有被权利人告知哪些内容涉嫌侵权应该删除，则 ISP 不承担侵权责任；如果 ISP 被告知侵权，则有及时删除的义务，否则就被视为侵权，简单来说即是"通知 + 删除"。《中华人民共和国侵权责任法》（以下简称《侵权责任法》）第三十六条第二款即该原则的具体体现："网络用户利用网络服务实施侵权行为的，被侵权人有权通知网络服务提供者采取删除、屏蔽、断开链接等必要措施。网络服务提供者接到通知后未及时采取必要措施的，对损害的扩大部分与该网络用户承担连带责任。"

红旗标准（Red Flag Test）作为避风港原则的例外，指的是当侵权行为发生后，若侵权行为本身显而易见，就如红旗一般飘扬在半空中，而网络服务提供商却如同鸵鸟一般当作没看到，并不对其作出删除等处理行为，则即使权利人未向其发出通知要求删除侵权内容，也视为网络服务提供商已经知道该侵权事实且构成共同侵权。我国《侵权责任法》第三十六条第三款对此也有所体现："网络服务提供者知道网络用户利用其网络服务侵害他人民事权益，未采取必要措施的，与该网络用户承担连带责任。"

随着计算机技术以及互联网技术的迅速发展与普及，网络极速地拉近了人与人之间的距离，并深刻改变了人们的生活和交易方式。网络在给人们带来极大生活便利的同时，也给人们相对稳定的生活带来了猛烈的冲击，伴随而来的网络侵权行为（特别是著作权侵权）也在急剧增加。

1995 年美国宗教技术中心诉 Netcom 在线通信服务公司一案，是美国法院关于网络服务提供者是否侵权的权威经典案例之一，具有重要意义。① 该案的大致情况是：美国宗教技术中心发现 Dennis Erlich 通过 Netcom 的设备将原告的作品贴在其 BBS（Bulletin Board System）电子论坛中，而 Tom Klemesrud 是 Dennis Erlich 的电子论坛经营者，原告起诉 Dennis Erlich 要求停止侵权，Dennis Erlich 没有理会，原告转而要求经营 BBS 的 Tom Klemesrud 及网络服务商 Netcom 将 Dennis Erlich 的争议侵权作品从网络上删除。两个网络服务提供者认为他们不可能事先预测到电子论坛的内容，且原告没有证明其对争议侵权作品享有著作权，所以不负法律责任。法院最终认定 Dennis Erlich 将原告享有著作权作品再现在其论坛上属于复制行为，属于直接侵权；而 Netcom 和 Tom Klemesrud 仅仅提供复制设备，其执行的程序使作品自动且固定地在网络上形成暂时性复制，这与 Dennis Erlich 实施的复制行为不同，因而网络服务提供者 Netcom 和 Tom Klemesrud 既不负直接侵权责任也不负替代侵权责任。该判决即是避风港原则的雏形。

---

① 王迁：《〈信息网络传播权保护条例〉中"避风港"规则的效力》，《法学》2010 年第 6 期。

美国于 1998 年制定了《数字千年版权法案》（*Digital Millennium Copyright Act of 1998*，DMCA），避风港原则及红旗标准被美国的立法确立。DMCA 第五百一十二条（c）款（避风港原则）对服务商对其系统上的网址（或其他信息储存库）载有侵权材料的责任规定了限制。该限制适用于在用户指示下的存储。但适用此限制，必须符合下列条件：①服务商不具备对侵权行为所需要的认知水平；②如果服务商有权利和能力对侵权行为进行控制，它必须没有直接从侵权行为中获得经济利益。③在收到声称侵权的适当告知后，服务商必须迅速撤下或阻挡材料的访问入口。第五百二十一条（f）款（红旗标准）规定：无论是发出告知或相反告知书，如果是在明知的情况下对材料进行错误描述都会受到惩罚。任何人在明知的情况下误示材料是侵权或材料是被错误地除去或阻挡，都要承担由此给被诉称的侵权者、版权所有者或其许可人，或服务商造成的损失（包括诉讼费用和律师费）。

避风港原则在美国确立后，影响巨大，相继被许多国家借鉴和采用，我国立法上也逐步吸收了这一原则。我国最早形成避风港原则的雏形出现在 2000 年最高人民法院颁布的《关于审理网络著作权纠纷案件适用法律若干问题的解释》，该解释第四条（网络服务提供者通过网络参与他人侵犯著作权行为，或者通过网络教唆、帮助他人实施侵犯著作权行为的，人民法院应当根据《民法通则》第一百三十条的规定，追究其与其他行为人或者直接实施侵权行为人的共同侵权责任）和第五条（提供内容服务的网络服务提供者，明知网络用户通过网络实施侵犯他人著作权的行为，或者经著作权人提出确有证据的警告，但仍不采取移除侵权内容等措施以消除侵权后果的，人民法院应当根据《民法通则》第一百三十条的规定，追究其与该网络用户的共同侵权责任）规定了网络服务提供者在何种情况下承担责任。在该解释的第五条中真正涉及避风港原则的适用条件是在该条的后半句，在"或者"之后即"经著作权人提出确有证据的警告，但仍不采取移除侵权内容等措施以消除侵权后果的"，前半句"明知"的情况下严格来说是借鉴了 DMCA 红旗标准。

2005 年 4 月 29 日国家版权局发布的《互联网著作权行政保护办法》第十二条规定了互联网信息服务提供者不承担行政法律责任的两种情况：第一种是权利人没有证据证明网络服务提供者明知侵权事实，第二种是网络服务提供者采取措施移除了相关内容。

2006 年国务院颁布了《信息网络传播权保护条例》，该条例的公布被我国很多学者认定是避风港原则在我国的正式确立。条例关于避风港原则的适用主要包括两大方面：第一，条例详尽规定了侵权纠纷的"通知删除"程序，建立了信息网络传播权中的避风港规则。该条例从第十四条到第十七条规定了权利人的通知程序、网络服务提供者的删除和告知程序、服务对象的通知恢复程序以及网络服务提供者的恢复程序。第二，条例第二十二条和第二十三条规定了两类网络服务提供者可以依通知删除程序而免责，分别是提供信息存储空间和提供搜索或链接服务的网络服务提供者。

2009 年我国颁布了《侵权责任法》，该法第三十六条第二款反向规定了避风港原则的内容，即网络服务提供者接到通知未移除侵权内容的责任。这种规定在"通知＋删除"模式的范围之内，是避风港原则的体现。该法第三十六条第三款则是红旗标准的体现。

2014 年 10 月份，最高人民法院颁布了《关于审理利用信息网络侵害人身权益民事纠纷案件适用法律若干问题的规定》，该司法解释对权利人发出的"通知"做了详尽的规定，"通知"的有效条件有三个：第一，通知人的姓名（名称）和联系方式；第二，要求采取必要措施的网络地址或者足以准确定位侵权内容的相关信息；第三，通知人要求删除相关信息的理由。相比于之前颁布的司法解释而言，对"通知"予以详尽规定使得避风港原则具有较强的可操作性。

（二）避风港原则和红旗标准的适用

1. 避风港原则及红旗标准适用的范围

由于避风港原则及红旗标准最早源于著作权（含信息网络传播权）网络侵权案件，无论是确立美国避风港原则及红旗标准的《数字千年版权法案》（DM-CA），还是确定我国避风港原则及红旗标准的《信息网络传播权保护条例》，主要均是针对著作权网络侵权作出的规定。实务中避风港原则及红旗标准也主要是适用在著作权网络侵权案件中。因此，有人认为避风港原则和红旗标准仅适用于著作权网络侵权，比如我们经办的一起"侵犯知名商品或服务特有名称"反不正当竞争案件，原告代理人就认为由于涉诉案件非著作权网络侵权，作为网络游戏平台服务提供者的被告不能适用避风港原则免除责任。

我们认为，随着《侵权责任法》的颁布实施，避风港原则及红旗标准的适用范围已经扩大到了所有的网络侵权领域。《侵权责任法》第三十六条规定的是"网络用户利用网络服务实施侵权行为"，而非仅仅指著作权网络侵权行为。《最高人民法院关于审理利用信息网络侵害人身权益民事纠纷案件适用法律若干问题的规定》明确"利用信息网络侵害人身权益民事纠纷案件"，是指利用信息网络侵害他人姓名权、名称权、名誉权、荣誉权、肖像权、隐私权等人身权益引起的纠纷案件。这进一步说明避风港原则及红旗标准是适用于所有网络侵权案件的。

根据《侵权责任法》及《最高人民法院关于审理利用信息网络侵害人身权益民事纠纷案件适用法律若干问题的规定》等法律和司法解释的规定，能够引用避风港原则免责的是网络服务提供者，但法律、法规及司法解释均未对网络服务提供者进行明确界定，是否所有的网络服务提供者都能适用避风港原则呢？

网络服务提供者或者服务提供者（Service Provider，SP）是个含义很广的用语。随着信息技术的发展，网络服务提供者的内涵也不断丰富，理论上根据不同的维度，对网络服务提供者有很多不同的分类，最主要的是根据提供的主要网络服务内容的不同，分为如下几类：

（1）网络内容提供者（Internet Content Provider，ICP）或称内容提供者（Content Provider，CP），是指组织、选择信息，并通过网络向公众发布的主体，包括向网络发布信息的个人主页的所有者、各种网站的设立者以及提供信息服务的网络服务管理者等。

（2）网络平台服务提供者（Internet Platform Provider，IPP），这类主体经营与互联网连接的服务器，提供大量的存储空间给服务对象。网络平台服务提供者大致又可以分为三类：第一种是为用户提供服务器存储空间，比如视频网站、百度文库网站；第二种是为用户提供网络连线后相关的服务业务，比如邮箱、博客、论坛等；第三种是为用户提供网络交易服务的平台，比如淘宝、各类软件应用商城等。

（3）网络接入服务提供者（Internet Access Provider，IAP），即为用户提供网络接入服务的主体，包括提供光缆、路由器和网络接口等设备的经营者。

（4）搜索引擎服务提供者（Search Engine Provider，SEP），主要指提供搜索引擎的在线网络服务提供者，比如百度、谷歌等。

我们认为，未经权利人同意将作品通过网络服务器等设备上传到网络，供他人随意浏览，实质是侵犯作品著作权人著作权的行为。但互联网作为一项极大促进人类社会进步和发展的重大发明创新，人类广泛通过互联网传播和交流各类信息成为必然。加之互联网传播海量信息，网络监控的困难，实践中网络服务提供者很难鉴别哪篇文章是侵权，哪篇博客实际是别人的文章。因此，客观上需要对部分难以判断是故意实施的网络侵权行为给予一定的豁免，权利人也需对出现网络侵权的网络作出一定的容忍，避风港原则正是这种背景下出现和发展起来的。

我们认为避风港原则适用的主体应当是仅提供网络服务的网络服务提供者，网络服务提供者享受避风港原则豁免责任的网络侵权行为应当是网络用户所为。网络内容提供者或内容提供者虽然也是广义上网络服务提供者的一种，但我们认为 ICP 或 CP 是不能适用避风港原则的。ICP 或 CP 作为网络内容的提供者，应当和有义务知道其上传网络的信息是否侵权，其未经权利人同意传播他人作品属于直接侵权行为。如视频网站经营者直接将未经授权的影视作品上传其网站供人观看，就是典型的直接著作权侵权行为，视频网站经营者不能援引避风港原则免责。但如果视频网站经营者只是提供视频的交流平台，由网络用户自行上传视频供人观看，则视频网站经营者可以援引避风港原则，除非符合红旗标准，视频网站经营者只要履行删除义务，则不承担侵权责任。

2. 避风港原则及红旗标准适用中存在的问题

近年来随着互联网的快速发展，利用互联网侵权的案件呈高发趋势。在互联网技术不断更新升级的情况下，小部分网络服务提供商的侵权手段也日益翻新，使得侵权行为难以辨认。例如网络服务提供商通过注册小号的方式往自己的平台上传大量侵权信息并通过平台向外传播，但在此过程中平台严格按照国家关于避风港原则的适用规定，基于避风港原则对网络服务提供商设定的免责事由，网络服务提供商即有机会借此规避责任。虽然说我国的避风港原则规定经过多年的发展已经比较完善，近年来各级法院通过审理各种网络侵权案件也逐步积累和完善了避风港原则适用经验。但避风港原则被滥用等问题也比较突出，小部分网络服务提供商为了逃避责任想尽办法钻漏洞，将避风港原则生生变成了该部分网络服务提供商的"免责金牌"和"安全港"，有些网站是"先侵权、等通知；不通知、不负责；你通知、我删除、我免责"。我们认为避风港原则及红旗标准在我国的适用主要还存在以下几个问题：

（1）根据避风港原则的要求，一旦网络服务提供商接到权利人关于侵权事项的通知，即有及时删除侵权信息的义务，否则需要承担共同侵权责任。但对于何为"及时"这一问题，除了最高人民法院在其发布的关于审理侵害信息网络传播权民事纠纷案件司法解释中对如何判断"及时"做了一定的解释外，并未有其他具体明确的规定。《最高人民法院关于审理侵害信息网络传播权民事纠纷案件适用法律若干问题的规定》第十四条规定："人民法院认定网络服务提供者采取的删除、屏蔽、断开链接等必要措施是否及时，应当根据权利人提交通知的形式，通知的准确程度，采取措施的难易程度，网络服务的性质，所涉作品、表演、录音录像制品的类型、知名度、数量等因素综合判断。"虽然最高人民法院对网络服务提供商采取措施阻止侵权是否及时给出了一个判断标准，但该标准对于不同人来说可能有不同的判定结论，法官在审理案件时因对上述标准的看法不同，作出的判决也会有所差异。由于法官在这一问题上的自由裁量权较大，网络服务提供商无法明确判断自己根据权利人通知作出反应的时间是否符合法官关于"及时"的定义，使得网络服务提供商无法根据法律合理安排自己的行为。在这一点上可以参考欧美国家的做法，通过在法律中明确规定网络服务提供商接到权利人通知后的反应时间，给予网络服务提供商一个明确的时间指引的同时，也减轻了权利人及网络服务提供商双方对该问题的举证责任。

（2）关于红旗标准，我国规定，在网络服务提供商明知或者应知侵权行为发生时不采取措施阻止的，即视为网络服务提供商已经知道该侵权事实且构成共同侵权。然而我国法律中关于红旗标准的规定较少且不够具体，导致红旗标准在司法实践中可操作性不高。如《最高人民法院关于审理侵害信息网络传播权民事纠纷案件适用法律若干问题的规定》第七条第三款规定："网络服务提供者明知或者应知网络用户利用网络服务侵害信息网络传播权，未采取删除、屏蔽、断开链接等必要措施，或者提供技术支持等帮助行为的，人民法院应当认定其构成帮助侵权行为。"相较于"应知"的判断方法已在《最高人民法院关于审理侵害信息网络传播权民事纠纷案件适用法律若干问题的规定》第九、十、十二条中作出了较为详细的规定，但"明知"属于侵权人的主观思想状态，在司法实践中存在举证难的问题。故而，细化红旗标准的相关规定使红旗标准更具操作性，更有利于权利人的权益保护。

（3）我国《信息网络传播权保护条例》第十四条规定："对提供信息存储空间或者提供搜索、链接服务的网络服务提供者，权利人认为其服务所涉及的作品、表演、录音录像制品，侵犯自己的信息网络传播权或者被删除、改变了自己的权利管理电子信息的，可以向该网络服务提供者提交书面通知，要求网络服务提供者删除该作品、表演、录音录像制品，或者断开与该作品、表演、录音录像制品的链接。通知书应当包含下列内容：（一）权利人的姓名（名称）、联系方式和地址；（二）要求删除或者断开链接的侵权作品、表演、录音录像制品的名称和网络地址；（三）构成侵权的初步证明材料。权利人应当对通知书的真实性负责。"该条款对权利人向网络服务提供者发出的书面通知内容作出了规定，但存在以下几个问题：

首先，对于该条款第（三）点规定的："构成侵权的初步证明材料"中该"初步证明材料"应该证明到何种程度未有具体规定，实践中多数权利人并非法律专业人士，并不一定了解法律中对于举证责任及证据证明力的相关规定，因此权利人出具的关于侵权的初步证明材料是否达到了初步证明效力可能会引起争议，不利于权利人维护自身的合法权益。

其次，权利人在通知书中列明的侵权信息详细与否，是否会影响网络服务提供商采取的阻止措施？权利人因技术不足等原因未能查明全部侵权信息的，网络服务提供商是否应该在接到侵权通知的情况下主动进行审查，查明是否有其他行为侵犯了通知人的权利，并对其采取措施阻止侵权行为的继续？这些问题在我国目前的法律法规中都尚未明确。

再次，该条款虽然列明了通知应包含的内容，但正如前文所述，实践中多数权利人并非法律专业人士，并不一定知道合格的通知应当如何书写，在此种情况下容易出现权利人发出的通知不符合规定的情况，也即不合格通知，那么不合格通知是否也能对网络服务提供商产生效力呢？关于这一问题我国的法律法规也未有明确规定。我们认为，若完全按照已有规定来执行，通知书中必须包含规定要求的内容，否则就否决该通知的效力，这样会影响权利人行使其权利，不利于保障被侵权人的合法权益。故而对于不合格通知，只要权利人发出该通知时是善意的，其内容足以使网络服务提供商认识到自身的某些行为已侵犯了权利人的权利，则可以认定该不合格通知有效。

最后，若侵权人反复多次地向网络服务提供商的平台上传侵权信息并向外传播，那么权利人是否也需要反复多次地向网络服务提供商发出侵权通知以督促其采取措施阻止侵权？我们认为，这加重了权利人的义务，并不合理。虽然目前的法律法规对此问题并未有明确规定，但根据《信息网络传播权保护条例》第二十二条规定："网络服务提供者为服务对象提供信息存储空间，供服务对象通过信息网络向公众提供作品、表演、录音录像制品，并具备下列条件的，不承担赔偿责任：（三）不知道也没有合理的理由应当知道服务对象提供的作品、表演、录音录像制品侵权。"一旦权利人因侵权人的侵权行为向网络服务提供商发出了侵权通知，那么当侵权人再次在同一网络服务提供商处侵犯同一权利人的权利时，应认为该网络服务提供商应当知晓并需要主动采取措施阻止侵权，若网络服务提供商以其不知晓为由提出抗辩，不应采纳。

《信息网络传播权保护条例》第二十条规定："网络服务提供者根据服务对象的指令提供网络自动接入服务，或者对服务对象提供的作品、表演、录音录像制品提供自动传输服务，并具备下列条件的，不承担赔偿责任：（一）未选择并且未改变所传输的作品、表演、录音录像制品。"如何才算"未改变所传输的作品、表演、录音录像制品"？如在侵权视频中插入广告、水印、字幕组人员等不改变视频主要内容的小更改，算不算是《信息网络传播权保护条例》第二十条规定的"未改变所传输的作品、表演、录音录像制品"？由于相关的法律法规并未明确，法官在这一问题的司法裁量权较大，故而可以发现在司法实践中关于此问题存在两种截然不同的裁判。

除了上述问题外，关于侵权人的权利救济（申辩机会）也是我国目前避风港原则相关规定中所欠缺的。根据目前法律法规，网络服务提供商一旦收到权利人发出的侵权通知即需要及时采取措施阻止侵权。但在实务中并不能保证每一个权利人都是善意地为维护自身合法权益而发出通知，若是某些权利人恶意发出侵权通知，网络服务提供商应该有时间及机会对该恶意通知作出回应，让网络服务提供商拥有一个申辩的机会，在维护权利人的合法权益的同时也不能放任权利人恶意行使自身的权利，这样做更有利于互联网的和谐发展。

三 结论

根据上述分析，我们再来参看一下本章的几个案例具体处理结果。

案例一中，一审法院审理后认为：①用户通过在搜索框中输入关键字的方式对涉案小说进行搜索、阅读，是通过链接到第三方网站上实现的，即提供小说阅读内容的是第三方网站，而非宜搜公司网站，搜索结果网页是搜索引擎对来源网页进行格式转换的结果，宜搜公司提供的是 WAP 搜索与转码服务；②在宜搜公司面向传统计算机用户的地址为 www.easou.com 的网站搜索涉案作品并点击搜索结果链接，相关页面内容及地址栏均直接注明了第三方网站地址，证明搜索页面是通过宜搜搜索引擎网站跳转展现的，相关内容由上述被链接网站提供，而并非由宜搜公司网站提供，宜搜公司提供的是普通搜索链接服务。传奇时代公司提交的证据不足以证明被控侵权小说内容存储于宜搜公司服务器中。

搜索引擎技术的服务宗旨是帮助互联网用户在浩如烟海的信息中迅速定位并显示其所需要的信息。由于互联网各类信息数量巨大、内容庞杂、流转迅速，要求设链网站对所链接的全部信息内容是否存在侵权先行作出判断和筛选，无论在技术能力和经济能力上都是难以实现和不切实际的。文学作品亦不同于影视、音乐作品，基于文学作品的特性，搜索引擎对所搜索文学作品内容是否侵犯他人知识产权不具有预见性、识别性和控制性。如果被链接网站没有采取禁链措施，对于搜索引擎服务系统而言，意味着对该网站可以互联互通、信息共享。就涉案小说阅读提供的搜索引擎服务而言，宜搜公司不存在明知或应知被链接网站构成侵权的情形，并不具有侵犯他人信息网络传播权的主观过错。在传奇时代公司不能证明宜搜公司对链接作品可能侵犯他人权利系明知或应知的情况下，让作为搜索引擎服务商的宜搜公司承担侵权责任，缺乏法律依据。虽然传奇时代公司取证公证书网页显示宜搜公司在链接网页设置了分享，但该分享方式并非对内容的分享，用户必须通过链接访问原网站才能获得内容。传奇时代公司认为宜搜公司设置网页链接分享的方式构成侵权的主张，法庭认为依据不足，不予支持。

传奇时代公司不服该判决，提起上诉。二审法院亦认为宜搜公司在得知涉案作品的信息网络传播权归属于传奇时代公司及侵权链接状况后，已及时采取必要措施防止损害范围扩大，其对第三方网站的侵权行为不存在明知或应知的过错，不构成帮助侵权。

案例二中，法院认为，"百度百科"系被告经营管理，是一个供互联网用户浏览、创造、完善内容的平台，是为网友提供的信息存储空间，被告对网友发布在其平台内的词条内容负有一定的审核义务，该义务体现在如果发布的内容存在色情、暴力、恐怖、反动、不文明、违背伦理道德内容及具有恶意、无聊等内容的词条或评论进行删除或经举报后删除，如果通过一般性审查无法判断词条内容是否存在侵权，则权利人应向百度公司提出申请，由百度公司对词条内容予以删除。本案中，被告提交的相关证据可以证明涉案侵权图片系网友上传，且不属于被告审查义务范围内存在色情、暴力、恐怖、反动等方面的内容，而原告未提交证据证明被告有合理理由应当知道涉案图片侵权，以及在起诉前根据被告提供的投诉方式进行过投诉或者通过向被告提交书面通知的方式要求被告删除涉案侵权作品；而本案立案后本院于 2015 年 4 月 27 日向被告送达起诉书后，被告于 2015 年 5 月 6 日通过公证的证据保全方式证明已删除"百度百科"上的涉案侵权图片。被告已在相对合理的时间内删除了原告认为侵权的作品，故本院认为被告已履行了网络服务提供者应尽的法律义务，不应承担赔偿责任。

案例一和案例二均是典型的避风港原则适用案件，法院认定搜索引擎类网络服务提供者宜搜和互联网空间存储平台类网络服务提供者百度在履行了"通知＋删除"义务后不承担侵权责任，是符合避风港原则适用相关规定的。

案例三中，一审法院认为：原告黄晓阳提交的（2013）沪东证字第 18110 号公证书中显示涉案作品在当当网和亚马逊网站上的销售及搜索排名，与涉案网站有 35 个以《二号首长》为内容设计的应用程序这一事实相互印证，可以证实《二号首长》图书属于畅销书籍，影响广泛，知名度较高，网易公司应当知道其有明确的著作权归属，且根据日常生活经验，这种畅销作品的经济效益比较好，其作者在作品的财产权保护期内在互联网上免费提供作品给公众下载、阅读的可能性非常小。涉案应用程序下载页面中配有《二号首长》的封面图片以及该书简介，在显著的位置可以看到"黄晓阳"作者信息，这足以引起网易公司审查人员对该应用程序存在是否侵犯他人著作权问题的合理关注，认识到该应用程序存在侵犯著作权的极大可能性。网易公司网站上前后共有 35 个涉及《二号首长》

书籍内容的应用程序，分别由不同的发布者上传、发布，在这种反复上传、发布的情况下，网易公司更应当引起注意并对上传内容进行著作权的必要审核，网易公司以一般理性人的标准只需要施以普通的注意义务，即可容易地发现该应用程序取得著作权人授权的可能性极低，具有相当大的侵权可能性。涉案应用程序存放于"阅读"类别之下，网易公司完全有条件、有能力核实其权利来源，避免侵权应用程序的传播，却怠于履行该义务，放任侵权行为的发生。因此，对于涉案应用程序被上传至其经营的网站中进行传播，网易公司主观上存在过错，其行为客观上为他人实施侵权行为提供了帮助，不应适用《信息网络传播权保护条例》中免除赔偿责任之规定，依法应承担赔偿损失的民事责任。

网易公司不服原审判决，提起上诉。二审法院经审理认为，依据《信息网络传播权保护条例》第二十二条第（三）项的规定："网络服务提供者为服务对象提供信息存储空间……并具备下列条件的，不承担赔偿责任：（三）不知道也没有合理的理由应当知道服务的对象提供的作品、表演、录音录像制品侵权"；该条例第二十三条规定，网络服务提供者为服务对象提供搜索或者链接服务……明知或者应知所链接的作品、表演、录音录像制品侵权的，应当承担共同侵权责任。可见，在认定网络服务提供者是否应承担侵权责任时，对其明知或应知的主观状态的认定起关键作用，如果有证据表明其明知或应知，则尽管满足其他各项条件，仍须承担侵权责任。故本案中，如何认定网易公司是否明知或应知，是本案裁判关键。依据《最高人民法院关于审理侵害信息网络传播权民事纠纷案件适用法律若干问题的规定》第九条的规定："人民法院应当根据网络用户侵害信息网络传播权的具体事实是否明显，综合考虑以下因素，认定网络服务提供者是否构成应知：（一）基于网络服务提供者提供服务的性质、方式及其引发侵权的可能性大小，应当具备的管理信息的能力；（二）传播的作品、表演、录音录像制品的类型、知名度及侵权信息的明显程度……（四）网络服务提供者是否积极采取了预防侵权的合理措施……"该规定第十二条第（三）项规定，其他可以明显感知相关作品、表演、录音录像制品为未经许可提供，仍未采取合理措施的情形，人民法院可以根据案件具体情况，认定提供信息存储空间服务的网络服务提供者应知网络用户侵害信息网络传播权。可见，对网络服务提供者是否应知网络用户侵害信息网络传播权的认定，应综合考虑各种因素，根据案件情况具体认定。既要考虑到服务者提供服务的方式及管理能力等主体因素，又要考虑到所传播信息的知名度、侵权明显程度等一切可以明显感知其侵权的客体表象。本案中，网易公司作为大型的网络服务提供者，基于其长期的经营管理经验，对其提供开放型应用平台的服务方式，及开放式应用程序的服务内容，其引发侵权可能性的大小，应该有一定程度的预判和管理意识；同时，基于网易公司的身份和实力，以及现代信息化技术所能达到的程度，只要其主观上有管理意愿，对侵权可能性大的传播内容进行相应的预警和判断，是可能而且合理的，即网易公司也具备相应的信息管理能力。这是从网络服务提供者是否应知这一主体因素所进行的分析。另一方面，本案涉案作品具有较高知名度，且处于出版后热度较高的销售期，涉案程序也明显地注明作者姓名信息，但网易网站上多个不同的涉案程序却由不同发布者上传，并供下载阅读，这些客观表象在引发侵权可能性较大的开放型应用平台网络领域，足以达到"其他可以明显感知相关作品为未经许可提供的情形"。这是从网络服务提供者是否应知这一客体表象所作的分析。然而网易公司未对这一侵权高发领域的明显侵权表象采取合理措施，原审法院认定网易公司应知网络用户侵害信息网络传播权，并承担赔偿责任，依据充分。因此，驳回上诉，维持原判。

本案是避风港原则例外红旗标准适用的典型案例。原告提供了证据证明其《二号首长》图书属于畅销书籍，是影响广泛、知名度较高的作品。网易公司作为大型的网络服务提供者，基于经营管理经验，应当对其网络中未经许可提供的知名作品有一定程度的预判和管理意识，属于明知或者应知侵权而不采取必要措施制止侵权。一二审法院认定该案达到红旗标准，不适用避风港原则是有较为充分的事实和法律依据的。

大数据时代的个人隐私保护及法律救济

◆ 案例摘要

【案例一】原告王某起诉被告北京奇虎科技有限公司称，自 1998 年 10 月 30 日起至今他一直持有手机号 136×××××××。2015 年 7 月 17 日下午，其约人会谈，期间给新认识的朋友沈某打电话，他的手机显示"××网络信息有限公司（合肥分公司）"字样，其被怀疑是骗子，人格受到侮辱。此事并非孤例，之前也曾多次出现。其已向电信运营商客服了解，回复称标记系被告所为，电信运营商无法取消。被告擅自泄露其个人隐私，在不征求当事方同意的前提下擅自发布其个人信息，侵犯了他的权利。请求法院判令被告清除 136××××××× 号码捆绑的"××网络信息有限公司（合肥分公司）"等一切信息，在《人民日报》等报纸以及新浪、腾讯、百度等门户网站公开赔礼道歉、赔偿精神损害抚慰金10 万元等。

被告辩称：现有证据显示涉案手机号是××网络信息有限公司（合肥分公司）对外公示的联系电话，被告提交的证据显示，在网络中有大量涉及该号码的网页，均显示××网络信息有限公司（合肥分公司）的对外联系方式。即便是原告本人也在使用该手机号，也应当视为××网络信息有限公司（合肥分公司）的对外使用行为，不存在侵权行为。被告的 360 手机安全卫士安卓版产品确有可以标记手机号码的功能，对于标记企业信息存在三种途径，网民主动标记上传、大数据匹配、企事业单位等法人单位自行上传，均会产生手机号标记内容，无论上述何种方式，被告作为一个软件平台都没有任何过错。退一步讲，如果标记错误，原告完全可以通过申诉方式获得消除。因此，被告并不存在侵权行为，不同意原告诉讼请求。①

【案例二】原告周某起诉被告阿里巴巴（中国）有限公司，要求：①确认原告、被告间签订的《手机淘宝——软件许可使用协议》第七条第一款无效；②撤销原告、被告间签订的《手机淘宝——软件许可使用协议》第六条第五款；③阿里巴巴公司无权使用并销毁原告因使用淘宝软件在阿里巴巴公司处形成的数据。事实和理由：第一，原告系阿里巴巴公司开发的手机淘宝的注册用户。原告在使用手机淘宝的过程中，发现《手机淘宝——软件许可使用协议》第六条第五款、第七条第一款内容违反了法律规定，依法应予以撤销和确认无效。原告认为，根据协议第七条第一款，阿里巴巴公司侵犯了原告的通信自由和人格权，且协议系阿里巴巴公司提供的格式合同，其排除原告的隐私权。同时，该协议授权阿里巴巴公司有将2亿以上中国用户数据向全球发布的权利，损害了社会公共利益。根据《消费者权益保护法》第七条第一款，第十四条，第十六条第二款，第三款，第二十六条第二款，第二十九条，《反垄断法》第十七条及《合同法》第五十二条第四项、第五项的规定，该协议第七条第一款依法应当确认无效。第二，根据该协议第六条第五款，阿里巴巴公司没有明示收集信息的范围，且其使用规则违反《消费者权益保护法》第二十九条规定，故该条款依法应予撤销。原告有权要求阿里巴巴公司销毁已经形成的自身数据。

被告阿里巴巴公司辩称：该协议第七条第一款不属于"无效条款"。因为该协议是否属于"无效条款"应依据《合同法》的相关规定判断。第一，该协议第七条第一款只约定了原告授权阿里巴巴使用其提供的资料及数据信息，这些资料及数据信息未违反法律的强制性规定和社会公共利益，也不会造成原告人身伤害。第二，根据该协议第六条，对于原告使用许可软件所提供、形成的个人隐私信息，阿里巴巴公司会予以保密，而不会在不通知的情况下透露原告的个人隐私信息。第三，原告未举证证明阿里巴巴公司擅自透露其使用许可协议时提供的资料及数据信息，并给原告造成了损害后果。第四，阿里巴巴公司不存在"没有正当理由，拒绝与交易相对人进行交易"的情形。该协议采用格式合同是行业惯例。阿里巴巴公司出于平台发展和软件安全等需要收集并使用原告在手机淘宝上产生的数据信息的过程中，并未滥用支配地位拒绝与交易相对人进行交易。第五，原告认为阿里巴巴公司收集、使用数据未依法进行的理由不成立。阿里巴巴公司在收集用户信息的过程中不存在违法的情形，也未泄露、出售或者非法向他

---

① 参见中国裁判文书网，http：//wenshu. court. gov. cn/content/content？DocID＝037c1482－298c－470e－b5eb－93bc0e5a391d&KeyWord＝北京奇虎科技有限公司│合肥。

人提供用户信息，未通过协议约定排除原告的法定权利。

根据《合同法》第五十四条规定，该协议第六条第五款不属于"可撤销条款"，故原告主张撤销无法律依据。京东、1号店、苏宁易购、苹果、亚马逊等知名网络交易平台提供的"用户注册协议""用户服务协议""会员章程""使用条件"等均约定了"隐私权条款"和"内容授权条款"，这是行业的通行惯例。阿里巴巴公司的行为符合国家倡导发展大数据的政策。原告在使用手机淘宝软件时产生的数据信息是阿里巴巴公司平台搜集到的数据的一部分，已无法单独将涉及原告部分的数据删除而不影响其他用户。阿里巴巴公司不仅不存在出售或变相出售原告个人信息的行为，反而利用平台收集的信息为国家大数据构建提供了便利，促进了零售行业的发展，不存在违反法律法规强制性规定的情形。

为优化该协议内容和构架，提升用户体验感，阿里巴巴公司已修改了该协议的涉案条款，原条款已不存在。因此，原告认为，原告与阿里巴巴签订的协议第七条第一款不存在无效的情形，第六条第五款也不属于违反《合同法》第五十四条规定属于可撤销合同的情形，基于原告的授权和保护相关他人利益角度考虑，阿里巴巴公司无须也不能销毁原告因使用手机淘宝软件在阿里巴巴公司形成的数据。[①]

◆二 法律问题与分析

（一）大数据的概念

由中国互联网络信息中心发布的《第39次中国互联网络发展状况统计报告》显示，截至2016年12月底，中国网民规模达7.31亿，手机网民规模达6.95亿，中国互联网普及率达到53.2%。[②] 同时，万物互联的发展趋势越来越明显，随着互联网（物联网）的快速发展，互联网不仅仅连接人、电脑（PC）或手机等通信终端，而且能够把今天我们所有能看到、能想到、能碰到的各种各样的设备：工厂里的电机、车床；家里的冰箱、插座、灯泡；每个人身上戴的戒指、耳环、手表、皮带等所有的东西都连接起来。所有的设备都会内置一个智能的芯片和内置的智能操作系统，所有的东西，实际上都变成了终端，只不过其外形不是

---

① 参见中国裁判文书网，http：//wenshu. court. gov. cn/content/content? DocID = e6d2880b - 792a - 4e2b - bcec - 65d2d74040f5&KeyWord = （2015）杭西知民初字第667号。

② 数据来源于中国互联网络信息中心网站，http：//www. cnnic. net. cn/gywm/xwzx/rdxw/20172017/201701/t20170122_66448. htm。

手机。

现在的社会是一个高速发展的社会，科技发达，信息流通，人们之间的交流越来越密切，生活也越来越方便，大数据就是这个高科技时代的产物。从某种意义上说，人类社会已经步入了大数据时代。

目前被较为广泛接受的大数据概念是由研究机构高德纳咨询公司（Gartner Group）提出的，大数据（Big Data）是指无法在一定时间范围内用常规软件工具进行捕捉、管理和处理的数据集合，是需要新处理模式才能具有更强的决策力、洞察发现力和流程优化能力的海量、高增长率和多样化的信息资产。国际商业机器公司（IBM）提出了大数据的5V特点：Volume（大量）、Velocity（高速）、Variety（多样）、Value（低价值密度）、Veracity（真实性）。①

大数据技术的战略意义不在于掌握庞大的数据信息，而在于对这些含有意义的数据进行专业化处理。换言之，如果把大数据比作一种产业，那么这种产业实现盈利的关键，在于提高对数据的加工能力，通过加工实现数据的增值。从技术上看，大数据与云计算的关系就像一枚硬币的正反面一样密不可分。大数据必然无法用单台的计算机进行处理，必须采用分布式架构。它的特色在于对海量数据进行分布式数据挖掘。但它必须依托云计算的分布式处理、分布式数据库和云存储、虚拟化技术。大数据需要特殊的技术，以有效地处理大量数据。适用于大数据的技术，包括大规模并行处理（MPP）数据库、数据挖掘、分布式文件系统、分布式数据库、云计算平台、互联网和可扩展的存储系统等。②

目前，我国尚未出台全国性的大数据方面的法律法规，但已有一些地方法规对大数据业务进行了规范。如为推动大数据发展应用，运用大数据促进经济发展，2016年1月15日贵州省第十二届人民代表大会常务委员会第二十次会议审议通过了《贵州省大数据发展应用促进条例》。该条例对大数据作出了法律意义的定义，即大数据是指以容量大、类型多、存取速度快、应用价值高为主要特征的数据集合，是对数量巨大、来源分散、格式多样的数据进行采集、存储和关联分析，发现新知识、创造新价值、提升新能力的新一代信息技术和服务业态。根据该定义，大数据不仅仅是指数据集合，而是对数据进行采集、存储和分析的信息技术和服务业态。

---

① 黄颖：《一本书读懂大数据》，长春：吉林出版集团有限责任公司2014年版，第3页。
② 《如何理解云计算、大数据和人工智能三者间的关系》，中国IDC圈，http://cloud.idcquan.com/yzx/118555.shtml。

（二）大数据时代的个人隐私保护

1. "隐私"的法律定义与范围

"隐私"也称为"私隐"，最早来源于美国，即"privacy"，从"privata"演化而来，本意是指与他人无关的私生活范围。在美国现行法律体系中，隐私实质是一种范围非常广的概念，因而并没有任何一部立法或其他文件对隐私权作出明确而又具体的定义。1995 年 10 月美国商务部电信与信息管理局发布的关于隐私与信息高速公路建设的白皮书中，认为隐私权至少包括以下九个方面：关于私有财产的隐私；关于姓名与形象利益的隐私；关于自己之事不为他人干涉之隐私；关于一个组织或事业内部事务的隐私；关于某些场合不便露面的隐私；关于尊重他人不透露其个人信息之隐私；私生活之隐私；关于不被他人监视之要求的隐私；私人相对于官员的隐私。[①]

由此可见，在现行美国法律体系中，隐私已涵盖了个人及个人生活的几乎所有环节，同时也将涉及社会生活的所有领域，已成为现代社会保护个人利益之最全面、最有力的"借口"和"手段"。在美国正规面试求职时，除了明文规定的职业和岗位外，一般按法律规定是不允许询问求职者的诸如移民身份、个人婚姻、家庭状况以及身份健康状况之类所谓"隐私"问题的，以防种种"歧视"的发生。

我国在较长一段时间内都未将隐私权作为一项独立的民事权利进行保护，1986 年制定的《民法通则》规定了生命健康权、姓名权、名称权、肖像权、名誉权、荣誉权等人身权，但未规定隐私权。1988 年，《最高人民法院关于贯彻执行〈民法通则〉若干问题的意见（试行）》第一百四十条规定："以书面、口头等形式宣扬他人隐私，或者捏造事实公然丑化他人人格，以及用侮辱、诽谤等方式损害他人名誉，造成一定影响的，应当认定为侵害公民名誉权的行为。"这是我国最高司法机关第一次通过变通的方式对于公民隐私权进行保护，将侵犯隐私权的侵权行为视为侵犯名誉权进行保护。1993 年，在《最高人民法院关于审理名誉权案件若干问题的解答》中，重申了这一原则。该解答第七条第三款规定，对未经他人同意，擅自公布他人的隐私材料或以书面、口头形式宣扬他人隐私，致他人名誉受到损害的，按照侵害他人名誉权处理。

---

① 参见百度百科对"隐私"的解释，https://baike. baidu. com/item/% E9% 9A% 90% E7% A7% 81/12883？fr = aladdin。

1991 年出台的《未成年人保护法》，是我国第一次通过全国人民代表大会制定法律的形式保护未成年人的隐私权，该法第三十九条规定，任何组织和个人不得披露未成年人的个人隐私。接着 1992 年出台的《妇女权益保障法》对妇女的隐私权也做了特别规定，该法第三十九条规定，妇女的名誉权和人格尊严受法律保护。禁止用侮辱、诽谤、宣扬隐私等方式损害妇女的名誉和人格。

《侵权责任法》第二条规定，侵害民事权益，应当依照本法承担侵权责任。本法所称民事权益，包括生命权、健康权、姓名权、名誉权、荣誉权、肖像权、隐私权、婚姻自主权、监护权、所有权、用益物权、担保物权、著作权、专利权、商标专用权、发现权、股权、继承权等人身、财产权益。这是我国法律正式确认了隐私权，是一项独立的民事权益。《民法总则》对人格权的规定与《侵权责任法》基本一致，其第一百一十条规定，自然人享有生命权、身体权、健康权、姓名权、肖像权、名誉权、荣誉权、隐私权、婚姻自主权等权利。

然而直到现在，尚未有法律、法规或司法解释对隐私权的具体概念和含义进行界定。较为流行的理论一般认为，隐私权是指自然人享有的私人生活安宁与私人信息秘密依法受到保护，不被他人非法侵扰、知悉、收集、利用和公开的一种人格权，而且权利主体对他人在何种程度上可以介入自己的私生活，对自己的隐私是否向他人公开以及公开的人群范围和程度等具有决定权。

一般认为下列行为可归入侵犯隐私权范畴：未经许可，公开自然人姓名、肖像、住址和电话号码等个人信息；非法侵入、搜查他人住宅，或以其他方式破坏他人居住安宁；非法跟踪他人，监视他人住所，安装窃听设备，私拍他人私生活镜头，窥探他人室内情况；非法刺探他人财产状况或未经本人允许公布其财产状况；私拆他人信件，偷看他人日记，刺探他人私人文件内容，以及将它们公开；调查、刺探他人社会关系并非法公之于众；干扰他人性生活或对其进行调查、公布；收集并公布自然人不愿向社会公开的其他情况。[①]

由于隐私权属于一般人格权，因此，隐私权的主体只能是自然人，不包括法人。人格权最明显的特征在于其非财产性，法人虽然也有秘密，但属于商业秘密范畴，企业法人的秘密则与企业法人的经济利益相挂钩，是企业的一种财产，侵犯企业商业秘密适用知识产权和《反不正当竞争法》进行保护。另外，从逻辑上说，死者不应享有隐私权，但法律应对死者生前的隐私权继续给予保护。其理由是：①死者不是法律意义上的人，不能有任何权利，自然也没有隐私权；②对

①　参见百度百科对"隐私"的解释，https：//baike. baidu. com/item/% E9% 9A% 90% E7% A7% 81/12883？fr = aladdin。

死者生前隐私的保护是一种利益，是死者近亲属以及利害关系人的感情和名誉利益。相对于死者而言，利益已没有意义，但死者生前的隐私与其近亲属以及利害关系人密切关联，构成近亲属的感情因素或名誉利益的一部分，披露死者的隐私，很可能使生存的近亲属以及利害关系人遭受精神痛苦，这样对死者的隐私保护，也就是对生存者名誉的维护。

2. 个人信息权

与隐私权密切相关的是个人信息权，《民法总则》第一百一十一条规定，自然人的个人信息受法律保护。任何组织和个人需要获取他人个人信息的，应当依法取得并确保信息安全，不得非法收集、使用、加工、传输他人个人信息，不得非法买卖、提供或者公开他人个人信息。这是我国法律第一次将个人信息作为一项独立的民事权利进行保护。

关于个人信息的内涵和外延，《民法总则》未作规定。但国家相关法律法规或规范性文件做了大同小异的规定，如：

（1）最高人民法院、最高人民检察院和公安部 2013 年 4 月 23 日发布的《关于依法惩处侵害公民个人信息犯罪活动的通知》（公通字〔2013〕12 号）规定，公民个人信息包括公民的姓名、年龄、有效证件号码、婚姻状况、工作单位、学历、履历、家庭住址、电话号码等能够识别公民个人身份或者涉及公民个人隐私的信息、数据资料。

（2）2013 年 7 月 16 日工业和信息化部发布的《电信和互联网用户个人信息保护规定》（工业和信息化部令第 24 号）第四条规定，本规定所称用户个人信息，是指电信业务经营者和互联网信息服务提供者在提供服务的过程中收集的用户姓名、出生日期、身份证件号码、住址、电话号码、账号和密码等能够单独或者与其他信息结合识别用户的信息以及用户使用服务的时间、地点等信息。

（3）2016 年 11 月 7 日第十二届全国人民代表大会常务委员会第二十四次会议通过，自 2017 年 6 月 1 日起施行的《中华人民共和国网络安全法》（以下简称《网络安全法》）第七十六条规定，个人信息是指以电子或者其他方式记录的能够单独或者与其他信息结合识别自然人个人身份的各种信息，包括但不限于自然人的姓名、出生日期、身份证件号码、个人生物识别信息、住址、电话号码等。

3. 隐私权与个人信息权的关系

我们认为，隐私权与个人信息权紧密相连，但也有较为明显的区别：

（1）隐私与个人信息的范围不同。

隐私与个人信息存在交叉和从属关系，隐私属于个人信息的一部分，但并非所有的个人信息都是隐私。

隐私权特别注重"隐",其含义包括两方面的内容:一方面,它是指独处的生活状态或私人事务;另一方面,它是指私生活秘密不受他人的非法披露。个人信息是否属于隐私权的保护范围,在司法实践中是根据它是否超出了"社会的容忍度"为标准进行侵权判定的,以一个"一般的理性人"的标准进行衡量,即一个普通理性人不愿意公开的信息才属于隐私。只有信息主体不愿意公开的信息才是隐私权的保护范围,即便是一般人认为属于隐私的信息,但信息主体自愿主动公开的,该信息也不属于隐私权的保护范围。比如,婚外情等信息一般人都认为属于不愿意公开的"丑闻",但某些公众人物为了炒作热点,故意公开的婚外情信息,就不受隐私权的保护了。

个人信息是指以电子或者其他方式记录的能够单独或者与其他信息结合识别自然人个人身份的各种信息,包括但不限于自然人的姓名、出生日期、身份证件号码、个人生物识别信息、住址、电话号码等。只要是能够单独或者与其他信息结合识别自然人个人身份的信息,都属于个人信息权的保护范围,无论该个人信息是否已经公开,任何人不得非法搜集、非法利用、非法存储、非法加工或非法倒卖。

(2)隐私权和个人信息权的保护方式不同。

隐私权主要平衡隐私权主体(个人)的隐私利益与他人(即负有消极不作为义务的其他自然人、法人或者其他组织)的言论表达自由、知情权等利益的冲突,重心在于防范个人秘密不被非法披露,对隐私的侵害主要是非法的披露和骚扰。国家基本上处于一个超然于双方利益矛盾的中立地位,以社会管理者身份,通过制定法律和实施法律调整矛盾双方的利益关系。国家调整这一利益关系的主要手段就是"公共利益"规则的适用:凡不涉及公共利益的个人隐私,受到保护;凡涉及公共利益的隐私,或者不予保护,或者受到限制。隐私权主要通过民法(私法)进行保护。

个人信息权的主要内容包括信息主体对个人信息被收集、利用等的知情权,以及自己利用或者授权他人利用的决定权,即便对于可以公开且必须公开的个人信息,个人也有一定的控制权。对个人信息权的侵害主要体现为未经许可而收集和利用个人信息、侵害个人信息,主要表现为非法搜集、非法利用、非法存储、非法加工或非法倒卖个人信息。个人信息的保护方式呈现多样性和综合性,尤其是可以通过行政手段(公法)对其加以保护。例如,对非法储存、利用他人个人信息的行为,政府有权进行制止,并采用行政处罚等方式。对于网上所发布的非法不良信息或危害公共安全的信息,政府有关部门有权予以删除。另外,对于非法窃取和非法出售个人信息的行为，国家还通过刑法进行干预，《刑法修正案（七）》第七条规定，在《刑法》第二百五十三条后增加一条，作为第二百五十三条之一："国家机关或者金融、电信、交通、教育、医疗等单位的工作人员，违反国家规定，将本单位在履行职责或者提供服务过程中获得的公民个人信息，出售或者非法提供给他人，情节严重的，处三年以下有期徒刑或者拘役，并处或者单处罚金。窃取或者以其他方法非法获取上述信息，情节严重的，依照前款的规定处罚。单位犯前两款罪的，对单位判处罚金，并对其直接负责的主管人员和其他直接责任人员，依照各该款的规定处罚。"《刑法修正案（九）》第十七条规定，将刑法第二百五十三条之一修改为："违反国家有关规定，向他人出售或者提供公民个人信息，情节严重的，处三年以下有期徒刑或者拘役，并处或者单处罚金；情节特别严重的，处三年以上七年以下有期徒刑，并处罚金。违反国家有关规定，将在履行职责或者提供服务过程中获得的公民个人信息，出售或者提供给他人的，依照前款的规定从重处罚。窃取或者以其他方法非法获取公民个人信息的，依照第一款的规定处罚。单位犯前三款罪的，对单位判处罚金，并对其直接负责的主管人员和其他直接责任人员，依照各该款的规定处罚。"

（3）侵犯隐私权和个人信息权的法律责任不同。

因为个人信息不仅仅关系到个人利益，还有可能涉及公共利益、公共安全，而隐私则更多是涉及个人，一般并不涉及公共利益或公共安全。正因为如此，对于个人信息权的保护注重的是事前预防，而隐私权的保护更注重的是事后救济。由于个人信息可以进行商业化利用，在侵害个人信息的情况下，也有可能造成权利人财产利益的损失。因此，在侵害隐私权的情况下，主要采用精神损害赔偿的方式加以救济，而对个人信息的保护，除采用精神损害赔偿的方式外，也可以采用财产救济的方法。

当然，由于许多个人信息本身具有私密性，而许多隐私也是以个人信息的形式表现出来，所以，当某种行为侵害他人隐私权或个人信息权时，有可能导致同时侵害这两种权利，从而构成侵权的竞合，受害人可以选择对自身最为有利的方式加以主张。例如，随意散布个人病历资料，既侵犯了隐私权，也侵犯了个人信息权。

随着个人信息处理方式的数字化转变，人们在享受信息数字化带来的诸多便利的同时，也面临着个人信息数字化带来的风险。在大数据时代，时刻都有大量数据产生、流动，数据已经是直接的财富和社会资源。借助数据技术的应用，可以发现新的知识、创造新的价值，实现从数据到知识、从知识到行动的跨越，公私领域对于数据利用的需求也比以往任何一个时代更为迫切。我们认为，大数据时代的隐私保护问题实质主要是个人信息保护与利用的利益衡量问题，大数据时代需要重点解决个人信息的保护和利用问题，而非仅仅保证个人隐私不受侵犯。

在大数据时代，个人信息主要都是以电子数据的形式存在，个人信息电子数据主要包括标识个人基本情况、生活与工作经历、社会情况等与网络有关的个人信息，具体包括以下几个方面：①个人身份相关信息。网络用户在申请上网开户、个人主页、免费邮箱以及申请服务商提供的其他服务（购物、医疗、交友等）时，服务商往往要求用户登记姓名、年龄、住址、居民身份证号、工作单位、电子邮箱地址等身份和健康状况，有的甚至要求用户提供指纹、虹膜等生物识别信息。②个人的信用和财产状况，包括信用卡、电子消费卡、上网卡、上网账号和密码、交易账号和密码等。③网络活动踪迹。个人在网上的活动踪迹，如IP地址、定位信息、浏览踪迹、活动内容等。

我国尚未制定专门的个人信息保护法，但相关法律对个人信息保护已作出了明确的规定。如《民法总则》第一百一十一条规定："自然人的个人信息受法律保护。任何组织和个人需要获取他人个人信息的，应当依法取得并确保信息安全，不得非法收集、使用、加工、传输他人个人信息，不得非法买卖、提供或者公开他人个人信息。"《消费者权益保护法》第二十九条规定："经营者收集、使用消费者个人信息，应当遵循合法、正当、必要的原则，明示收集、使用信息的目的、方式和范围，并经消费者同意。经营者收集、使用消费者个人信息，应当公开其收集、使用规则，不得违反法律、法规的规定和双方的约定收集、使用信息。"特别是《网络安全法》第四章"网络信息安全"，专章对个人信息的保护做了较为详细的规定。

4. 大数据时代个人信息保护原则

结合《网络安全法》等上述相关法律规定，我们认为，大数据时代的个人信息保护主要应遵循如下几个原则，同时这几个原则也是判断个人信息收集和使用者是否侵害信息主体的个人信息权或隐私权的主要标准：

（1）合法原则。合法是指个人信息收集和使用者不得违反法律、行政法规的规定和双方的约定收集、使用个人信息，并应当依照法律、行政法规的规定和与用户的约定，处理其保存的个人信息。不得泄露、篡改、毁损收集的个人信息；未经被收集者同意，不得向他人提供个人信息，但经过处理无法识别特定个人且不能复原的除外。比如，电信运营商在提供服务过程中收集了用户的姓名、身份证号码、住址等详细个人信息，如果电信运营商将完整的用户资料提供或泄露给第三方，不但是明显侵犯用户个人信息权和隐私权的违法行为，而且可能构成非法提供和出售个人信息犯罪。如果电信运营商基于其收集的用户信息大数据，分析出其用户的分布区域、用户年龄、消费习惯等情况，并将分析报告提供给第三方，虽然分析报告是基于用户个人信息分析得出，但由于分析报告中的数据已无法识别特定个人，不属于提供个人信息，因而不违反法律规定，也不会侵犯用户个人信息权或隐私权。

（2）正当原则。正当是指个人信息收集和使用者应当遵循法律规定或当事人约定的正当程序。个人信息收集和使用者应当公开收集、使用规则，明示收集、使用信息的目的、方式和范围，并经被收集者同意。任何个人和组织不得窃取或者以其他非法方式获取个人信息，不得非法出售或者非法向他人提供个人信息。

（3）必要原则。必要是指个人信息收集和使用者只能收集与其提供的服务相关的个人信息，不得收集与其提供的服务无关的个人信息，不得违反法律、行政法规的规定和双方的约定收集、使用个人信息。如根据《电话用户真实身份信息登记规定》第九条的规定，电信业务经营者应当对用户出示的证件进行查验，并如实登记证件类别以及证件上所记载的姓名（名称）、号码、住址信息；对于用户委托他人办理入网手续的，应当同时查验受托人的证件并登记受托人的上述信息。身份证件上列明的姓名、证件号码和住址信息是办理电话入户的必要信息，电信运营商可以依法收集，但用户指纹等生物识别信息超出了办理电信业务的必要程度，除非用户同意，电信运营商应无权收集。

三 结论

根据上述分析，我们再来评析一下本章的几个案例处理。

案例一：经法院审理查明136×××××××的号码系原告申办，开户日期为1998年10月。2015年7月17日，原告用该号码的手机给朋友沈某拨打电话时（沈某的手机内安装360手机卫士安卓版软件，该软件由被告享有知识产权），在360手机卫士软件的"防窃听"模块下，显示该号码的信息为"××网络信息有限公司（合肥分公司）"的标注提示。原告认为被告未向其核实，未经其允许，擅自将手机号码标注为某单位号码的行为，侵犯其名誉权及隐私权。

被告提交的证据显示，手机号码136×××××××的机主信息，系通过在互联网上大数据比对得出××网络信息有限公司（合肥分公司）所登记的电话号码。被告出具的公证书显示，通过搜索引擎，输入136×××××××号码后，可搜索出数个企业黄页网站，与该号码对应的企业信息均指向××网络信息有限公司（合肥分公司）。在中国产品网的网页 www. pe168. com/qiye/info/17239586. html 的链接中为××网络信息有限公司（合肥分公司），对公司介绍如下："××网络信息有限公司（合肥分公司）于 2012 年 10 月 8 日于合肥工商注册，董事长王某，公司属于合肥化肥行业……电话：136××××××××，地址：合肥市蜀山区蜀山新产业园振兴路 7#研发楼。"被告另出具在合肥市工商行政管理局《私营企业基本注册信息查询单》，企业名称为"××网络信息有限公司合肥分公司，法定代表人：王某，联系电话：136××××××××"。被告出示以上信息，证明上述企业信息是从公开渠道获得的，任何公民都可以了解企业的经营信息。

法院认为，原告作为公司法定代表人或负责人，将登记在个人名下的手机号码作为企业办公电话予以登记的事实是客观存在的。被告出示的证据可以证明原告所使用的号码已经在企业黄页被公开披露，原告在工商行政管理机关登记企业信息时，亦将该手机号码予以登记，以备信息查阅。被告通过大数据比对功能，确定该手机号码与××网络信息有限公司合肥分公司（相对应），并进行标记，其信息并无错误，且软件标记的是企业信息，而非公民个人信息。该软件设计开发之初，是便于 360 手机卫士的用户获得更好的体验，并无恶意侵犯通话中主叫方人格权的故意，而客观上原告亦不能举证其朋友或者客户在使用该功能后，反馈出某些负面影响。被告已证实其获取手机号码对应的标记信息均来源于公开渠道，因此亦不能认定被告标记号码的行为侵犯了其隐私权。据此，驳回了原告的诉讼请求。

本案中原告是以侵犯隐私权为由提起诉讼的，是否构成侵权应当根据侵权责任的构成要件进行分析。侵犯隐私权的侵权行为基本可以概括为两类：一类是侵扰私人空间的行为，如擅自侵入他人住宅，窥探他人生活等；另一类是侵害私人信息的行为，该类行为主要表现为擅自公开他人隐私信息。

我们认为本案中被告不存在侵犯原告隐私权的违法行为：首先，奇虎公司软件将原告使用的号码标注为××网络信息有限公司（合肥分公司），即便奇虎公司是非法公开他人信息，公开的也是××网络信息有限公司（合肥分公司）的信息，隐私权属于自然人的人格权，因此法人或非法人组织是不享有隐私权的，而公开一个公司的名称和电话号码显然也是不能构成侵犯商业秘密的。相反，如果奇虎公司公布的是原告的姓名，即别人拨打 136××××××××，奇虎 360 显示出原告的姓名，如果奇虎未经原告同意进行匹配公布，则有可能侵犯了原告的隐私权。其次，原告认为奇虎公司将其手机号码 136××××××××标注显示为××网络信息有限公司（合肥分公司），使其朋友误认其为骗子。我们认为，如果原告认为被告的行为造成其社会评价下降，则应以名誉权受到侵害为由起诉，而非隐私权侵权。当然，本案中奇虎公司只是根据大数据匹配，将136×××××××标注为一个普通公司，正常情况下不会造成原告的社会评价降低。假如奇虎公司将136×××××××标注为"六合彩"等电话，则可能造成原告社会评价降低，原告可向被告主张名誉权侵权损害赔偿。最后，本案中被告奇虎公司是根据网络他人（有可能是原告自己）主动公布的公司信息进行匹配、标注，对公开的企业信息进行加工和利用不具有违法性。由于不存在侵权（违法）行为，过错以及因果关系就无从谈起。因此，我们认为本案法院的判处是比较恰当的。

案例二：经法院审理查明，原告在 2014 年成为阿里巴巴公司开发的手机"淘宝"软件的注册用户。在该软件首页"我的淘宝—设置—关于手机淘宝"一栏中为《手机淘宝——软件许可使用协议》。该协议约定：

本软件许可使用协议（以下称"本协议"）由您与阿里巴巴（中国）软件有限公司（以下简称阿里巴巴）共同签署。在使用"无线淘宝软件产品（Android（安卓）版）"软件（以下简称许可软件）之前，请仔细阅读本协议。一旦您下载安装使用许可软件，即表示您同意接受本协议所有条款和条件的约束。如您不同意本协议条款和条件，请勿使用许可软件，并请销毁所有许可软件副本。阿里巴巴有权随时修改本协议，并以淘宝网（www.taobao.com）公示的方式通知您，无须单独通知您。修改后的协议于公示时生效。协议条款修改后，您继续使用许可软件的，即视为您已阅读并接受修改后的协议……六、隐私政策与数据。1. 您同意，本协议所指个人隐私信息是指那些能够对您的身份进行有效辨识或涉及您个人通信的信息，包括您的姓名、身份证号、手机号码、IP 地址、UDID等，但对于您使用许可软件的状态以及使用习惯等一些反映在阿里巴巴服务器端的信息不属此列。2. 许可软件不含有任何破坏您 Android（安卓）终端数据和获取您隐私信息的恶意代码，不会监控您使用 Android（安卓）终端的行为或泄漏您的个人隐私信息。3. 对于您使用许可软件所提供、形成的您的个人隐私信息，阿里巴巴会予以保密。除非本协议另有约定，阿里巴巴不会在不通知的情况下透露您的个人隐私信息。4. 为以下目的，您授权阿里巴巴披露您的个人隐私信息：a）遵守法律法规或遵照司法部门对阿里巴巴所要求的法律程序；b）保护和维护阿里巴巴及其关联公司（包括但不限于阿里巴巴、支付宝、阿里金融、阿里云、中国雅虎等）的合法权益；c）在紧急情况下保护阿里巴巴及其关联公司或其用户或社会大众的安全。5. 本协议终止后，阿里巴巴有权继续保留您的信息，但阿里巴巴没有义务以任何形式向您提供该等信息。七、特别授权。您完全理解并不可撤销地授予阿里巴巴及其关联公司下列权利：1. 对于使用许可软件时提供的资料及数据信息，您授予阿里巴巴及其关联公司独家的、全球通用的、永久的、免费的许可使用权利（并有权在多个层面对该权利进行再授权）。此外，阿里巴巴及其关联公司有权（全部或部分地）使用、复制、修订、改写、发布、翻译、分发、执行和展示您的全部资料数据或制作其派生作品，并以现在已知或日后开发的任何形式、媒体或技术，将上述信息纳入其他作品内。2. 一旦您向阿里巴巴及（或）其关联公司，包括但不限于淘宝、支付宝、阿里金融、阿里云、中国雅虎等作出任何形式的承诺，且相关公司已确认您违反了该承诺，则阿里巴巴有权立即按您的承诺或协议约定的方式对您的使用许可及其他阿里巴巴可控制的权益采取限制措施，包括中止或终止对您的使用许可，并公示相关公司确认的您的违约情况。您了解并同意，阿里巴巴无须就相关确认与您核对事实，或另行征得您的同意，且阿里巴巴无须就此限制措施或公示行为向您承担任何的责任。3. 一旦您违反本协议，或与阿里巴巴签订的其他协议的约定，阿里巴巴有权以任何方式通知阿里巴巴关联公司，要求其对您的权益采取限制措施，包括但不限于要求关联公司中止、终止对您提供部分或全部服务，且在其经营或实际控制的任何网站公示您的违约情况。4. 许可软件在必要时有权使用您的 Android（安卓）终端处理器和无线网络等资源，用作容许其他许可软件使用者与您联络等目的。此项同意可能会影响您的使用感受和/或带来不可预知的风险，您同意自行承担该等风险。上述协议还约定了授权范围、使用规范等内容。

法院审理认为：

（1）《合同法》第五十二条第四项、第五项规定，损害社会公共利益或者违反法律、行政法规的强制性规定的合同无效。虽然协议第七条第一款规定了原告授予阿里巴巴及其关联公司对于使用许可软件时提供的资料及数据信息的许可使用权利，但该协议第六条第二款、第三款同时规定了阿里巴巴公司保证该许可软件不含有任何破坏原告 Android（安卓）终端数据和获取原告隐私信息的恶意代码，不会监控原告使用 Android（安卓）终端的行为或泄漏原告的个人隐私信息；对于原告使用许可软件所提供、形成的其个人隐私信息，阿里巴巴公司会予以保密。除非本协议另有约定，阿里巴巴公司不会在不通知的情况下透露原告的个人隐私信息。即该协议第七条第一款规定的原告授予阿里巴巴公司及其关联公司对于原告使用许可软件时提供的资料及数据信息的许可使用内容，不包含原告个人隐私的信息。第七条的特别授权内容并非优于协议其他条款而存在，而是受协议第六条的隐私政策与数据内容的制约。故该第七条第一款不存在侵害原告通信自由、人格权和个人隐私的行为，也不存在损害社会公共利益或违反法律、行政法规的强制性规定而无效的情形。原告与阿里巴巴公司签订《手机淘宝——软件许可使用协议》虽系格式合同，但该协议第七条第一款并无合同法规定的无效情形，也无免除阿里巴巴公司责任、加重原告责任或者排除原告主要权利的无效情形，应为合法有效。

（2）协议并不属于《合同法》第五十四条规定的因重大误解、显失公平或者一方以欺诈、胁迫的手段或者乘人之危，使对方在违背真实意思的情况下订立的合同。该协议第六条第五款规定的协议终止后阿里巴巴公司有权继续保留原告的信息，但没有义务以任何形式向原告提供该等信息的情形，也不属于前述可撤销的范围。阿里巴巴公司在该协议终止后保留原告的信息并未违反法律、法规的规定和双方收集、使用信息的约定。因此，原告要求阿里巴巴公司删除原告因使用淘宝软件在阿里巴巴公司处形成的数据，无法律依据。据此，法院判决驳回了原告的诉讼请求。

本案涉及网络运营者收集和使用用户个人信息问题，鉴于原告已签署软件使用许可协议同意被告收集和使用其个人信息，因而原告希望通过撤销或确认软件使用许可协议相关条款无效的方式，否认被告收集和使用其个人信息的合法性。我们认为，法院的判决事实认定清楚、法律适用正确，说理也较为充分、透彻，被告收集和使用用户个人信息符合个人信息保护的"合法、正当、必要"三原则，并未侵犯原告的个人信息权或隐私权。

电信诈骗的刑事责任及民事赔偿

【案例一】原告杨某诉称：2013年10月20日，他在自己家中的固话接到电话，对方自称是广州市天河区邮政局，告知有一封挂号信未取，要求他到该邮政局领取。他表示不方便后，对方建议跟寄件人上海市黄浦区检察院联系，并表示可帮忙转接到上海市黄浦区检察院。电话转接后，对方自称是上海市黄浦区检察院的"领导"，称杨某在一宗贩毒案中有重大嫌疑，若不配合工作就马上将其账户资金冻结，要求如实报告个人现有资金并把资金转存于杨某乙和杨某甲的名下，并称杨某乙和杨某甲是代表检察院的，如果经审查确与该洗钱案无关，就解除对他的审查，并在三天内把钱退还。"领导"还称如果不信，可以致电114查询座机上显示的号码是否属于上海市黄浦区检察院。对方称有关通话是全程录音，并告知在破案期间不能与任何人联系，也不要外出，且要与其保持每天两次的联系。于是杨某拨打114查询座机上显示的来电号码，确实与上海市黄浦区检察院的电话号码一致，导致误信骗子的谎言，按照骗子的要求，把480 000元现金陆续转入其指定的账户。其中有一笔款项，前面的200 000元是定期，先取130 000元，银行认为定期转活期会有损失，故曾提醒杨某，但并没有提醒其他问题。在之后一周时间内，杨某都与对方保持联系。还有一笔保险公司的保险130 000元，提取需要7个工作日。期间杨某曾与保险公司联系，未与其他人联系。当时他认为自己是在协助公安机关破案。因汇款后未收到退款，杨某意识到可能上当了，于是报警。杨某已使用广州电信公司提供的电信服务近20年，每月按时交纳电信服务费（包括来电显示服务费），但广州电信公司未按照约定提供安全的电信服务，应对其损失承担赔偿责任。①

【案例二】原告杨某艺向深圳市福田区人民法院起诉中国移动深圳分公司称，2012年10月5日她与深圳分公司签订《中国移动通讯客户优惠服务协议》《品牌互转客户服务协议》，从而在深圳分公司处开通手机服务，手机号码为138×××7923，并有来电显示项目。2014年4月7日上午10点58分，她接到招商银行电话，号码显示为095555，声称其招商银行信用卡逾期了，必须于下午四点之前还清。过了片刻又打来电话，号码显示为0755－95555，并称她在上海的另外一张招商银行信用卡439226831347××××有逾期的记录，该卡是杨某艺身份证被人盗用后办理的，他们已经向上海市公安局静安分局报案，一会儿静安分局的民警会打来电话跟她了解情况。11时12分，一个声称是上海市公安局静安分局的警官杨荣给她打电话，号码显示为02162588800，他让杨某艺拿另一个电话打给021－114查一下是否是上海市公安局静安分局的电话。杨某艺经查询果然是该分局电话，然后对方告知杨某艺涉嫌一起上海的信用卡诈骗案件，为了证明杨某艺的资金清白，要对杨某艺的账号进行保密的排查和冻结，并由最高人民检察院的姚旭辉检察官负责具体排查。随后一个声称最高人民检察院的姚旭辉检察官给杨某艺打电话，对杨某艺进行一番排查后，就开始盘问杨某艺的网银事情。遥控杨某艺去离家最近的工商银行东门支行办理网银服务，并开通了优盾密码器功能。一直到下午四点，诈骗分子以获取密码器数据为由，以启动银行系统查案为借口，最后骗取杨某艺的电子密码器口令，通过对网银密码器口令操作，分十次将杨某艺工商银行卡上的424 992元取走，紧接着又骗取了杨某艺平安银行的密码，转走了17 900元，共计骗取442 892元。

杨某艺认为中国移动深圳分公司作为其手机通信服务运营商负有不可推卸的责任，请求法院判令中国移动深圳分公司赔偿全部损失442 892元并按照中国人民银行同期贷款利率向其支付利息。

【案例三】李某系农民，2014年办理了一张中国银行的信用卡，额度33 000元。2015年12月9日，他收到了04006695566的银行客服电话，电话告知：尊敬的李先生，您在我行办理了一张信用额度33 000元的信用卡，结合您的用卡情况可以为您提升信用卡额度，请提供您的卡号和身份证号以核对您的身份。李某说出后"客服"继续告知，核对成功，系统现在为您提升额度，您会收到验证码，请提供验证码我们为您操作。李某告知其收到的验证码后，"客服"提出

---

① 参见中国裁判文书网，http://wenshu.court.gov.cn/content/content? DocID = ba53ac25 － aaae － 44be － 94d2 － c7df7bb906b4&KeyWord = （2015）穗中法民一终字第5140号。

由于系统较慢，提升的额度较大，程序较为复杂，建议删除已经收到的验证码，耐心等待。就这样，李某按要求告知了多个验证码，并在"客服"指示下删除了短信，其实这些短信包括验证码短信及交易信息。就这样从 12 月 9 日至 14 日，李某连续接到这个电话，为提升信用卡额度，李某均向"客服"告知了验证码。直至 12 月 14 日，李某回拨电话，才知自己接到的电话并非银行客服，而是电信诈骗分子利用任意显示号码打来的假客服电话。自己信用卡的资金已经被犯罪分子分 33 笔通过第三方支付平台支付。李某随即向银行提出质疑，冻结该卡，并向当地公安机关报案。

李某认为诈骗分子精确地知道自己的姓名及在中国银行办理了额度为 33 000 元的信用卡，并且其接到的 04006695566 电话与被告客服电话 406695566 极其相似，骗子要求其提供身份证号及卡号核对身份的要求也是各家银行日常管理中经常会使用的，所以李某无法识别骗子的身份。最重要的是，中国银行在李某办卡及用卡时均未向其进行手机验证码可以交易的风险提示，银行在未经李某同意的情况下开通第三方支付，才导致李某被骗，银行存在严重过错，应该赔偿其资金损失。李某遂将银行起诉到法院，要求银行赔偿全部资金损失。①

◆ 法律问题与分析

近年来电信诈骗一直是社会持续关注的热点问题，触目惊心的"徐玉玉案"更是引起了社会的极大关注。

2016 年山东省临沂高考考生徐玉玉以 568 分的成绩被南京邮电大学录取。8 月 19 日下午 4 点 30 分左右，她接到了一通陌生电话，对方声称有一笔 2 600 元的助学金要发放给她。在这通陌生电话之前，徐玉玉曾接到过教育部门发放助学金的通知，因此并未怀疑电话的真伪。按照对方要求，徐玉玉将准备交学费的 9 900 元打入了骗子提供的账号。8 月 21 日，徐玉玉因被诈骗电话骗走上大学的费用 9 900 元，伤心欲绝，郁结于心，最终导致心脏骤停，虽经医院全力抢救，但仍不幸离世。

一波未平，一波又起。就在几天后，一个几乎一模一样的事件发生了，山东一大二男生宋振宁也因电信诈骗，两次打款给骗子，并于 2016 年 8 月 23 日凌晨

---

① 张晗：《案例分析：电信诈骗案件中引发的银行民事赔偿问题》，西安律师协会网，http://www.xalawyer.net/newshow.php?id=5552。

心脏骤停不幸去世。他的父母无法接受这样的打击，父亲因为伤心过度变得精神恍惚在家中常常晕过去，母亲也住进了医院。

上述案件造成了极其恶劣的社会影响，案件发生后，公安部高度重视，立即组织山东、福建、江西、广东等地公安机关开展侦查。经最高人民检察院、公安部联合挂牌督办，全部犯罪嫌疑人均已落网，并经二审终审判决，被告人陈文辉犯诈骗罪、侵犯公民个人信息罪，决定执行无期徒刑，剥夺政治权利终身，并处没收个人全部财产；被告人郑某锋、黄某春、熊某、陈某生、郑某聪、陈某地犯诈骗罪，分别判处有期徒刑三年至十五年不等，并处罚金10万元至60万元不等。

2009年以来，我国的电信诈骗案件持续高发，作案手法不断翻新，作案者冒充电信局、公安局等单位工作人员，使用任意显号软件、VOIP电话等技术，以受害人电话欠费、被他人盗用身份涉嫌经济犯罪、以没收受害人所有银行存款进行恫吓威胁，骗取受害人汇转资金。

（一）电信诈骗的刑事规制

所谓电信诈骗是指犯罪分子通过电话、网络和短信方式，编造虚假信息，设置骗局，对受害人实施远程、非接触式诈骗，诱使受害人给犯罪分子打款或转账的犯罪行为。电信诈骗只是诈骗犯罪的一种具体形式，刑法未单独规定电信诈骗犯罪，我国没有独立的电信诈骗罪罪名。

《刑法》第二百六十六条规定："诈骗公私财物，数额较大的，处三年以下有期徒刑、拘役或者管制，并处或者单处罚金；数额巨大或者有其他严重情节的，处三年以上十年以下有期徒刑，并处罚金；数额特别巨大或者有其他特别严重情节的，处十年以上有期徒刑或者无期徒刑，并处罚金或者没收财产。本法另有规定的，依照规定。"

诈骗是指虚构事实或隐瞒真相使被害人产生错误认识，并作出行为人所希望的财产处分。诈骗罪具有以下特征：行为人主观上是出于故意，并且具有非法占有公私财物的目的；数额较大才能构成犯罪。《刑法》或者其他法律对某些特定的诈骗犯罪专门作了具体规定，如金融诈骗、合同诈骗、信用卡诈骗等，对这些诈骗犯罪应当适用这些专门的规定，不适用《刑法》第二百六十六条的规定。

2011年3月1日最高人民法院、最高人民检察院发布了《关于办理诈骗刑事案件具体应用法律若干问题的解释》（法释〔2011〕7号），该司法解释对电信诈骗做了一些特别规定：①通过发送短信、拨打电话或者利用互联网、广播电视、报纸杂志等发布虚假信息，对不特定多数人实施诈骗的，可以依照《刑法》第二百六十六条的规定酌情从严惩处。②利用发送短信、拨打电话、互联网等电信技术手段对不特定多数人实施诈骗，诈骗数额难以查证，但具有下列情形之一的，应当认定为《刑法》第二百六十六条规定的"其他严重情节"，以诈骗罪（未遂）定罪处罚：发送诈骗信息五千条以上的；拨打诈骗电话五百人次以上的；诈骗手段恶劣、危害严重的。实施前款规定行为，数量达到前款前两项规定标准十倍以上的，或者诈骗手段特别恶劣、危害特别严重的，应当认定为刑法第二百六十六条规定的"其他特别严重情节"，以诈骗罪（未遂）定罪处罚。③明知他人实施诈骗犯罪，为其提供信用卡、手机卡、通信工具、通讯传输通道、网络技术支持、费用结算等帮助的，以共同犯罪论处。

针对电信诈骗案件高发，特别是"徐玉玉案"等社会影响极其恶劣案件的屡次发生，最高人民法院、最高人民检察院、公安部、工业和信息化部、中国人民银行、中国银行业监督管理委员会于2016年9月23日联合发布《防范和打击电信网络诈骗犯罪的通告》，通告的主要内容是：①自本通告发布之日起至2016年10月31日，主动投案、如实供述自己罪行的，依法从轻或者减轻处罚，在此规定期限内拒不投案自首的，将依法从严惩处。②公安机关要主动出击，将电信网络诈骗案件依法立为刑事案件，公安机关、人民检察院、人民法院要依法快侦、快捕、快诉、快审、快判。③电信企业（含移动转售企业，下同）要严格落实电话用户真实身份信息登记制度，确保到2016年10月底前全部电话实名率达到96%，年底前达到100%。未实名登记的单位和个人，应按要求对所持有的电话进行实名登记，在规定时间内未完成真实身份信息登记的，一律予以停机。电信企业在为新入网用户办理真实身份信息登记手续时，要通过采取二代身份证识别设备、联网核验等措施验证用户身份信息，并现场拍摄和留存用户照片。④电信企业立即开展一证多卡用户的清理，对同一用户在同一家基础电信企业或同一移动转售企业办理有效使用的电话卡达到5张的，该企业不得为其开办新的电话卡。电信企业和互联网企业要采取措施阻断改号软件网上发布、搜索、传播、销售渠道，严禁违法网络改号电话的运行、经营。电信企业要严格规范国际通信业务出入口局主叫号码传送，全面实施语音专线规范清理和主叫鉴权，加大网内和网间虚假主叫发现与拦截力度，立即清理规范一号通、商务总机、400等电话业务，对违规经营的网络电话业务一律依法予以取缔，对违规经营的各级代理商责令限期整改，逾期不改的一律由相关部门吊销执照，并严肃追究民事、行政责任。移动转售企业要依法开展业务，对整治不力、屡次违规的移动转售企业，将依法坚决查处，直至取消相应资质。⑤各商业银行要抓紧完成借记卡存量清理工作，严格落实"同一客户在同一商业银行开立借记卡原则上不得超过 4 张"等规定。任何单位和个人不得出租、出借、出售银行账户（卡）和支付账户，构成犯罪的依法追究刑事责任。自 2016 年 12 月 1 日起，同一个人在同一家银行业金融机构只能开立一个一类银行账户，在同一家非银行支付机构只能开立一个三类支付账户。自 2017 年起，银行业金融机构和非银行支付机构对经设区市级及以上公安机关认定的出租、出借、出售、购买银行账户（卡）或支付账户的单位和个人及相关组织者，假冒他人身份或虚构代理关系开立银行账户（卡）或支付账户的单位和个人，5 年内停止其银行账户（卡）非柜面业务、支付账户所有业务，3 年内不得为其新开立账户。对经设区市级及以上公安机关认定为被不法分子用于电信网络诈骗作案的涉案账户，将对涉案账户开户人名下其他银行账户暂停非柜面业务，支付账户暂停全部业务。自 2016 年 12 月 1 日起，个人通过银行自助柜员机向非同名账户转账的，资金 24 小时后到账。

2016 年 12 月 19 日，最高人民法院、最高人民检察院和公安部联合发布了《关于办理电信网络诈骗等刑事案件适用法律若干问题的意见》，意见明确：

（1）利用电信网络技术手段实施诈骗，诈骗公私财物价值三千元以上、三万元以上、五十万元以上的，应当分别认定为《刑法》第二百六十六条规定的"数额较大""数额巨大""数额特别巨大"。二年内多次实施电信网络诈骗未经处理，诈骗数额累计计算构成犯罪的，应当依法定罪处罚（注：根据《最高人民法院、最高人民检察院关于办理诈骗刑事案件具体应用法律若干问题的解释》第一条的规定，利用电信网络技术手段实施诈骗，诈骗公私财物价值三千元以上、三万元以上、五十万元以上的，应当分别认定为《刑法》第二百六十六条规定的"数额较大""数额巨大""数额特别巨大"。本意见取消了各地高级法院确定诈骗数额标准的规定，意味着电信诈骗的数额标准是全国统一的，即电信诈骗金额三千元以上的就构成诈骗罪）。

（2）实施电信网络诈骗犯罪，达到相应数额标准，具有下列情形之一的，酌情从重处罚：造成被害人或其近亲属自杀、死亡或者精神失常等严重后果的；冒充司法机关等国家机关工作人员实施诈骗的；组织、指挥电信网络诈骗犯罪团伙的；在境外实施电信网络诈骗的；曾因电信网络诈骗犯罪受过刑事处罚或者二年内曾因电信网络诈骗受过行政处罚的；诈骗残疾人、老年人、未成年人、在校学生、丧失劳动能力人的财物，或者诈骗重病患者及其亲属财物的；诈骗救灾、抢险、防汛、优抚、扶贫、移民、救济、医疗等款物的；以赈灾、募捐等社会公益、慈善名义实施诈骗的；利用电话追呼系统等技术手段严重干扰公安机关等部门工作的；利用"钓鱼网站"链接、"木马"程序链接、网络渗透等隐蔽技术手段实施诈骗的。

（3）实施电信网络诈骗犯罪，诈骗数额接近"数额巨大""数额特别巨大"的标准，具有前述第（2）条规定的情形之一的，应当分别认定为《刑法》第二百六十六条规定的"其他严重情节""其他特别严重情节"，上述规定的"接近"，一般应掌握在相应数额标准的百分之八十以上。

（4）实施电信网络诈骗犯罪，犯罪嫌疑人、被告人实际骗得财物的，以诈骗罪（既遂）定罪处罚。诈骗数额难以查证，但具有下列情形之一的，应当认定为《刑法》第二百六十六条规定的"其他严重情节"，以诈骗罪（未遂）定罪处罚：发送诈骗信息五千条以上的，或者拨打诈骗电话五百人次以上的；在互联网上发布诈骗信息，页面浏览量累计五千次以上的。具有上述情形，数量达到相应标准十倍以上的，应当认定为《刑法》第二百六十六条规定的"其他特别严重情节"，以诈骗罪（未遂）定罪处罚。"拨打诈骗电话"，包括拨出诈骗电话和接听被害人回拨电话。反复拨打、接听同一电话号码，以及反复向同一被害人发送诈骗信息的，拨打、接听电话次数、发送信息条数累计计算。

电信诈骗除了构成诈骗罪外，还可能同时构成其他相关犯罪，因此《关于办理电信网络诈骗等刑事案件适用法律若干问题的意见》明确了相关问题：

（1）在实施电信网络诈骗活动中，非法使用"伪基站""黑广播"，干扰无线电通讯秩序，符合《刑法》第二百八十八条规定的，以扰乱无线电通讯管理秩序罪追究刑事责任。同时构成诈骗罪的，依照处罚较重的规定定罪处罚。

（2）违反国家有关规定，向他人出售或者提供公民个人信息，窃取或者以其他方法非法获取公民个人信息，符合《刑法》第二百五十三条之一规定的，以侵犯公民个人信息罪追究刑事责任。使用非法获取的公民个人信息，实施电信网络诈骗犯罪行为，构成数罪的，应当依法予以并罚。

（3）冒充国家机关工作人员实施电信网络诈骗犯罪，同时构成诈骗罪和招摇撞骗罪的，依照处罚较重的规定定罪处罚。

（4）非法持有他人信用卡，没有证据证明从事电信网络诈骗犯罪活动，符合《刑法》第一百七十七条第一款第（二）项规定的，以妨害信用卡管理罪追究刑事责任。

（5）明知是电信网络诈骗犯罪所得及其产生的收益，以下列方式之一予以转账、套现、取现的，依照《刑法》第三百一十二条第一款的规定，以掩饰、隐瞒犯罪所得、犯罪所得收益罪追究刑事责任。但有证据证明确实不知道的除外：通过使用销售点终端机具（POS机）刷卡套现等非法途径，协助转换或者转移财物的；帮助他人将巨额现金散存于多个银行账户，或在不同银行账户之间频繁划转的；多次使用或者使用多个非本人身份证明开设的信用卡、资金支付结算账户或者多次采取遮蔽摄像头、伪装等异常手段，帮助他人转账、套现、取现的；为他人提供非本人身份证明开设的信用卡、资金支付结算账户后，又帮助他人转账、套现、取现的；以明显异于市场的价格，通过手机充值、交易游戏点卡等方式套现的。

（6）网络服务提供者不履行法律、行政法规规定的信息网络安全管理义务，经监管部门责令采取改正措施而拒不改正，致使诈骗信息大量传播，或者用户信息泄露造成严重后果的，依照《刑法》第二百八十六条之一的规定，以拒不履行信息网络安全管理义务罪追究刑事责任。同时构成诈骗罪的，依照处罚较重的规定定罪处罚。

（7）实施《刑法》第二百八十七条之一、第二百八十七条之二规定之行为，构成非法利用信息网络罪、帮助信息网络犯罪活动罪，同时构成诈骗罪的，依照处罚较重的规定定罪处罚。

（8）金融机构、网络服务提供者、电信业务经营者等在经营活动中，违反国家有关规定，被电信网络诈骗犯罪分子利用，使他人遭受财产损失的，依法承担相应责任。构成犯罪的，依法追究刑事责任。

（9）明知他人实施电信网络诈骗犯罪，具有下列情形之一的，以共同犯罪论处，但法律和司法解释另有规定的除外：提供信用卡、资金支付结算账户、手机卡、通信工具的；非法获取、出售、提供公民个人信息的；制作、销售、提供"木马"程序和"钓鱼软件"等恶意程序的；提供"伪基站"设备或相关服务的；提供互联网接入、服务器托管、网络存储、通讯传输等技术支持，或者提供支付结算等帮助的；在提供改号软件、通话线路等技术服务时，发现主叫号码被修改为国内党政机关、司法机关、公共服务部门号码，或者境外用户改为境内号码，仍提供服务的；提供资金、场所、交通、生活保障等帮助的；帮助转移诈骗犯罪所得及其产生的收益，套现、取现的。

（10）负责招募他人实施电信网络诈骗犯罪活动，或者制作、提供诈骗方案、术语清单、语音包、信息等的，以诈骗共同犯罪论处。

2017年5月8日，最高人民法院、最高人民检察院发布了《关于办理侵犯公民个人信息刑事案件适用法律若干问题的解释》，这是"两高"首次就打击侵犯公民个人信息犯罪出台司法解释。司法解释对侵犯公民个人信息犯罪的定罪量刑标准和有关法律适用问题进行了全面系统规定。

根据我国《刑法》规定，违反国家有关规定，向他人出售或者提供公民个人信息，情节严重的，处三年以下有期徒刑或者拘役，并处或者单处罚金；情节特别严重的，处三年以上七年以下有期徒刑，并处罚金；窃取或者以其他方法非法获取公民个人信息的，依照前款的规定处罚。该司法解释明确，向特定人提供公民个人信息，以及通过信息网络或者其他途径发布公民个人信息的，应当认定为刑法规定的"提供公民个人信息"。

对于《刑法》相关规定中"情节严重"的认定标准，此次司法解释明确规定了十种情形，包括非法获取、出售或者提供行踪轨迹信息、通信内容、征信信息、财产信息五十条以上的；非法获取、出售或者提供住宿信息、通信记录、健康生理信息、交易信息等其他可能影响人身、财产安全的公民个人信息五百条以上的；非法获取、出售或者提供前两项规定以外的公民个人信息五千条以上的；违法所得五千元以上的等。

该司法解释同时规定，非法获取、出售或者提供相关类别公民个人信息"五百条以上""五千条以上""五万条以上"，或者违法所得五万元以上的，或具有"造成被害人死亡、重伤、精神失常或者被绑架等严重后果""造成重大经济损失或者恶劣社会影响"等情形的，属于"情节特别严重"。

对于为合法经营活动而非法购买、收受公民个人信息的定罪量刑标准，司法解释规定，具有利用非法购买、收受的公民个人信息获利五万元以上等情形的，应当认定为"情节严重"。

司法解释还规定，网络服务提供者拒不履行法律、行政法规规定的信息网络安全管理义务，经监管部门责令采取改正措施而拒不改正，致使用户的公民个人信息泄露，造成严重后果的，应当依照刑法相关规定，以拒不履行信息网络安全管理义务罪定罪处罚。

在侵犯公民个人信息犯罪的罚金刑适用规则方面，司法解释规定，对于侵犯公民个人信息犯罪，应当综合考虑犯罪的危害程度、犯罪的违法所得数额以及被告人的前科情况、认罪悔罪态度等，依法判处罚金，罚金数额一般在违法所得的一倍以上五倍以下。

（二）电信诈骗的民事责任承担

近年来，电信诈骗案件多发，社会危害性较大，特别是"徐玉玉案"等恶性电信诈骗案件的发生，引起了国家高度重视。随着最高人民法院、最高人民检察院、公安部、工业和信息化部、中国人民银行、中国银行业监督管理委员会《防范和打击电信网络诈骗犯罪的通告》，以及最高人民法院、最高人民检察院和公安部《关于办理电信网络诈骗等刑事案件适用法律若干问题的意见》等一系列规定和司法解释的陆续出台，有关电信诈骗犯罪的刑事规定已比较完善。随着这些规定的逐步贯彻执行，电信诈骗的猖獗态势已得到有效遏制。虽然电信诈骗的刑事问题已能得到有效解决，但由于电信诈骗案往往涉及金额较大，特别是如"徐玉玉案"等弱势群体受骗后导致生活陷于困境，因此电信诈骗案件的民事赔偿问题值得特别探讨、研究。

根据《刑法》第三十六条规定，由于犯罪行为而使被害人遭受经济损失的，对犯罪分子除依法给予刑事处罚外，并应根据情况判处赔偿经济损失。但因电信诈骗犯罪的特殊性，打击的难度极大，大量电信诈骗刑事案件难以侦破，受害人无法通过刑事破案追回损失。

电话诈骗依旧是电信诈骗的主流方式，这其中"改号"让受害人手机或电话的来电显示成信赖的号码（如国家机关的办公电话及相关公用企事业单位的客服电话等），网络、柜员机转账等是电信诈骗中最重要的两个环节。因此，在电信诈骗受害人无法通过刑事破案追回损失的情况下，电信运营商或银行是否应赔偿电信诈骗受害人的损失，成为社会关注的热点。

有人认为根据《电信条例》第五条的规定，电信业务经营者应当为电信用户提供迅速、准确、安全、方便和价格合理的电信服务。维护信息用户的隐私和安全，是电信运营商义不容辞的职责。电信用户因为电话号码"改号"造成被骗的损失，电信运营商无论是从法律还是道义上都应当承担赔偿责任。

我们认为，电信诈骗的民事赔偿问题终究是法律问题，道义或社会责任属于道德范畴，社会和舆论可以要求运营商承担道义和社会责任。但分析、讨论电信诈骗中电信运营商或银行的民事赔偿责任，还是应当回归到理性和法律，人民法院不能将道义或社会责任作为判决电信运营商或银行承担民事赔偿责任的依据。

我们知道，按照责任产生的具体事由，民事责任可分为侵权责任、违约责任、缔约过失责任、不当得利责任和无因管理责任等具体责任。我们认为，电信诈骗的民事赔偿问题不涉及缔约过失、不当得利或无因管理责任的事实基础，在此只从违约和侵权两个方面讨论电信运营商和银行的民事赔偿责任问题。

先看违约责任，《合同法》第一百零七条规定，当事人一方不履行合同义务或者履行合同义务不符合约定的，应当承担继续履行、采取补救措施或者赔偿损失等违约责任。所谓违约责任，是指合同当事人不履行或不完全履行合同义务应当承担的民事责任。根据《合同法》第一百零七条的规定，我国绝大多数违约责任均属严格责任，只要证明违反了合同约定，且不属于法律规定的免责事由（如不可抗力）引起，不论违约方主观是否存在过错均应承担违约责任；少部分法律特别规定的需以违约方过错为前提的违约行为，按照过错责任原则（含过错推定原则）处理。因此，我们认为，承担违约赔偿责任应具备如下几个构成要件：存在违约事实（违约行为）；给非违约方造成了损失；非违约方的损失与违约行为之间存在因果关系，即损失是由违约造成的；不存在法定免责事由，如不可抗力造成的损失不赔偿，超出可预见范围的损失不赔偿（见《合同法》第一百一十三条，当事人一方不履行合同义务或者履行合同义务不符合约定，给对方造成损失的，损失赔偿额应当相当于因违约所造成的损失，包括合同履行后可以获得的利益，但不得超过违反合同一方订立合同时预见到或者应当预见到的因违反合同可能造成的损失）。

再看侵权责任，根据《民法通则》《侵权责任法》的规定和一般侵权责任理论，我们认为一般侵权责任需要有如下四个构成要件：侵害行为，损害事实，侵害行为与损害事实的因果关系以及行为人的过错。

◆三 结论

下面我们结合本文列举的具体案例，详细分析电信运营商和银行的民事赔偿责任问题。

案例一被称为国内电信运营商承担电信诈骗民事赔偿责任的第一案，一审法院认定广州电信公司在履行电信服务合同（来电显示）中存在违约行为，且该违约行为与原告被诈骗造成的损失有一定的因果关系，因此，判决广州电信公司向原告杨某赔偿 10 000 元：

1. 关于违约行为的问题

（1）关于来电显示服务的质量标准问题。第一，广州电信公司并未举证证明关于来电显示服务质量存在国家标准、行业标准的具体规定。第二，案涉业务服务协议仅约定："电信公司在承诺的网络覆盖范围内，按照国家规定的标准和服务规范向客户提供服务"，而未就来电显示服务作出明确具体的约定。第三，《合同法》第六十二条第（一）项规定："质量要求不明确的，按照国家标准、行业标准履行；没有国家标准、行业标准的，按照通常标准或者符合合同目的的特定标准履行。"据此，广州电信公司向其用户提供来电显示服务的质量标准，在国家标准、行业标准未有具体规定，双方亦无明确约定的情况下，应当按照通常理解的质量标准履行并且符合双方订立电信服务合同的根本目的。第四，案涉来电显示服务是付费服务。杨某作为消费者选择来电显示服务，其根本目的是为了能够查看拨打其电话的主叫方的实际电话号码，以获得主叫方电话号码的准确信息。这个目的，是消费者的实际需要，既符合消费者对于来电显示服务质量标准的通常理解，又是双方有关来电显示服务约定的根本目的所在。因此，准确显示来电号码，是双方订立合同时对来电显示服务质量标准要求的应有之义。第五，《合同法》第四十一条规定："对格式条款的理解发生争议的，应当按照通常理解予以解释。对格式条款有两种以上解释的，应当作出不利于提供格式条款一方的解释。格式条款和非格式条款不一致的，应当采用非格式条款。"2000 年9 月25 日公布施行的《电信条例》第五条规定："电信业务经营者应当为电信用户提供迅速、准确、安全、方便和价格合理的电信服务。"案涉电信服务合同是广州电信公司提供的格式合同。杨某认为提供来电显示服务应当显示实际来电号码，广州电信公司则认为显示实际来电号码无合同依据，双方关于电信服务质量标准的条款理解存在争议，应当作出不利于广州电信公司的解释。综上，杨某在广州电信公司处开办来电显示服务并按月缴纳服务费，广州电信公司理应从符合关于来电显示服务质量标准的通常理解和有利于实现电信服务合同的根本目的出发，采取有效措施，保障来电显示号码的准确性。

（2）关于电信业务经营者依法负有的社会责任问题。2000 年9 月25 日公布施行的《电信条例》第三十八条第二款规定："电信业务经营者应当采取各种形式广泛听取电信用户意见，接受社会监督，不断提高电信服务质量。"《电信服务规范》第六条规定："电信业务经营者应当采取有效措施，持续改进电信服务工作。"电信服务是与国计民生密切相关的一项公共基础事业，兼具公用性和私用性。电信业务经营者在提供电信服务时，既要确保社会全体成员都可以分享、使用电信服务，又要保障电信用户自由选择电信服务的权利，依法保护电信用户使用电信服务时的独立性和私密性。随着科学技术的发展，通信手段不断更新，从传统的书信发展到固定电话、寻呼机，再发展到移动电话、网络电话以及各种具备通话功能的应用软件的应用等，电信服务所涉及的领域被不断扩展，电信服务技术也不断发展创新。在电信服务法律关系中，电信业务经营者处于主导地位和优势地位。根据权利与责任相当的认知和公平原则，对比电信用户而言，电信业务经营者理应承担更多的社会责任。上述法规、规章的规定，是电信业务经营者所承担社会责任的规范化体现，是法律规范对于电信业务经营者提供电信服务的最基本要求。据此，电信业务经营者应当遵循电信服务准确、安全的基本原则，采取有效措施，不断提升、改进电信服务质量，确保来电显示号码的准确性。

（3）关于广州电信公司有无义务显示实际来电号码的问题。法院认为无论从双方订立电信服务合同的根本目的角度出发，还是从电信业务经营者依法负有的社会责任角度出发，广州电信公司均应当负有在提供来电显示服务时履行显示实际号码的义务。《网间主叫号码的传送》（YD/T1157－2001）及其补充件1、2、3是规定电信通讯的技术性规范，并未具体规定来电显示服务的服务标准和服务质量。广州电信公司称案涉通话主叫方是由其他电信业务经营者提供服务，其无权制止在源头接入一方被篡改的号码的传输，且根据现有电信规范其无义务核实主叫号码是否为虚假号码的辩解理由，有违电信服务的基本原则和电信服务合同的根本目的。广州电信公司称在目前技术条件下，被叫方电信业务经营者无法判断主叫方传送的规范的主叫号码是否为虚假号码的辩解理由，有违电信业务经营者依法负有的持续改进电信服务、提高电信服务质量的法律义务，缺乏法律依据。

（4）关于广州电信公司是否已履行显示实际来电号码义务的问题。经审查本案证据，结合日常生活经验法则，民事诉讼证据高度可能性证明标准和如下相关事实，法院确认广州电信公司在向杨某提供电信服务时未履行显示实际来电号码的义务：①根据案涉固话2013年10月的主叫、被叫通话清单显示，显示号码为"021632×××3""0021632×××3"的电话分别曾于2013年10月20日、21日接通案涉固话，该两个号码的有效号码相同，但后者在区号前多了一个"0"，后者不符合国内长途来电显示常态；显示号码为"0021240×××0"的电话曾多次接通案涉固话，该号码的有效号码虽然与犯罪嫌疑人所称的上海市黄浦区人民检察院的电话的有效号码相同，但前者对比正常显示的上海市黄浦区人民检察院的电话号码"021240×××0"在区号前多了一个"0"，不符合国内长途来电显示常态。②上海地区固定电话的位数为8位数（不含区号），而清单中显示号码为"00860212402400"的电话中仅有7位有效号码，明显不符合上海地区固定电话的位数。③上海市公安局黄浦分局证实"021632×××3"是该分局登记使用的电话号码，该分局并无叫"刘某成"的干警，亦未曾侦办"王某贩毒集团案"和涉及杨某的刑事案件。综上，法院认为杨某在本案中主张广州电信公司在提供电信服务时未履行显示实际来电号码义务，有事实依据。

2. 关于原告在本案中是否存在财产损失的问题

法院认为，原告杨某主张其存在财产损失480 000元的事实，有广州市公安局越秀区分局登峰派出所就杨某报称被诈骗一案的卷宗材料，案涉固话的主叫、被叫通话清单，银行转账凭证，报警回执，立案告知书，杨某的陈述以及广州电信公司的陈述等证据佐证，各项证据之间可以互相印证。根据本案证据和审理查明的情况，依据民事诉讼证据高度可能性证明标准和优势证据规则，结合日常生活经验法则，该院认定该事实存在。广州电信公司称有关杨某报称被诈骗一案尚未侦查终结，杨某存在财产损失480 000元的事实仅有其单方陈述，不存在客观证据证明的辩解理由，缺乏事实依据和法律依据。广州电信公司同时称因相关款项存在被追回的可能性，包括可以通过公安机关向犯罪分子追缴赃款的方式追回或者可以由杨某提起民事诉讼向不当得利人杨某乙、杨某甲进行追缴的方式追回，而认为杨某汇出的款项不能直接认定为损失的辩解理由，混淆了本案的法律关系与他案法律关系。

3. 关于违约行为与被诈骗损失的因果关系的问题

法院认为来电显示号码是杨某主观判断犯罪嫌疑人陈述内容真伪的客观依据之一。杨某确实曾于 2013 年 10 月 20 日拨打 "021240×××x0" 号码，核实该号码是否属于上海市黄浦区人民检察院使用的号码，相关核实情况对其主观判断存在直接影响，亦对其接下来的汇款行为（直接导致其财产损失的行为）具有一定影响。利用错误的来电显示号码是犯罪嫌疑人实施违法行为，侵害杨某财产权益的重要环节和重要手段。而广州电信公司在向杨某提供来电显示服务过程中，未履行显示实际来电号码的义务，存在违约行为。该违约行为与犯罪嫌疑人能够利用错误的来电显示号码实施违法行为之间，存在直接因果关系，亦与杨某产生误判而误信犯罪嫌疑人陈述转出资金的损失结果之间，存在一定因果关系。据此，广州电信公司的违约行为，是造成杨某财产损失结果的次要原因，应当为此承担相应的责任。

本案是国内首次判决电信运营商对电信诈骗承担民事赔偿责任的案件，判决后引起了广泛的社会关注，对后续案件也起了一定示范作用。虽然广州市天河区法院对杨某与广州电信案件的判决说理较为深入、充分，但该判决对于电信运营商是否承担电信诈骗民事赔偿责任的两个关键构成要件认识有偏差，我们同意广州市中级人民法院二审的认定意见：

（1）关于电信运营商是否存在违约行为的问题。

二审法院审理认为，杨某与广州电信公司签订有电信业务服务协议，双方之间的电信服务合同关系成立。对于广州电信公司是否存在违约责任的问题，根据《网间主叫号码的传送》（YD/T1157 - 2001）及其补充件 1、2、3 的要求，主叫方的基础运营企业应该规范传送网间主叫号码，而本案中，广州电信公司作为被叫方基础运营企业，其在传输主叫电话号码信息时首先是保障传送的畅通，目前有关服务规范或技术标准并未要求被叫方基础运营企业可以第一时间识别主叫方传送过来的主叫号码是否为虚假号码并予以拦截。根据双方所订电信服务合同的相关约定，电信公司在其通信网络与设施覆盖范围内提供电信业务服务，电信公司在承诺的网络覆盖范围内，按照国家规定的标准和服务规范向客户提供服务。

广州电信公司为杨某所使用的案涉固定电话开通了来电显示服务，即保证案涉固话在正常情况下接收他方呼叫时能够查看主叫方的来电号码信息。鉴于近年来网络技术的快速发展，超过了双方签订该合同时的技术条件与安全预期，目前防范技术手段滞后已是不争事实，根据杨某的陈述及本案相关证据来看，案涉固话之所以未能正确显示真实来电号码，是由于犯罪嫌疑人非法使用了网络技术手段恶意篡改主叫方来电号码，再通过其他电信运营企业的网络传输至广州电信公司的电信网络，如广州电信公司在第一时间无法识别是否虚假主叫号码的情况下进行拦截，则会无法实现实时通话的通讯目的。故此，广州电信公司传送和显示其他电信运营企业传输过来的主叫号码的行为不构成违约。

（2）关于广州电信公司是否应对杨某的财产损失承担赔偿责任的问题。

鉴于刑事犯罪的发生具有偶发性及不可预见性，广州电信公司在与杨某订立电信服务合同时并不能预见到或者应当预见到因他人的犯罪行为导致未能正确显示主叫来电号码所可能造成的损失。故在广州电信公司已向涉案固话提供来电显示，且无充分依据表明广州电信公司所提供的来电显示服务有违相关服务规范、技术标准或者服务协议约定的情况下，杨某将犯罪行为所导致的涉案固话未能正确显示真实来电号码的后果归咎于广州电信公司，并据此主张广州电信公司承担违约赔偿责任，理据不足，法庭不予采纳。杨某所主张的财产损失显然是因犯罪嫌疑人实施诈骗行为所导致的，同时，杨某作为具有完全民事行为能力的成年人，没有随着网络技术进步所带来的社会环境改变提升其安全防范意识，对犯罪嫌疑人的言辞缺乏应有的判断，未充分尽到审慎注意义务也是造成其财产损失后果的重要原因。从原审判决所指出的多处细节可见，杨某在查看来电显示、核实犯罪嫌疑人所述内容真伪、转账汇款等诸多环节，均未保持应有的注意和警惕，且从案涉固话在2013年10月的主叫通话清单显示，杨某事实上直至2013年10月26日才首次拨打114进行电话查询，并在犯罪嫌疑人的说辞显然不合常理及已出现明显漏洞的情况下，其仍然在2013年10月28日转出最后一笔款项。由此可见，广州电信公司所提供的来电显示号码与杨某遭受财产损失的后果并不存在直接的、必然的因果关系。故此，杨某以广州电信公司违约为由要求该公司赔偿其因犯罪行为所导致的财产损失，缺乏充分事实与法律依据。

（3）一审以社会责任作为认定被告广州电信构成违约的重要因素问题。

二审明确指出，不能将电信业务经营者所应承担的社会责任，作为判决其对犯罪行为所导致的财产损失承担民事赔偿责任的法律依据。同时二审判决以类似司法建议的方式，呼吁和建议相关电信管理部门加强监督引导，电信业务经营者也应当采取有效措施不断改进和提升电信服务技术，为有效防止或降低类似的电信诈骗犯罪承担起应负的社会责任。我们非常赞赏二审法院的做法，法院判决应当以事实为依据，法律为准绳，对于电信运营商的社会或道义责任，可以通过司法建议或舆论呼吁进行引导和督促，但不能作为判决依据。

在上述杨某与广州电信公司的案件中，其实原告在主张电信运营商违约（来电显示业务显示的号码不真实）的同时，也主张广州电信公司未履行保障用户信息安全的义务造成其财产损失。《消费者权益保护法》第二十九条规定，经营者收集、使用消费者个人信息，应当遵循合法、正当、必要的原则，明示收集、使用信息的目的、方式和范围，并经消费者同意。经营者收集、使用消费者个人信息，应当公开其收集、使用规则，不得违反法律、法规的规定和双方的约定收集、使用信息。经营者及其工作人员对收集的消费者个人信息必须严格保密，不得泄露、出售或者非法向他人提供。经营者应当采取技术措施和其他必要措施，确保信息安全，防止消费者个人信息泄露、丢失。在发生或者可能发生信息泄露、丢失的情况时，应当立即采取补救措施。经营者未经消费者同意或者请求，或者消费者明确表示拒绝的，不得向其发送商业性信息。《电信条例》第五条规定，电信业务经营者应当为电信用户提供迅速、准确、安全、方便和价格合理的电信服务。我们认为，根据《消费者权益保护法》和《电信条例》的规定，保障用户信息安全是电信运营商的法定义务，杨某认为广州电信公司未履行保障用户信息安全的义务造成其财产损失而主张的赔偿责任，实质是侵权责任。但本案中杨某并未举证证明广州电信公司违反了保障用户信息安全的法定义务，因此其主张缺乏事实依据。

案例二中深圳福田法院基本参照了案例一的意见，认为，中国移动深圳分公司提供给原告的来电显示服务内容并不准确、真实，且未提交证据证明对此进行了告知、说明、警示；日益严重的电信诈骗现状要求电信运营商需要承担更高的社会责任和义务，中国移动深圳分公司未与其他电信运营商协商合理安排互联互通业务，亦未与其他运营商积极协调、沟通，及时弥补信息传输过程中存在的漏洞，提高服务技术，改善服务态度，提高服务质量，来保证用户的人身、财产的安全。据此认定深圳分公司在提供来电显示服务过程中存在过错，且过错行为与原告的财产损失之间存在一定的因果关系，酌定深圳分公司对杨某艺的损失承担20%的赔偿责任，判决中国移动深圳分公司赔偿原告损失88 578.4元。

案例三是消费者因为电信诈骗主张银行承担赔偿责任的案件，我们认为分析探讨银行是否需要承担电信诈骗的民事赔偿责任，同样需要分析银行是否存在违约或侵权行为。

本案中法院认为银行存在如下三个方面的过错，构成侵权责任：

首先，犯罪分子在骗取被害人信任后，以为被害人调高信用卡授信额度为由，要求其提供短信验证码。因为只有掌握短信验证码才能通过第三方支付方式将账户的资金支付。如果银行不告知，对于非金融专业人士来讲，是不可能知晓短信验证码等同于交易密码的。本案中，被告提交的重要证据《信用卡领用合约》，证明其向原告履行了告知义务。而这份合约中原告的签字却非原告本人所签。被告发送验证码时短信中仅提示："谨防诈骗，切勿将手机与交易码告诉他人，避免资金损失！"而其他银行的短信提示则为："短信动态密码等同于交易密码，我行工作人员不会向您索要密码，任何人向您索要动态密码、支付密码均为诈骗，切勿泄露。"被告的短信提示未达到明示告知的程度。被告既未在原告办卡时告知原告短信验证码的支付性质，在发送短信验证码时也未在短信中明确提示。导致原告对短信验证码的性质及功能全不知晓，原告才会将短信验证码告知"客服"。

其次，本案中银行未经原告同意为其卡片开通第三方支付功能，且未告知原告。信用卡卡片在自己手上，不使用卡片密码，通过短信验证码即可将资金支付这种第三方支付方式显然属于非常规交易模式。银行应该严格遵照客户意愿及申请才能为其开通，并且在开通后及时书面告知，并留有书面告知资料。本案中，李某从未向银行申请开通此种非常规支付方式，且银行也从未向其告知过其卡片已经开通此种功能。

最后，银行未采取任何动态交易监管措施，任凭原告卡片发生多笔可疑交易。早在2009年，中国人民银行、中国银行业监督管理委员会、公安部及国家工商总局联合发布《关于加强银行卡安全管理预防和打击银行卡犯罪的通知》，其中要求发卡行完善对交易信息的动态监测，加强大额、可疑交易信息监测和报送。对大额交易、频繁可疑交易发卡机构可以采取电话、短信等渠道向持卡人确认，必要时发卡机构还可采取临时锁定交易等措施，实现对持卡人信息的风险防控。本案中原告的信用卡账户被犯罪分子以每笔相同金额，相同支付平台，连续六天分三十三笔，将资金全部支付。如此相同频繁的可疑交易，被告作为发卡行没有电话或短信与原告核实，没有采取任何动态监管措施。

综上所述，法院认为原告在接到非被告客服电话后，未谨慎甄别即按照对方要求提供校验码，是产生他人利用第三方平台发生交易的主要原因，原告负有主要过错，应当对损失承担70%的主要责任；被告在办理信用卡时未告知原告持卡风险，在发送非汇款、付款等交易校验码时未尽到风险提示义务，故被告在开办信用卡及服务中亦存在瑕疵，负有次要过错，应对损失承担30%的次要责任。

电信设施建设与运营中的法律冲突及产权登记

案例摘要

【案例一】 坐落于天津市南开区某小区的 5 - 4 - 204 室系徐某于 2009 年 6 月 23 日取得所有权的私产房屋。该房屋东侧窗户及北侧阳台安装有防护栏。另外，该房屋所在楼宇东侧墙体上安装有若干根线缆（其中一根线缆属广电公司所有）和机箱盒一个。该处线缆全部垂落在徐某东侧窗户防护栏上面。徐某北侧阳台防护栏上面也垂落有若干根线缆，其中包括广电公司所属的电缆、光缆、线缆各一根以及其他单位所属的线缆。此外，靠近徐某北侧阳台东侧窗户的墙体上装有铁质三脚架等物品。2014 年 7 月，徐某向广电公司及长宽电信公司提出防护栏上面是否有其线缆。后广电公司回复，防护栏上面确有其公司的线缆。长宽电信公司经查看后未予回复。此后，徐某因未收到如何解决此问题的回复，向法院提起诉讼。

徐某在一审的诉讼请求：广电公司、长宽电信公司限期拆除搭建在徐某家窗户护栏上的电缆、光缆等杂物及外墙上的同等物，并将外墙恢复原状；案件受理费、照片冲洗费 7 元由广电公司、长宽电信公司负担。①

【案例二】 原告周某、李某等 19 人均为长沙市某小区业主，因认为某通信运营商在涉案房屋楼顶设置通信基站和天线的行为侵犯了原告的共有权，经多次提出拆除未果故向法院提起诉讼，请求判决被告立即停止在涉案房屋屋顶建设公用移动通信基站的侵权行为、拆除公用移动通信基站。②

【案例三】 海口某大厦部分业主不满某运营商租用大厦楼顶场地用于安装无

---

① 参见中国裁判文书网，http：//wenshu. court. gov. cn/content/content? DocID = f696169e - 6855 - 4025 - 9cb4 - 4fabc2a13a1a&KeyWord = 天津广播电视网络有限公司。

② 参见中国裁判文书网，http：//wenshu. court. gov. cn/content/content? DocID = bb93d61f - 7d01 - 4af2 - a09f - 189fd9d66443&KeyWord = 《无线电台执照》｜长沙。

线设备、传输设备、天馈线、天线支架、走线架以及通信相关等设施设备，认为运营商在大厦安装通信装置且不断扩容的行为严重影响了业主的正常生活，并且由于涉案基站的电磁辐射还导致了大厦内很多人身体不适，出现心悸、心律不齐等现象，甚至还有人做了心脏手术。该大厦业主高某、陈某、林某、王某、姜某、李某为此起诉运营商，要求运营商停止侵权、排除妨害、拆除发射装置。

被告某运营商向法院提交了海南省辐射环境监测站作出的《海南省辐射环境监测报告》及海南省国土环境资源厅出具的函件。其中，监测报告对涉案通信基站周围电磁辐射环境现状进行了监测，监测结论为：该通信基站周围电磁辐射环境功率密度测值范围为 $0.01 \sim 0.85\,\mu W/cm^2$，符合《辐射环境保护管理导则—电磁辐射环境影响评价方法与标准》（HJ/T10.3 - 1996）中单个基站功率密度 $8\,\mu W/cm^2$ 的要求，同时符合《电磁辐射防护规定》（GB8702 - 88）中公众照射参考导出限值 $40\,\mu W/cm^2$ 的要求。而海南省国土环境资源厅出具的函件则为某运营商移动通信工程项目电磁环境影响调查：省辐射环境监测站编制的《调查报告》表明，该项目 1 997 个基站（包括涉案基站）电磁辐射水平均低于 0.08W/ m^2，符合《电磁辐射防护规定》（GB8702 - 88）和《辐射环境保护管理导则—电磁辐射环境影响评价方法与标准》（HJ/T10.2 - 1996）规定的标准限值要求。①

【案例四】原告张某诉称：张某是北京市环卫局的职工。2012 年 12 月 2 日上午 9 时 19 分，张某驾驶牌号为京 A × 的东风重型垃圾清运车辆（以下简称垃圾清运车），由南往北行至北京市朝阳区樱花园西街樱花园小区时，逢道路上方东西向横跨马路的电缆线下垂，垃圾清运车经过时，车辆垃圾箱体与电缆线相刮。停车后，张某在交警的指挥下到车厢上方清理线缆。正在清理线缆时，公交公司的司机李某驾驶牌号为京 A × 1 的 361 路公共汽车从垃圾清运车的另外一侧通过。公共汽车车厢顶部的铰链与下垂的线缆相刮，同时刮到了正在清理线缆的张某。张某从垃圾清运车的顶部摔下，身负重伤。后经交管部门调查，路两侧连接下垂线缆的电线杆系电力公司所有，但未能查清事发时下垂的线缆归谁所有，最终交管部门没有认定事故责任。事发后，张某被送至中日友好医院治疗，此后又到北京积水潭医院进行治疗，花费了医疗费 14 万余元。后经法医部门鉴定，张某已经构成了伤残。张某为维护其合法权益，诉至法院，要求电力公司、公交公司、保险公司、电信公司、联通公司、歌华公司赔偿医疗费 144 661.32 元、误工费 31 339.52 元、护理费 28 000 元、护工费 7 800 元、交通费 2 188 元、住院

---

① 参见中国裁判文书网，http：//wenshu. court. gov. cn/content/content? DocID = 7178866c - 1518 - 4d53 - 8d48 - 386d6cd94ee2&KeyWord = 海南省辐射环境监测报告。

伙食补助费 1 750 元、营养费 20 000 元、鉴定费 2 750 元、伤残赔偿金 182 345 元、精神抚慰金 30 000 元。

电力公司辩称：事发时下垂的电线不是电力公司的供电线缆，相应的线缆维护也是由线缆的所有方自己负责维护。本次事故是多方面原因造成的。其中，张某没有处理线缆的资质，其存在过错，这也是事故发生的原因之一。公交车没有尽到注意义务，导致张某受伤。本次事故属于交通事故，保险公司应该在保险范围内承担责任。下垂电缆的所有人、管理人应该尽到相应的维护义务，其也应该承担赔偿责任。而电力公司并没有任何过错，不应该进行赔偿。

电信公司辩称：在事发地点下垂的线缆并非电信公司铺设，事故与电信公司无关，电信公司不同意承担赔偿责任。

联通公司辩称：联通公司的线缆都在地下，只有在快进小区的时候才会转到地上。接到一审法院的传票后，联通公司对事发地点进行了勘察，结果是联通公司的线都是南北走向的，从来没有东西向横跨马路。联通公司在事发后也查询了维修记录，但是也没有任何保修、维修记录。因此，本次事故与联通公司没有关系，不同意承担赔偿责任。

歌华公司辩称：事发的电线杆上有歌华公司的线缆，但歌华公司的线缆是南北向的，没有东西向横跨马路的，因此下垂的电线不是歌华公司的线缆。此外，歌华公司线缆的维护方是电力公司指派的北京博瑞祥伦科技发展有限公司。因此不论从哪一方面，歌华公司都不应该承担赔偿责任。

庭审中各方均认可事发地点上方的电缆线以及钢丝均已被拆除。对于电缆线的归属，一审法院应电力公司的申请，追加联通公司、电信公司以及歌华公司到庭参加诉讼，上述三公司到庭后，均否认肇事的电缆线系其公司所有。电力公司提供了照片若干，但均不能显示肇事电缆线的归属。①

◆ 法律问题与分析

上述案例都突出反映了目前电信基础设施建设、运营中遭遇的法律难题，近年全国各地居民抵制和阻碍基站等电信基础设施建设的事件层出不穷，不但新基站无法建设，而且已经建立运营的基站也被迫退服、关闭，全国每年因居民抵制

---

① 参见中国裁判文书网，http://wenshu. court. gov. cn/content/content? DocID = 20eda3a3 - 1324 - 4255 - 8109 - 3cbcc0fa26bf&KeyWord = 361 路公共汽车。

被迫搬迁或关闭的基站不计其数。如今，只要有无线通信信号，不管是通信还是旅游、购物、娱乐等需求都可以在一部小小的手机上实现。基站数量显著减少，导致通信信号弱，甚至完全没有信号，用户连基本的通话服务都无法实现，更别谈互联网＋、物联网等现代高速信息网络服务了。同样，全国各地居民抵制变电站、垃圾处理站等类似公共基础设施的案例也是不胜枚举。我们认为，之所以出现基站等电信基础设施无法建设和被逼迁，主要有如下三个方面的原因，下面逐一分析、探讨，并提出一些解决的建议：

（一）《电信条例》与《物权法》冲突的问题

《中华人民共和国城乡规划法》（以下简称《城乡规划法》）第二十九条规定："城市的建设和发展，应当优先安排基础设施以及公共服务设施的建设……优先安排供水、排水、供电、供气、道路、通信、广播电视等基础设施……"《电信条例》第四十六条规定："基础电信业务经营者可以在民用建筑物上附挂电信线路或者设置小型天线、移动通信基站等公用电信设施，但是应当事先通知建筑物产权人或者使用人，并按照省、自治区、直辖市人民政府规定的标准向该建筑物的产权人或者其他权利人支付使用费。"第五十一条亦规定："任何组织或者个人不得阻止或者妨碍基础电信业务经营者依法从事电信设施建设和向电信用户提供公共电信服务；但是，国家规定禁止或者限制进入的区域除外。"除了《电信条例》，各省、市、自治区对运营商设立基站的行为也作出了类似规定。

虽然《城乡规划法》规定通信基础设施作为城市基础设施以及公共服务设施应优先设置安排，但因实践中规划部门对通信设施范围理解的偏差，影响了基站规划的落地实施工作。实际上，无论是工信部下发的《关于推进电信基础设施共建共享的实施意见》，还是各地出台的《推进通信基础设施共建共享的通知》等文件，均将铁塔、杆路、基站、传输线路纳入共享范围，说明基站和铁塔是通信基础设施的有机组成部分。

虽然根据《电信条例》的规定来看，设置基站等电信基础设施只需通知产权人并支付相应费用即可，并不需要征得产权人的同意，且产权人对基础电信业务经营者附挂电信线路或者设置小型天线、移动通信基站等公用电信设施行为负有容忍的义务，该义务是基于社会公共利益的需求而设置，是产权人应承担的法定义务，但《物权法》第七十条规定："业主对建筑物内的住宅、经营性用房等专有部分享有所有权，对专有部分以外的共有部分享有共有和共同管理的权利。""共有和共同管理的权利"成为业主对小区内移动基站建设许可的基础。第七十六条规定还进一步确定了业主对重大事项的决定权："下列事项由业主共同决定：……（六）改建、重建建筑物及其附属设施；（七）有关共有和共同管理权利的其他重大事项。决定前款第五项和第六项规定的事项，应当经专有部分占建筑物总面积三分之二以上的业主且占总人数三分之二以上的业主同意。决定前款其他事项，应当经专有部分占建筑物总面积过半数的业主且占总人数过半数的业主同意。"也即是说，小区业主据此有权决定是否同意建设移动基站等公共基础设施，需要经专有部分占建筑物总面积二分之一以上的业主且占总人数二分之一以上的业主同意，才能设置基站等公共基础设施。事实上在实践中这根本没有可操作性。

此外，《物权法》第八十三条还规定："业主应当遵守法律、法规以及管理规约。业主大会和业主委员会，对任意弃置垃圾、排放污染物或者噪声、违反规定饲养动物、违章搭建、侵占通道、拒付物业费等损害他人合法权益的行为，有权依照法律、法规以及管理规约，要求行为人停止侵害、消除危险、排除妨害、赔偿损失。业主对侵害自己合法权益的行为，可以依法向人民法院提起诉讼。"据此规定，包括基站在内的电信配套设施都属于建筑物内的共有部分，业主对此共有且享有共同管理权，运营商在未经小区业主同意的情况下不能在小区内设置基站。若小区居民之间存在分歧，则需按《物业管理条例》相关程序进行表决，经小区业主双过半（业主人数和专有面积）同意方能生效。业主大会和业主委员会对于损害小区业主合法权益的行为，有权依照法律、法规及管理规约要求行为人排除妨碍等，业主甚至可以依法向人民法院提起诉讼。小区业主依照《物权法》维护自身合法权益的行为有理有据。

《物业管理条例》第五十四条规定："利用物业共用部位、共用设施设备进行经营的，应当在征得相关业主、业主大会、物业服务企业的同意后，按照规定办理有关手续。业主所得收益应当主要用于补充专项维修资金，也可以按照业主大会的决定使用。"上述规定亦可成为小区业主阻碍基站建设的法律依据。

除了上述规定外，实践中，还有业主以《物权法》第七十七条："业主不得违反法律、法规以及管理规约，将住宅改变为经营性用房。业主将住宅改变为经营性用房的，除遵守法律、法规以及管理规约外，应当经有利害关系的业主同意。"作为要求拆除基站的依据，而很多法院也会采纳业主的意见，判决通信运营商拆除基站，恢复原状。

由于《电信条例》只是国务院颁布的行政法规，而《物权法》是全国人民代表大会制定的基本民事法律，《电信条例》与《物权法》的规定相冲突，依照《立法法》等法律规定，应当按照效力层次更高的《物权法》执行。也即是说，即使按照《电信条例》的规定执行可能更有利于维护社会公共利益，在《物权法》与《电信条例》皆可适用的情况下，也无法越过《物权法》的规定而选择适用《电信条例》。

在移动互联网高速发展的今天，移动通信已经成为人们生活中不可或缺的一部分，而基站作为移动通信的重要基础设施，如何对其进行规范化管理显得日益重要。发达国家在基站等重要基础设施建设的立法和管理方面也有较多的先进经验。

美国1996年《电信法》（*Telecommunications Act of 1996*）规定，地方政府不能以健康风险为由，拒绝设立符合联邦射频辐射标准的无线通信设施。

2003年英国《通信法》颁布实施后，基站建设仅需要事先认可（prior approval）。规划当局在收到运营商"事先认可"申请后56日内作出行政许可决定。低于15m的通信塔杆，可以按照简化程序办理；在非敏感区小规模的改扩建是豁免管理的。

欧盟许多国家的规划管理部门出于景观等因素考虑了豁免，如奥地利规定在屋顶架设低于2m的天线豁免管理，法国规定建设高度不大于12m的天线塔豁免管理；一些国家对特定类型的设施豁免管理适用简化程序。例如，塞浦路斯规定在室内建设天线的豁免管理。有的国家规定站址共享豁免管理，如挪威。此外，希腊和意大利规定，基站发射功率低于一定标准时，适用简化程序。

同时，欧盟有许多国家要求移动通信运营商在建设基站前，应将有关信息通知公众，听取意见，有的还要求相关管理部门在网站和办公场所公开有关信息，但均没有需获得相关业主同意的规定。

为了尽快改变基站等重要基础设施建设的困境，加快普及信息基础设施，早日实现国家网络强国战略，我们建议尽快修订《物权法》相关规定，如在《物权法》第七十六条增加一条规定作为第三款："公用事业经营者在建筑物专有或共有区域设置公共基础设施的，应当事先通知建筑物产权人或者使用人，并按照省、自治区、直辖市人民政府规定的标准向该建筑物的产权人或者其他权利人支付使用费。"此做法有利于维护社会公共利益，可避免司法实践中当个人权益与公共利益相冲突时，因法律法规效力层级的问题导致的公共利益受损问题。

（二）电磁辐射污染的问题

为促进信息化社会的快速发展，在人口密集的住宅区等地设立基站有利于满足居民对通信网络覆盖及质量的需求，符合社会公共利益，但随着群众健康意识及维权意识的不断提升，因小区居民对基站的误解致基站建设频频遇阻。全国每年因居民抵制被迫搬迁或关闭的基站不计其数，据统计，上海电信仅 2011—2013 年间即拆除站点 116 个，其中涉及居民抵制的有 34 个；上海移动有 100 个左右的基站因居民投诉被拆迁，上海联通拆迁基站达 400 多个；而仅广东省中山市三家运营商每年因居民抵制被迫搬迁或关闭的基站就达 200 余个。① 而一旦基站搬迁或拆除，用户又会抱怨手机信号差，运营商为此收到的投诉节节攀升，运营成本也因为拆建基站的行为而居高不下。

根据我国《电磁辐射防护规定》（GB8702-88）的规定，职业照射基本限值为：在每天 8H 工作期间内，任意连续 6MIN 按全身平均的比吸收率（SAR）应小于 0.1W/KG；公众照射的基本限值为：在 1 天 24H 内，任意连续 6MIN 按全身平均的比吸收率（SAR）应小于 0.02W/KG（导出限值规定较为复杂在此不作赘述）。事实上，我们国家目前实施的基站辐射标准是全世界最严格的，运营商建设基站也必须遵守国家相关法规规定，如《无线电管理条例》第二十八条、第四十条、第四十五条规定设置通信基站等无线电台（站）在确保无线电发射设备的工作频率、功率等技术指标符合国家标准和国家无线电管理的有关规定，取得无线电发射设备型号核准证且符合条例规定的其他要求后才可设置基站。故而运营商按规定取得环境部门审批后设置的基站完全符合国家辐射标准，基站周边群众并不需要过分担心基站电磁辐射污染问题。但居民能够仅凭没有依据的辐射危害担忧抵制和逼迁基站，最主要的原因还是现行《物权法》的部分不合理规定。

改革开放以来我国经济即以一种粗放型、高消耗、资源依赖型的模式飞速发展着，致使我国的环境资源承载力不断下降并且环境污染恶化趋势明显。而随着百姓对自身生活质量的要求越来越高及维权意识的不断增强，越来越多的环境污染侵权案件亦随之出现。环境污染具体而言，就是公民个人、单位或者相关企业在生产经营过程中所产生的废气、废水、固体废弃物、放射性物质等有害物质及噪音、恶臭、电磁辐射等使大气、水体、土地等环境受到污染，对人类生存发展造成一定危害的行为。而环境污染侵权，则是指行为人在有意或者无意中以作为或者不作为的方式作出前述污染环境的行为导致他人的生命权、健康权、财产权等合法权益受到侵害的行为，并应当对此承担相应的民事法律责任。比如前文所述案例中，因不满通信运营商将基站建在自家附近造成电磁辐射污染（此处的电

---

① 《基站建设"一闹就拆"：没有赢家的"战争"》，新浪科技，http://tech.sina.com.cn/t/2015-10-14/doc-ifxirmpy1603067.shtml。

磁辐射污染指人类使用能够产生电磁辐射的器具使能量以电磁波的形式由源发射到空间，而该电磁能量超过了必要限度，使其周边受辐射影响的人类产生不适感并使其生命健康遭受损害的一种污染形式），业主将通信运营商告上法庭，这即是一个典型的环境污染侵权案件。然而随着移动通信技术的快速发展，运营商为了满足用户通信和信息化需求，不可避免地必须不断地在人口密集区域建立基站，这招致了大量周边群众的不满，此类电磁污染环境侵权案件的数量也因此呈上升趋势。要分析处理电磁辐射污染侵权案件，我们有必要先行了解与环境污染侵权责任相关的法律规定。

1. 环境污染侵权责任构成要件

我国《侵权责任法》规定，一般认定是否属于民事侵权责任的构成要件为：①加害行为；②损害结果；③主观故意；④加害行为与损害结果之间具有因果关系。根据《环境保护法》第六十四条的规定："因污染环境和破坏生态造成损害的，应当依照《侵权责任法》的有关规定承担侵权责任。"即环境污染侵权案件也属于民事侵权案件，也应适用前述四项构成要件。但是，根据《民法通则》第一百零六条第三款（没有过错，但法律规定应当承担民事责任的，应当依法承担民事责任）及《侵权责任法》第六十五条的规定（因污染环境造成损害的，污染者应当承担侵权责任），环境污染侵权责任适用无过错责任原则，即无论侵权人主观上是否有过错，都不再作讨论，亦无须举证证明。因此我们只分析环境污染侵权责任下列三个构成要件：

（1）存在环境污染行为。

最高人民法院发布的《关于审理环境侵权责任纠纷案件适用法律若干问题的解释》第一条规定："因污染环境造成损害，不论污染者有无过错，污染者应当承担侵权责任。污染者以排污符合国家或者地方污染物排放标准为由主张不承担责任的，人民法院不予支持。"意即不论行为人主观上是否具有过错，也不论其污染行为是否符合国家有关法律法规的相关规定，只要存在环境污染行为并造成了损害，就需要承担环境污染侵权责任。而此处所指的环境污染行为，即是前文所述的因公民个人、单位或者相关企业在生产经营过程中所产生的废气、废水、固体废弃物、放射性物质等有害物质及噪音、恶臭、电磁辐射等使大气、水体、土地等环境受到污染，对人类生存发展造成一定危害的行为。

（2）因环境污染行为造成损害。

《民法通则》第一百二十四条规定："违反国家保护环境防止污染的规定，污染环境造成他人损害的，应当依法承担民事责任。"此外，《环境保护法》第六十四条也规定："因污染环境和破坏生态造成损害的，应当依照《侵权责任法》的有关规定承担侵权责任。"意即侵权人要承担环境污染侵权责任必须要求其侵权行为给他人造成了损害结果，这也是一般侵权责任的构成要件，无损害结果即无侵权责任。然而环境污染行为所造成的损害结果因其污染源的不同并不一定能够立即呈现出明显的损害事实，如电磁辐射污染所造成的周边人群的身体不适，往往要几个月甚至几年、几十年后才能为人所知，此时再要求侵权人承担侵权责任，可能污染源已不存在或难以检测。并且此类案件中侵权人往往是经济实力雄厚、社会影响力强大的大型企业，被侵权人与侵权人之间的社会地位并不平等，这将导致被侵权人维权难度加大。故而我们认为此处所言的损害结果，不应当仅指实际存在的损害事实，还应当包括明显可预见的损害结果。

（3）环境污染行为与损害结果之间存在因果关系。

因果关系即行为人的环境污染行为与被侵权人的损害事实之间存在一定的联系。无论是一般侵权责任还是环境污染侵权责任，这都是一个很重要的构成要件，只有当侵权行为与损害结果之间存在因果关系，侵权人才需要承担侵权责任。当然，由于环境污染侵权案件中环境污染结果可能是由多个污染行为直接或者间接导致的，再加上侵权人与被侵权人之间社会地位的不平等性及损害结果潜伏性强等特点，环境污染行为与损害结果之间的因果关系成为这三个构成要件中最难证明的一项。例如，在电磁辐射污染环境侵权案件中，被侵权人认为自身所患疾病与通信基站发出的电磁辐射之间存在因果关系，但鉴于个人体质不同、所处环境不同及生活习惯差异等原因，很难有证据对此因果关系予以证明。故而，为了更好地维护被侵权人的合法权益，我国在立法中将"环境污染行为与损害结果之间不存在因果关系"这一举证责任交给了侵权人。

2. 环境污染侵权责任案件举证规定

民事诉讼中的举证责任，即当事人对自己所主张的事实必须自行提供证据予以证明的责任，若当事人无法证明自己所主张的事实，法院将不予采纳其主张，当事人就需要自行承担举证不能的不利后果。一般的侵权案件中都采用"谁主张，谁举证"的举证原则，按此规定，被侵权人应当就侵权行为与损害结果之间存在因果关系进行举证证明。但正如前文所述，如果让被侵权人证明环境污染侵权案件中的因果关系，对于被侵权人来说较为艰难，不利于保护被侵权人的合法权益，故《侵权责任法》第六十六条对此作出规定："因污染环境发生纠纷，污染者应当就法律规定的不承担责任或者减轻责任的情形及其行为与损害之间不存在因果关系承担举证责任。"而《最高人民法院关于审理环境侵权责任纠纷案件适用法律若干问题的解释》第七条则对《侵权责任法》的规定进行了细化："污染者举证证明下列情形之一的，人民法院应当认定其污染行为与损害之间不存在因果关系：（一）排放的污染物没有造成该损害可能的；（二）排放的可造成该损害的污染物未到达该损害发生地的；（三）该损害于排放污染物之前已发生的；（四）其他可以认定污染行为与损害之间不存在因果关系的情形。"

当然，被侵权人也需要为自己的主张承担一定的举证责任，《最高人民法院关于审理环境侵权责任纠纷案件适用法律若干问题的解释》第六条规定："被侵权人根据侵权责任法第六十五条规定请求赔偿的，应当提供证明以下事实的证据材料：（一）污染者排放了污染物；（二）被侵权人的损害；（三）污染者排放的污染物或者其次生污染物与损害之间具有关联性。"此处第（三）点所提的"关联性"并非指被侵权人需要对环境污染行为与损害结果之间存在因果关系举证证明，被侵权人仅需证明环境污染行为与损害结果之间存在一定关联即可。这样规定更好地平衡了侵权人与被侵权人的举证责任，既有利于被侵权人维护其自身的合法权益，也能够在一定程度上避免侵权人对某些非由其行为导致的损害结果承担责任。

3. 环境污染侵权责任的免责事由

根据《侵权责任法》第三章之规定，由于被侵权人自己故意造成侵权行为发生、第三人导致的侵权、不可抗力或紧急避险导致的侵权皆属于无须承担侵权责任的情形。这同样适用于环境污染侵权案件。但《侵权责任法》第六十八条也规定："因第三人的过错污染环境造成损害的，被侵权人可以向污染者请求赔偿，也可以向第三人请求赔偿。污染者赔偿后，有权向第三人追偿。"由于环境污染侵权案件较为特殊，因而立法者对于此类案件适用上述免责事由的情形也作出了特殊规定。

4. 基站电磁辐射污染案件分析

了解环境污染侵权责任的相关规定，有助于加深对基站电磁辐射污染侵权问题的认识。一般来说，基站电磁辐射污染侵权案件也应当适用环境污染侵权责任的相关规定，即被侵权人需要证明存在侵权行为、损害结果及侵权行为与损害结果有一定关联性；而侵权人则需提供侵权行为与损害结果不存在因果关系的证明，且不论该污染行为是否符合国家有关法律法规的相关规定，只要存在环境污染行为并造成了损害，就需要承担环境污染侵权责任。

但在司法实践中，由于电磁辐射污染案件的特殊性（如损害结果潜伏性强等），一般来说只要侵权人提交政府有关部门下发的审批文件证明涉案基站已依法通过环境部门的审批，并附上相应的检测报告证明涉案基站的辐射符合国家有关规定，法院都会采纳并认定侵权人已完成其举证责任，据此认定基站辐射在规定范围内不会对人体健康造成损害，不支持拆除基站的诉请。

如上所述，我们国家目前实施的基站辐射标准是全世界最严格的，国家规定的电磁辐射限值远远低于国际标准，基站电磁辐射并不会比其他家用电器的电磁辐射高出多少。同时，运营商建设基站也必须遵守国家相关法规规定，取得无线电发射设备型号核准证且符合电磁辐射规定要求后才可设置基站。运营商按规定取得环境部门审批后设置的基站完全符合国家辐射标准，周边群众并不需要过分担心基站电磁辐射污染问题。

为了缓解通信运营商在基站建设及运营中的困境，我们建议除了在立法中对此问题进行进一步完善外，通信运营商在基站建设过程中应加大对基站电磁辐射相关知识的宣传，向百姓讲解基站辐射科学知识，详细解读政府有关文件，消除群众对基站辐射的误解，缓解"基闹"矛盾。

（三）电信设施的产权问题

1. 电信基础设施的所有权归属问题

由于我国的电信基础设施基本都是由三大运营商（包含前期合并的运营商）建设和运营，而三大运营商都是国家国资委直属的大型央企，大家极少关注电信基础设施的所有权归属问题。

根据《物权法》第五十二条规定，国防资产属于国家所有。铁路、公路、电力设施、电信设施和油气管道等基础设施，依照法律规定为国家所有的，属于国家所有。由于我国《电信法》一直没有出台，《电信条例》也没有对电信基础设施的所有权归属作出规定（实际《电信条例》作为行政法规，亦无权对此作出规定），因此，目前没有法律规定我国的电信基础设施归国家所有。

我们认为，根据"谁投资，谁受益"的一般原理（如《电力法》第三条规定，电力事业应当适应国民经济和社会发展的需要，适当超前发展。国家鼓励、引导国内外的经济组织和个人依法投资开发电源，兴办电力生产企业。电力事业投资实行谁投资、谁收益的原则）、《物权法》第三十条规定（因合法建造、拆除房屋等事实行为设立或者消灭物权的，自事实行为成就时发生效力），电信基础设施的所有权是归属设施的建设投资方所有的。除了少部分拥有国内通信设施服务资质的公司建设和运营一定电信基础设施外，国内的主要电信基础设施属于三大运营商所有，在中国铁塔股份有限公司成立后，基站等主要电信基础设施已经转让、移交给了该公司。

2. 电信基础设施的产权登记问题

根据《物权法》规定，"物"包含动产和不动产，但何谓"不动产"和"动产"，《物权法》未作进一步界定。《担保法》第九十二条规定："本法所称不动产是指土地以及房屋、林木等地上定着物。本法所称动产是指不动产以外的物。因此，《物权法》中的"不动产"和"动产"应与《担保法》的规定作相同理解，"不动产"是指土地，以及附着在土地上的房屋、林木、道路、通讯、电力、燃气基础设施等不能移动的物。我们认为，电信基础设施大都属于附着于土地或建筑物的定着物，应属于不动产的范围。

根据《物权法》第九条规定，不动产物权的设立、变更、转让和消灭，经依法登记，发生效力；未经登记，不发生效力，但法律另有规定的除外。依法属于国家所有的自然资源，所有权可以不登记。第十条规定，不动产登记，由不动产所在地的登记机构办理。国家对不动产实行统一登记制度。统一登记的范围、登记机构和登记办法，由法律、行政法规规定。

2014年11月24日国务院颁布了《不动产登记暂行条例》，自2015年3月1日起施行。条例第二条规定："本条例所称不动产登记，是指不动产登记机构依法将不动产权利归属和其他法定事项记载于不动产登记簿的行为。本条例所称不动产，是指土地、海域以及房屋、林木等定着物。"第五条规定："下列不动产权利，依照本条例的规定办理登记：（一）集体土地所有权；（二）房屋等建筑物、构筑物所有权；（三）森林、林木所有权；（四）耕地、林地、草地等土地承包经营权；（五）建设用地使用权；（六）宅基地使用权；（七）海域使用权；（八）地役权；（九）抵押权；（十）法律规定需要登记的其他不动产权利。"

根据以上规定，电信基础设施基本还是没有纳入统一登记的范围。电信基础设施产权不进行登记，存在以下几个突出的问题：

（1）严重影响电信基础设施的正常建设和交易。根据《物权法》第九条规定，不动产物权的设立、变更、转让和消灭，经依法登记，发生效力；未经登记，不发生效力，但法律另有规定的除外。目前没有法律规定电信基础设施的转让不适用不动产登记规定，现实中很多电信基础设施（主要是通信管道、杆路）的转让仅有双方的合同约定。根据不动产登记才发生物权变动效力的规定，受让方实际只享有要求转让方交付设施的债权，而无法获得受让设施的物权（所有权）。由于没有产权登记，通信管道、杆路等电信基础设施的建设投资方，更无法通过资产抵押等方式融资进行电信基础设施建设。

（2）不利于电信设施所有权人维护权利。目前全国经济发展进入"新常态"，互联网和信息消费被列为经济发展的重要驱动力，社会各界对数字化服务的需求特别旺盛。电信基础设施是提供数字和信息服务的基础资源，不仅对通信行业本身极为重要，对整个经济社会发展都有重要的作用。但在电信企业运营过程中，存在着基础资源和基础设施保护的诸多难题，电信基础资源（管道、管井、杆路等）被非法占用的情况时有发生。电信基础设施被破坏的问题普遍存在，主要包括空调、电缆、塔件等设备被盗，各类施工等行为造成的管线等电信基础设施破坏，已建成的基站等电信设施在运行过程中由于各种原因而被要求拆除或者改迁等。由于没有产权登记，电信基础设施被破坏或者与他人产生争议时，电信设施产权人很难举证证明自己是所有权人。比如，某条杆路是由甲公司投资建设的，杆路中有大量甲公司的标识，后杆路通过协议转让给了乙公司。由于不进行产权登记，若杆路遭到破坏或与他人产生争议，则乙方公司很难证明该杆路属于其所有。

（3）不利于电信基础设施侵权受害人的正常维权。《侵权责任法》第八十五条规定："建筑物、构筑物或者其他设施及其搁置物、悬挂物发生脱落、坠落造成他人损害，所有人、管理人或者使用人不能证明自己没有过错的，应当承担侵权责任。所有人、管理人或者使用人赔偿后，有其他责任人的，有权向其他责任人追偿。"现实中已发生了大量由于电缆、光缆垂落等电信基础设施导致的人身损害赔偿案件。由于电信基础设施没有进行产权登记，一旦发生事故，受害人只能根据线缆上的标识查找线缆的所有人或管理人。如案例四中，一旦发生事故各方均否认自己为线缆的所有人或管理人，在没有证据能够证明线缆的所有人或管理人的情况下，法院一般只能根据线缆的相关标识推断线缆上标识的单位作为所有权人或管理人承担责任，如在没有明显标识的情况下，受害人可能就无法获得赔偿。实际根据标识推断所有权人或管理人，也是没有充分法律依据的。比如建设线缆的单位在建设时标识自己为所有权人，但在将线缆转让他人后未删改或去除标识，据此推断线缆标识的单位为所有权人或管理人显然是错误的。

综上所述，我们认为除法律明确规定属于国家所有的不动产外，包括电信基础设施在内的公共基础设施也应纳入不动产统一登记的范围进行产权登记。

三 结论

根据上述分析，我们再来参看一下本章的几个案例的司法处理。

案例一中，一审法院认为，不动产的相邻各方，应当按照有利生产、方便生活、团结互助、公平合理的精神，正确处理截水、排水、通行、通风、采光等方面的相邻关系。给相邻方造成妨碍或者损失的，应当停止侵害，排除妨碍，赔偿损失。本案中，虽然广电公司的三根线缆垂落在徐某的二处防护栏上面，但该线缆所处的位置并未对徐某的日常生活造成妨碍，且徐某也未举证证明因该线缆垂落在防护栏上面对其形成妨碍的相关证据。另外，徐某主张防护栏上面还垂落了长宽电信公司所有的线缆以及该公司安装了三脚架等固定物，对此长宽电信公司予以否认并提供相关线缆的布置图以及照片予以证明；徐某对上述证据不予认可，但其并未提供相关反证予以证明。故徐某的诉讼请求，法院不予支持。判决驳回徐某的诉讼请求。

一审判决后徐某不服，提起上诉。二审经审理认为，依据《最高人民法院关于审理建筑物区分所有权纠纷案件具体应用法律若干问题的解释》第三条第一款第（一）项，建筑物的外墙属于共有部分。上诉人提供的照片显示，缆线通过角铁固定在外墙及上诉人在外墙上搭建的护栏上，并未对上诉人的专有部分造成侵害。广电公司的线缆及其他通信线缆为上诉人居住的小区创造了通信环境，为小区居民提供了通信条件。在其占用共有部分，未对私人空间造成妨害的情况下，上诉人要求其拆除没有事实与法律依据。终审判决驳回上诉，维持原判。

案例二中，被告某通信运营商向法院提交了《无线电台执照》及相关检测报告，拟证明被告涉案房屋楼顶设置移动通信基站已经得到政府主管部门的同意，并验收合格，未有电磁污染问题。

一审法院审理后认为，《物权法》第七十条规定："业主对建筑物内的住宅、经营性用房等专有部分享有所有权，对专有部分以外的共有部分享有共有和共同管理的权利。"《最高人民法院关于审理建筑物区分所有权纠纷案件具体应用法律若干问题的解释》第三条规定："建筑物的基础、承重结构、外墙、屋顶等基本结构部分，通道、楼梯、大堂等公共通行部分，消防、公共照明等附属设施、设备，避难层、设备层或者设备间等结构部分也应当认定为《物权法》第六章所称的共有部分。"依照上述规定，涉案房屋的外墙、楼顶等部位属于该栋房屋的全体业主共有，对其处分应征得全体业主同意。此外，《最高人民法院关于审理建筑物区分所有权纠纷案件具体应用法律若干问题的解释》第十四条规定："建设单位或者其他行为人擅自占用、处分业主共有部分、改变其使用功能或者进行经营性活动，权利人请求排除妨害、恢复原状、确认处分行为无效或者赔偿损失的，人民法院应予以支持。"本案被告在未征得原告同意的情况下将移动通信基站设置于涉案房屋屋顶，侵害了原告的共有权。另被告与某业主签订的《房屋租赁协议》，实为将该业主的住宅改变为经营性用房，亦未征得有利害关系的业主同意，违反了《物权法》第七十七条的规定。综上，法院认为被告设置于涉案房屋屋顶的通信设施虽用于公用，但上述设施的设立不得侵害他人合法权利。原告现要求拆除被告的移动通信基站，法院予以支持。

被告对此不服，提出上诉称被告系电信企业，其为社会大众提供的是针对不特定公众的电信服务，目前由于该基站无法正常投入使用，已使附近3平方公里的通信质量严重下降，而且会引起整个通信网络的连锁反应，损害了不特定多数人的公共利益。原告虽然对涉案房屋的共有部分享有权益，但面对社会公共利益，公民应当有一定的容忍义务。被告设置的移动通信基站为依法设立，未对他人造成损害。根据《电信条例》第四十六条的规定，被告有权在民用建筑物上附挂电信线路或者设置小型天线、移动通信基站等公用电信设施。被告基站的设立已经履行了合法的申请程序，完成了规划、城管、环保等有关部门的验收，并取得了《无线电台执照》，属于依法设立，不应拆除。

原告则认为：首先，即便被告设置基站的行为系为公共利益，也应当履行相关的程序，并给利害关系人一定的补偿。且公民的合法物权是否必须要向被告所称的公共利益让步还有待商榷。其次，《物权法》晚于《电信条例》实施，且位阶高于《电信条例》，故此案应适用《物权法》而非《电信条例》。

二审法院审理后作出判决：公民的合法物权，应当得到法律的保护。本案涉案房屋的外墙、楼顶属于该栋房屋的共有部分，该栋房屋的全体业主对该共有部分享有共有和共同管理的权利，对该共有部分进行处分应经专有部分占建筑面积过半数的业主且占总人数过半数的业主同意。被告仅取得其中一户业主的同意，即在该栋房屋楼顶设立移动基站，违反了法律的规定，原告有权要求排除妨害。终审判决驳回上诉，维持原判。

案例三中，一审法院审理后认为，虽然涉案基站确实存在电磁辐射，但运营商提交的调查报告及监测报告都证明了该基站的辐射值在国家相关规定允许的范围内，同时，被告涉案基站取得了无线电台执照，因此根据现有证据，不能认定被告存在环境污染侵权行为。且据原告所述该大厦业主身体健康出现问题但原告并未提供相关证据予以证明，应承担举证不能的不利后果。故原审法院最终驳回了原告的诉讼请求。

原告高某、陈某、林某、王某、姜某、李某认为被告某运营商在原告居住的小区建设发射基站违法并上诉至海口市中院。原告认为依据《电磁辐射防护规定》（GB8702-88）：不准在敏感区域建设电信发射台和通信基站，其中包括学校、幼儿园、医院、疗养院等，红城大厦基站离琼山第四小学只有一墙之隔，距离只有 15 米，属于国家规定的敏感区域。并且按有关规定：学校、医院、居民区必须符合国家一级标准，即连续 6 小时之内电磁辐射必须小于 0.1W/m 或 10μW/cm，根据被告出具的证明，已大大超过。

被告某运营商辩称，基础公用电信设施属于公共利益产品，受法律保护。通过《物权法》《电信条例》等法律法规可见，移动通信基站是与"铁路、公路、电力"相同的重要国家基础设施，属于公共利益产品，受到法律保护，任何个人和组织均不得擅自改动或者迁移，更不得进行破坏。通信基站建设是为了满足小区及周围不特定的多数人的通信自由，原告对通信基站的建设应当负有合理的"容忍义务"。如果业主任意主张"排除妨害"，要求被告拆除或搬迁公共基础设施，那么社会的公共通信服务就将难以为继，这将损害社会不特定多数人的利益，其后果是对社会公共利益的损害（例如，水电管线接入、电视光缆接入、煤气管道接入等）。海口市中院认可了被告的答辩意见，认为被告设立的基站在运营过程中电磁辐射并未违反相关规定和标准，原告也未提供证据证明涉案基站对周围环境和业主造成损害。最终判决驳回上诉，维持原判。

案例四中，法院审理后认定：本次事故的源头，在于事发地点上方，东西向且横跨马路的线缆下垂，并最终导致一系列后果。电力公司除了应对其电线杆进行相应的维护外，还应对架设在其电线杆的线缆负有管理义务。结合本案，电力公司根本无法对架设在其电线杆上的横跨马路的线缆归谁所有作出明确、具体的说明。法院虽然应原告申请追加了联通公司、电信通公司以及歌华公司参加诉讼，但上述三方均予以否认，而电力公司除了照片以外，不能提供任何其他的证据以证明线缆的归属。而根据其提供的照片，亦不能显示照片上的线缆归谁所有。据此，可以看出，电力公司对架设在其电线杆上的线缆缺乏管理，放任损害后果的发生。在此情况下，除公交公司外，电力公司亦应当承担赔偿责任。

电信运营商的信息公开

一 案例摘要

【案例一】原告陈某诉称，2015 年 6 月 23 日，其向被告某电信运营商邮寄了《政府信息公开申请表》，申请公开被告自 1989 年以来其所属的通信基站投入商用后有无发生重大环境影响事件的信息。被告收到上述申请表后，至今未给原告一个答复。原告认为，被告对原告所请求事项没有任何形式的答复，侵害了原告的知情权。故请求法院判决确认被告拒不回复原告政府信息公开申请的行为违法，并判令被告依法对原告的政府信息公开申请进行答复。

被告辩称，首先，被告不是本案适格的主体，不具备信息公开诉讼主体资格；其次，原告申请的内容不属于政府信息公开范围。最后，原告的诉讼请求不属于行政诉讼受案范围。综上，请求法院驳回原告的诉讼请求。

【案例二】2014 年 9 月 22 日，程某书写了《信息公开申请表》及《信息公开申请书》，向某电信运营商湖北分公司提出信息公开申请，其"所需信息"的内容描述为：①申请公开流量套餐月底清零的法律依据；②申请公开私改宽带超级密码还拒绝告知用户密码的法律依据；③申请公开不断强行向手机用户推送广告的法律依据；④申请公开为手游内置恶意扣费提供便利，而不经过用户二次确认就强行代扣费的法律依据；⑤申请公开湖北省内使用"e 信"的学校名单，申请公开校园宽带必须使用"e 信"的法律依据；⑥申请公开 2011 年至 2013 年所有电信用户的申诉记录、申诉所涉及的金额以及相应的退赔金额记录；⑦申请公开拒绝履行《消费者权益保护法》退一赔三的法律依据。同月 25 日，程某以编号为 1018620433211 的 EMS 国内标准快递，向某电信运营商湖北分公司住所地邮寄了上述申请表和申请书。次日，某电信运营商湖北分公司收到上述邮件。因某电信运营商湖北分公司未对程某提出的申请作出答复，程某以某电信运营商湖北分公司不履行法定职责为由，提起行政诉讼。①

【案例三】2014 年 7 月 7 日，原告袁某向某电信运营商揭阳分公司寄送公开该公司《政府信息公开指南》及其他 6 项政府信息的申请书，原告在法定期限内未收到某电信运营商揭阳分公司作出的答复，也未收到延期答复告知。2014 年 8 月 15 日，原告向揭阳市人民政府行政复议委员会寄送对某电信运营商揭阳分公司未在法定期限内公开《政府信息公开指南》答复行政不作为的行政复议申请书。2014 年 8 月 26 日，被告向原告寄送揭府行复（2014）19、20、21、22、23、24、25 号《不予受理行政复议申请决定书》。复议决定对原告的行政复议不予受理。

原告认为：1. 被告揭阳市人民政府 2014 年 8 月 26 日作出的揭府行复（2014）19、20、21、22、23、24、25 号《不予受理行政复议申请决定书》，除了发文编号不同，其他内容全部一致，分别对应原告所申请复议的某电信运营商揭阳分公司逾期未答复《政府信息公开指南》的行政复议申请。被告对一项行政复议作出 7 份《不予受理行政复议申请决定书》，违反了《行政复议法》"一事一议"原则，属于程序违法。2. 被告适用法律错误。根据《信息公开条例》第三十七条规定，揭阳某电信运营商是通信运营商，面向社会公众提供电信服务，属于公共企业的范畴，依法主动和依申请公开政府信息。结合《行政复议法》第一条的规定，公用企业因政府信息公开对侵犯他人合法权益，应参照行政机关适用《行政复议法》第二条、《信息公开条例》第三十三条的规定。

被告揭阳市人民政府辩称：揭阳某电信运营商不是行政机关，不是行政复议的适格被申请人，被告作出不予受理行政复议申请决定的具体行政行为认定事实清楚，适用法律正确。《行政复议法》第二条、第六条规定，行政复议受案范围是针对行政机关作出的具体行政行为，行政复议的被申请人应是具有行政管理职能的行政机关。本案原告向被告提出行政复议申请是针对揭阳某电信运营商不履行信息公开职责的行为，但揭阳某电信运营商是企业，不是行政机关，不具有任何行政管理职能，不是行政复议的适格被申请人，对其行为不服不属于行政复议受案范围。②

---

① 参见中国裁判文书网，http：//wenshu.court.gov.cn/content/content? DocID = b0e4c5a4 - 4870 - 474d - a350 - 58d271a824ac&KeyWord = 申请公开湖北省内使用"e信"的学校名单。
② 参见中国裁判文书网，http：//wenshu.court.gov.cn/content/content? DocID = 75fb9c25 - e54f - 4768 - a232 - 7ac9f38dbf72。

二 法律问题与分析

（一）（政府）信息公开的起源及现状

政府信息，是指行政机关在履行职责过程中制作或者获取的，以一定形式记录、保存的信息。政府信息公开，则是指行政机关依照法定程序、以法定形式公开与社会成员利益相关的信息，允许社会成员通过查询、阅览、复制、摘录、下载等方式予以充分利用的制度。广义上的政府信息公开主要包括两个方面的内容，一是政务公开，二是信息公开；狭义上的政府信息公开主要指政务公开。政务公开主要是指行政机关公开其行政事务，强调的是行政机关要公开其执法依据、执法程序和执法结果，属于办事制度层面的公开。广义上的政府信息公开的内涵和外延要比政务公开广得多，它不仅要求政府事务公开，而且，要求政府公开其所掌握的其他信息。

早在1766年，北欧的瑞典就制定了具有宪法效力的《新闻自由法》，该法规定了公民为出版而阅览公文书的权利，是国外最早的政府信息公开实践；芬兰于1951年制定了《官方文件公布法》；法国于1978年公布了《行政文书公开法》。而政府信息公开立法影响最大、体系最完善的当属美国，美国于1966年制定了《信息自由法》，该法规定政府文件具有公共财产的性质，明确规定了除可以不公开的九种例外情形，如国防外交机密、国家机密信息、机构内部人事信息、按规定不许透露的信息、商业秘密信息、个人隐私信息等外，政府文件都应该公开。后来又相继制定了《隐私权法》《阳光下的政府法》和《电子信息自由法》，对政府信息公开制度做了比较全面系统的规定。到目前为止，全世界共有40多个国家制定了政府信息公开方面的法律。

2001年12月，中国加入了世界贸易组织，透明度原则是世界贸易组织的一项基本原则，透明度规则激发了老百姓获取政府信息以及政府主动公开其信息的意识。经过长期努力和推动，2008年5月《政府信息公开条例》正式实施，标志着我国政府信息公开法制化的开始。

（二）电信运营商是否为（政府）信息公开的主体

《中华人民共和国政府信息公开条例》（以下简称《政府信息公开条例》）第二条规定，本条例所称政府信息，是指行政机关在履行职责过程中制作或者获取的，以一定形式记录、保存的信息。第三十六条规定，法律、法规授权的具有管理公共事务职能的组织公开政府信息的活动，适用本条例。因此，《政府信息公开条例》规范的是行政机关及法律、法规授权的具有管理公共事务职能的组织的信息公开活动。

电信运营商属于企业法人，不是行政机关，据此，有一种观点认为电信运营商不是（政府）信息公开的主体，没有公开相关信息的义务，且此观点也获得了一些司法判决的确认。如，广东省揭阳市中级人民法院（2014）揭中法立行终字第4号、第6号《行政裁定书》，广东省潮州市中级人民法院（2014）潮中法立行终字第1号《行政裁定书》，均认定电信运营商不是行政机关，也不是法律、法规授权的具有管理公共事务职能的组织，因此，原告袁某诉某电信运营商的信息公开案件，不属于人民法院行政诉讼的受案范围，对袁某的起诉不予受理。①

尽管如此，但根据《政府信息公开条例》第三十七条的规定，即"教育、医疗卫生、计划生育、供水、供电、供气、供热、环保、公共交通等与人民群众利益密切相关的公共企事业单位在提供社会公共服务过程中制作、获取的信息的公开，参照本条例执行"。同时，鉴于公用企业有一定的垄断性，其提供服务过程中制作、获取的相关信息可能与公民的生产、生活和学习有着密切的关系，《政府信息公开条例》虽未将电信运营商与供水、供电、供气等企事业单位一并明确列举为"公共企事业单位"，但是国家工商总局《关于禁止公用企业限制竞争行为的若干规定》第二条规定："本规定所称公用企业，是指涉及公用事业的经营者，包括供水、供电、供热、供气、邮政、电讯、交通运输等行业的经营者。"此处的"公用企业"与条例的"公共企事业单位"用语不一样，"公用企业"是否条例中的"公共企事业单位"呢？经查阅相关司法判例，王聚才诉中国联合网络通讯有限公司南阳市分公司不履行政府信息法定职责一案是最早有关电信运营商信息公开问题的案件。2011年8月，王聚才诉中国联合网络通讯有限公司南阳市分公司不履行政府信息法定职责一案中，河南省南阳市卧龙区人民法院认定：根据国家工商总局《关于禁止公用企业限制竞争行为的若干规定》，认定邮政、电讯等行业经营者包括被告中国联合网络通讯有限公司南阳市分公司属于公用企业（即公共企事业单位），应该按照信息公开条例公开有关信息。该判决认为国家工商总局《关于禁止公用企业限制竞争行为的若干规定》，已界定邮政、电讯等行业经营者属于公用企业，而公用企业就是《政府信息公开条例》规定的"公共企事业单位"。既然《政府信息公开条例》将公用企事业单位纳入

① 参见中国裁判文书网，http://wenshu.court.gov.cn/content/content? DocID = 19843f12 – 9ee1 – 4dd7 – b426 – 598a573b02cc&KeyWord = （2014）揭中法立行终字第4号。

了政府信息公开的范围，是政府信息公开义务的主体，那么被成文的规章明文规定为公用企业的电信运营商也就应成为政府信息公开义务的主体。因此，我们倾向认为，电信运营商是属于（政府）信息公开主体的，有义务公开其提供电信服务过程中制作、获取的信息。

此后，陆续有很多判决都认定电信运营商属于"公共企事业单位"范畴，电信运营商是属于条例规定的信息公开义务主体的，应当参照《政府信息公开条例》规定公开其提供社会公共服务过程中制作、获取的信息。如2014年8月孙某诉某电信运营商深圳分公司政府信息公开一案中，深圳市福田区人民法院认定：被告某电信运营商深圳分公司是电子通信运营商，面向社会公众提供电信服务，属公共企业范畴。被告在提供社会公共服务过程中制作、获取的信息应当参照《政府信息公开条例》的规定执行。该判决中也未直接使用条例中"公共企事业单位"用语，而是用了"公共企业"的概念。尽管关于电信运营商企业性质的用语不一致，但认定电信运营商是提供社会公共服务的企业，属于《政府信息公开条例》规定的"公共企事业单位"范畴。

《政府信息公开条例》规定，各级人民政府及县级以上人民政府部门应当建立健全本行政机关的政府信息公开工作制度，公民、法人或者其他组织可以根据自身生产、生活、科研等特殊需要，向国务院部门、地方各级人民政府及县级以上地方人民政府部门申请获取相关政府信息。从条例规定可以看出，各级人民政府以及县级以上政府各部门都是政府信息公开义务的具体主体。各级人民政府应包含国务院，各省、自治区人民政府，各设区市（盟）的人民政府，各县（县级市、区、自治县、旗）人民政府，乡（镇）人民政府。县级以上政府各部门则应包含国务院各部委，各省、自治区人民政府的厅、局部门，各设区市（盟）的人民政府的处、局部门，以及各县（县级市、区、自治县、旗）人民政府的局、办、所等具体部门。《政府信息公开条例》也规定了不同级别政府及其部门不同的政府信息公开义务。

虽然电信运营商需要参照《政府信息公开条例》的规定履行信息公开义务，但电信运营商是企业，不像政府及其部门有明确的级别划分，也没有明确的法规、规章或规范性文件规定电信运营商内部信息公开义务的具体主体范围。实务中，用户即有向电信运营商的公司法人，也有向运营商下属分支机构申请信息公开。因此，我们认为有必要对电信运营商内部信息公开义务的具体主体范围进行探讨。

如上所述，《政府信息公开条例》第三十七条规定参照条例执行信息公开的主体是公共企事业单位。但《政府信息公开条例》或相关实施细则并没有对

"公共企事业单位"进行具体解释和界定，而上文提及的司法判例则直接认定电信运营商的分公司属于公用企业（即公共企事业单位）。

我国《企业所得税法》中的"企业"包含企业和其他取得收入的组织（合伙企业、个人独资企业不适用《企业所得税法》）。现行法律法规对企业的界定很不明确，企业既可以是公司、合伙企业、个人独资企业，也可以是公司的分支机构，因此电信运营商既可以是指具有法人资格的电信公司，也可以是指电信公司设立的分支机构。鉴于法律法规对"公用企业"规定得不明确，而信息公开义务又是可诉的具体行政行为，用户向电信运营商的分支机构申请信息公开的，若电信运营商分支机构不履行信息公开义务，用户是可以直接起诉电信运营商分支机构的。因此，我们认为电信运营商中的具体信息公开义务主体应当与《诉讼法》中的诉讼主体是一致的，即电信运营商中符合《诉讼法》规定能够成为被告的主体都应是信息公开义务的主体。根据《最高人民法院关于适用＜民事诉讼法＞的解释》第五十二条规定，法人依法设立并领取营业执照的分支机构是属于可以成为诉讼主体的其他组织。电信运营商中具体的信息公开主体，应是构成公用企业的电信运营公司以及公司依法设立并领取了营业执照的分支机构。具体包括：电信运营企业的集团公司，电信运营企业的省级子公司或分公司，电信运营商的分支机构，具体包括电信运营商依法设立并领取营业执照的地市分公司、县区级分公司以及服务厅等。

（三）电信运营商信息公开的范围

为了切实保证人民群众的知情权、参与权、监督权，《政府信息公开条例》从我国实际出发，总结国内部分地方政府信息公开立法的经验，从三个方面对政府信息公开的范围作了规定：

一是明确了行政机关主动公开政府信息的范围。行政机关对符合下列基本要求的政府信息应当主动公开：①涉及公民、法人或者其他组织切身利益的；②需要社会公众广泛知晓或者参与的；③反映本行政机关机构设置、职能、办事程序等情况的；④其他依照法律、法规和国家有关规定应当主动公开的。各行政机关要按照上述要求，确定主动公开政府信息的具体内容。

二是确立了依申请公开政府信息的制度。政府信息量大，涉及社会生产生活各个方面。其中，有相当一部分政府信息只涉及部分人和事，对特定公民、法人或者其他组织从事生产、安排生活、开展科研等活动具有特殊的作用。为了保证公民、法人或者其他组织获取所需要的政府信息，《政府信息公开条例》规定除行政机关主动公开的政府信息外，公民、法人或者其他组织还可以根据自身生产、生活、科研等特殊需要，向国务院部门、地方各级政府及县级以上地方政府部门申请获取相关政府信息。

三是明确了不予公开的政府信息范围。这是国外政府信息公开立法普遍采取的做法。《政府信息公开条例》从我国实际出发，根据地方政府信息公开立法的经验，规定行政机关公开政府信息，不得危及国家安全、公共安全、经济安全和社会稳定。行政机关不得公开涉及国家秘密、商业秘密、个人隐私的政府信息。

根据《政府信息公开条例》的规定，对于与人民群众利益密切相关的公共企事业单位的信息公开，参照《政府信息公开条例》执行，具体办法由国务院有关主管部门或者机构制定。但是，作为电信运营商管理部门的工业和信息化部至今未对电信运营商的信息公开制定具体的办法。因此，我们综合行政机关信息公开范围、教育部制定的《高等学校信息公开办法》、卫生部制定的《医疗卫生服务单位信息公开管理办法（试行）》、住房和城乡建设部制定的《供水、供气、供热等公用事业单位信息公开实施办法》等涉及公共企事业单位的具体信息公开办法以及电信运营商经营实际情况进行研究，对电信运营商信息公开范围进行探讨。我们认为，参照《政府信息公开条例》的相关规定，电信运营商信息公开范围也应包括以下三个方面：

1. 主动公开的信息范围

考察《政府信息公开条例》《高等学校信息公开办法》《医疗卫生服务单位信息公开管理办法（试行）》以及《供水、供气、供热等公用事业单位信息公开实施办法》关于主动公开的范围，均包含以下特点：首先涉及群众切身利益的信息必须主动公开，如收费办法、反映单位职能、工作规则、办事程序等情况的信息；其次，涉及具体服务内容的信息必须主动公开，如业务办理、业务规则等信息。

因此，我们认为，电信运营商的下列信息应主动公开：

（1）机构职能类信息，具体包括公司简介、公司领导成员简历、组织机构主要职能和联系方式信息。

（2）电信产品资费类信息，我们认为电信产品资费是电信服务过程中涉及公民、法人或者其他组织切身利益的信息，参照《政府信息公开条例》规定应予以主动公开。同时，根据《工业和信息化部、国家发展改革委关于电信业务资费实行市场调节价的通告》（工信部联通〔2014〕182号）的规定，所有电信业务资费均实行市场调节价。电信企业应进一步提高资费透明度，建立资费方案公示制度，通过营业厅、代理代办点、网站等公布所有面向公众市场的在售资费方案。这是电信主管部门对电信运营商资费类信息公开的明文规定，电信运营商应依照该通告规定主动公开资费信息。

（3）服务支持类信息，服务支持类信息也是电信服务过程中涉及公民、法人或者其他组织切身利益的信息，应当主动予以公开。服务支持类信息主要包括营业厅位置、WLAN 热点、号码归属地查询、购买产品流程和手机售后服务信息等。

（4）电信产品及优惠资讯类信息，此类信息也是与用户的切身利益紧密相关的，应当主动予以公开。具体包括各类电信产品介绍、促销活动介绍、优惠购机信息、抽奖活动信息以及优惠返还信息等。

（5）重大建设项目的信息，参照《国家发展改革委关于实行政府重大投资项目公示工作的指导意见》（发改投资〔2010〕3131 号）及地方重大建设项目公示规定，电信运营商的重大建设项目信息应主动予以公示，公示的主要内容包括：项目名称及建设地点；项目申报单位及建设单位；项目建设目标及项目功能；项目建设规模及建设内容；项目估算总投资及资金来源；项目联系人、联系方式等。

（6）企业年度报告和信用信息，根据《企业信息公示暂行条例》的规定，企业应当于每年 1 月 1 日至 6 月 30 日，通过企业信用信息公示系统向工商行政管理部门报送上一年度年度报告，并向社会公示。

（7）其他信息，如电信运营商招标采购信息，人员招聘信息等，这类信息应根据《招标投标法》等相关法律法规的规定主动公开相关信息。

2. 依申请公开的范围

《政府信息公开条例》第十三条规定，除行政机关主动公开的政府信息外，公民、法人或者其他组织还可以根据自身生产、生活、科研等特殊需要，向国务院部门、地方各级人民政府及县级以上地方人民政府部门申请获取相关政府信息。第三十七条规定，教育、医疗卫生、计划生育、供水、供电、供气、供热、环保、公共交通等与人民群众利益密切相关的公共企事业单位在提供社会公共服务过程中制作、获取的信息的公开，参照本条例执行。

"在提供社会公共服务过程中制作、获取的信息"，没有进一步细化的相关规定，我们认为应公开的信息应具有以下要素：

（1）在提供社会公共服务过程中产生的信息。联系到电信运营商，这应当是我们在为客户提供电信服务过程中产生的，与服务密切相关的信息。企业的

"三公信息"属于企业内部管理产生的信息，与客户服务并无直接关联，因此不属于应公开的公共企业信息。

（2）应涉及申请人切身利益。《政府信息公开条例》第九条规定："行政机关对符合下列基本要求之一的政府信息应当主动公开：（一）涉及公民、法人或者其他组织切身利益的。"第十三条："除本条例第九条、第十条、第十一条、第十二条规定的行政机关主动公开的政府信息外，公民、法人或者其他组织还可以根据自身生产、生活、科研等特殊需要，向国务院部门、地方各级人民政府及县级以上地方人民政府部门申请获取相关政府信息。"《最高人民法院关于审理政府信息公开行政案件若干问题的规定》也明确规定，被告以政府信息与申请人自身生产、生活、科研等特殊需要无关为由不予提供的，人民法院可以要求原告对特殊需要事由作出说明。因此，如不是电信运营商的客户向电信运营商申请信息公开，电信运营商可认为该申请与其切身利益无关，可以不予公开，除非申请人能说明信息公开是其"自身生产、生活、科研等特殊的需要"。

3. 不予公开的范围

（1）法定不予公开的信息。

根据《政府信息公开条例》《保守国家秘密法》及其他相关法律法规的规定，涉及国家秘密、商业秘密、个人隐私及有可能影响公共安全和利益的信息不得公开。但是，经权利人同意公开或者不公开可能对公共利益造成重大影响的涉及商业秘密、个人隐私的政府信息，可以公开。《政府信息公开条例》同时规定，公开信息不得危及国家安全、公共安全、经济安全和社会稳定。因此，对于危及国家安全、公共安全、经济安全和社会稳定的信息，以及涉及国家秘密、商业秘密和个人隐私的信息，是法定不予公开的信息。

首先，根据《保守国家秘密法》的规定，涉及国家安全和利益的事项，泄露后可能损害国家在政治、经济、国防、外交等领域的安全和利益的，都应当确定为国家秘密，主要包括：国家事务重大决策中的秘密事项；国防建设和武装力量活动中的秘密事项；外交和外事活动中的秘密事项以及对外承担保密义务的秘密事项；国民经济和社会发展中的秘密事项；科学技术中的秘密事项；维护国家安全活动和追查刑事犯罪中的秘密事项；经国家保密行政管理部门确定的其他秘密事项；政党的秘密事项中符合前款规定的，属于国家秘密。

其次，商业秘密，是指不为公众所知悉、能为企业带来经济利益、具有实用性并经企业采取保密措施的经营信息和技术信息。这里所讲的不予公开的商业秘密主要包括电信运营商在经营活动中形成的为其自身所有的商业秘密及电信运营商在经营过程中需要对其他第三人承担保守他人商业秘密义务的商业信息。根据国务院国有资产监督管理委员会发布的《中央企业商业秘密保护暂行规定》，电信运营商作为中央企业，其商业秘密的范围主要包括：战略规划、管理方法、商业模式、改制上市、并购重组、产权交易、财务信息、投融资决策、产购销策略、资源储备、客户信息、招投标事项等经营信息；设计、程序、产品配方、制作工艺、制作方法、技术诀窍等技术信息。而在经营过程中需要对其他第三人承担保守他人商业秘密义务的商业信息主要是通过与其他战略合作商在合作的过程中所知悉的他人的商业信息，大多时候，这种保密义务都是通过合作合同进行约定的。

最后，电信运营商在提供服务的过程中需要大量收集、使用涉及用户个人隐私的信息，主要包括用户姓名、出生日期、身份证件号码、住址、电话号码、账号和密码等能够单独或者与其他信息结合识别用户的信息以及用户使用服务的时间、地点等信息。如《电话用户真实身份信息登记规定》规定，电信业务经营者为用户办理固定电话、移动电话（含无线上网卡）等入网手续，在与用户签订协议或者确认提供服务时，如实登记用户提供的真实身份信息。因此，根据《电信和互联网用户个人信息保护规定》，电信业务经营者及其工作人员对在提供服务过程中收集、使用的用户个人信息应当严格保密，不得泄露、篡改或者毁损，不得出售或者非法向他人提供。

（2）电信运营商特有的不予公开的信息。

除了前述法定不予公开的信息之外，由于电信运营商是具有独立法人资格的主体，其本身与行政机关具有不同的属性，在从事经营活动的过程中，拥有企业自主经营权，其活动应可被划分为属于法人本身的事务和属于对外的公共事务两大类型。属于法人本身事务领域中的事项（如处于保密期的公司发展战略、发展规划，中长期建设规划、年度计划；产品研究开发内容、专有技术和技术秘密、营销预案商业秘密；公司投资并购、重大资本运作、融资投资计划；未对外公开的重大决策、决议及重要会议的内容；员工人事档案及薪酬水平等人力资源信息；其他涉及公司重要经济利益、核心竞争力以及可能损坏公司良好形象的内部信息等信息），只要不受到公共性法律规范的制约，原则上属于自治范围（自主经营权）之内的事项，对社会不承担说明义务，因此，属于不予公开的信息范围。

三 结论

根据上述分析,我们再来参看一下本章几个案例的司法处理。

案例一中,法院经审理后认为,公民、法人或者其他组织提起行政诉讼,应当符合法定条件;不符合法定条件且已经立案的,应当裁定驳回起诉。请求事项属于行政审判权限范围,系公民、法人或者其他组织提起行政诉讼应当具备的法定条件之一。本案中,陈某以某电信运营商为被告提起的诉讼,不属于人民法院行政审判权限范围,其起诉不符合法定的起诉条件;对其起诉,依法应予驳回。据此驳回了原告的起诉。

原告不服一审裁定提起了上诉,二审本院经审理认为,根据《政府信息公开条例》第三十七条的规定,与人民群众利益密切相关的公共企事业单位在提供社会公共服务过程中制作、获取的信息的公开,应参照该条例执行。本案中,上诉人陈某向电信运营商申请公开的信息,不属于移动通信公司"在提供社会公共服务过程中制作、获取的信息",且该领域亦有相应各级行政机关进行行政管理。据此,认定上诉人提起的本案诉讼不属于人民法院行政审判权限范围,维持了一审裁定。

案例二中,一审法院审理认为,根据国务院令第 492 号《政府信息公开条例》第三十七条的规定,教育、医疗卫生、计划生育、供水、供电、供气、供热、环保、公共交通等与人民群众利益密切相关的公共企事业单位在提供社会公共服务过程中制作、获取的信息的公开,参照本条例执行,具体办法由国务院有关主管部门或者机构制定。被告是电子通讯运营商,面向社会公众提供电讯服务,属于公共企业的范畴。原告以被告收到其邮寄的信息公开申请后未予答复系不履行法定职责为由提起行政诉讼,符合《最高人民法院关于审理政府信息公开行政案件若干问题的规定》第一条第一款第(五)项关于公民、法人或者其他组织认为行政机关在政府信息公开工作中的其他具体行政行为侵犯其合法权益的,依法提起行政诉讼的,人民法院应当受理的规定。

二审审理认为,依据《政府信息公开条例》第三十七条的规定,上诉人作为面向社会公众提供电讯服务的电子通讯运营商,属于公共企业的范畴,具有对其在提供社会公共服务过程中制作、获取的信息的公开的法定职责。本案中,上诉人未提供相关证据证明其与被上诉人申请公开的信息不存在关联性,亦不能证明其在提供社会公共服务过程中未制作、获取被上诉人申请公开的信息。上诉人以与被上诉人申请的信息不存在关联性及未制作、获取被上诉人申请公开的信息事项为由，认为不是本案适格的诉讼主体的理由不成立，上诉人自认于2014年9月26日收到被上诉人的信息公开申请后，未在法定期限内答复，也未采取积极的行为告知对方，虽然其在一审庭审过程中，对被上诉人要求申请公开的信息进行了答复，但答复的方式和内容均不符合《政府信息公开条例》第二十一条和第二十四条的规定，其认为已经履行了相关法定职责的上诉理由不成立。据此，驳回上诉，维持原判。

案例三中，法院审理认为，根据《行政复议法》第二条"公民、法人或者其他组织认为具体行政行为侵犯其合法权益，向行政机关提出行政复议申请，行政机关受理行政复议申请、作出行政复议决定，适用本法"和《行政复议法实施条例》中被申请人的有关规定，行政复议被申请人是作出具体行政行为的行政机关或者法律、法规授权的组织。本案中，揭阳某电信运营商是企业，被告认定其不是行政复议适格的被申请人并无不当。据此，驳回了原告的起诉。

附录： 电信、 互联网行业常用术语

ARPU（Average Revenue Per User），即每用户平均收入，用于衡量电信运营商和互联网公司业务收入的指标。

基站（Base Station），即公用移动通信基站，是无线电台站的一种形式，是指在一定的无线电覆盖区中，通过移动通信交换中心，与移动电话终端之间进行信息传递的无线电收发信电台。

伪基站（Pseudo Base Station），即假基站，设备一般由主机和笔记本电脑或手机组成，通过短信群发器、短信发信机等相关设备能够搜取以其为中心、一定半径范围内的手机卡信息，利用2G移动通信的缺陷，通过伪装成运营商的基站，冒用他人手机号码强行向用户手机发送诈骗、广告推销等短信息。

第一代移动通信技术（1G，1st Generation）采用的是模拟信号传输。1G只能应用在一般语音传输上，且语音品质低、信号不稳定、涵盖范围也不够全面。

第二代移动通信技术（2G，2nd Generation）采用的是数字调制传输。1995年前后，第二代移动通信技术基本成熟，国内也逐步挥别1G，进入了2G通讯时代。从1G跨入2G则是从模拟调制进入到数字调制，相比于第一代移动通信技术，第二代具备高度的保密性，系统的容量也在增加。同时，从这一代开始手机可以上网了。

SIM卡（Subscriber Identification Module），客户识别模块，也称为用户身份识别卡、智能卡，GSM数字移动电话机必须装上此卡方能使用。在电脑芯片上存储了数字移动电话客户的信息，加密的密钥以及用户的电话簿等内容，可供GSM网络客户身份进行鉴别，并对客户通话时的语音信息进行加密。

GSM（Global System for Mobile Communications），全球移动通信系统，是由欧洲发展起来的最主要的2G通信制式，全球超过200个国家和地区超过10亿人使用GSM电话。

GPRS（General Packet Radio Service），通用分组无线服务技术，它是GSM移动电话用户可用的一种移动数据业务，属于第二代移动通信中的数据传输技术。GPRS是GSM的延续，GPRS经常被描述成"2.5G"，也就是说这项技术位于第二代（2G）和第三代（3G）移动通信技术之间，它通过利用 GSM 网络中未使用的 TDMA 信道，提供中速的数据传递，GPRS 的理论传输速率最高可达到 114Kbps。

CDMA（Code Division Multiple Access），码分多址，是在数字技术的分支——扩频通信技术上发展起来的一种成熟的无线通信技术。CDMA 技术的原理是基于扩频技术，即将需传送的具有一定信号带宽信息数据，用一个带宽远大于信号带宽的高速伪随机码进行调制，使原数据信号的带宽被扩展，再经载波调制并发送出去。接收端使用完全相同的伪随机码，与接收的带宽信号作相关处理，把宽带信号换成原信息数据的窄带信号即解扩，以实现信息通信。

第三代移动通信技术（3G，3rd Generation），与 2G 相比 3G 最大的优势是数据传输速率有较大提高，3G 技术峰值数据速率可高达 8—10Mbps（1M = 1024K），稳定的联机品质也利于长时间和网络相联结，有了高频宽和稳定的传输，可视电话和大量数据的传送成为可能。3G 分为四种标准制式，分别是 CDMA2000（Code Division Multiple Access，码分多址），WCDMA（Wideband Code Division Multiple Access 宽带码分多址），TD – SCDMA（Time Division – Synchronous Code Division Multiple Access，时分同步码分多址），WiMax（Worldwide Interoperability for Microwave Access，全球微波互联接入）。2009 年我国颁发了 3 张 3G 牌照，正式进入 3G 时代，分别是中国移动的 TD – SCDMA，中国联通的 WCDMA 和中国电信的 WCDMA2000。

第四代移动通信技术（4G，4th Generation），4G 系统能够以 100Mbps 的速度下载，比拨号上网快 2 000 倍，上传的速度也能达到 20Mbps。4G 技术包括 TD – LTE（Time Division Long Term Evolution，分时长期演进，也称为 LTE – TDD）和 FDD – LTE（Frequency Division Duplexing Long Term Evolution，频分双工长期演进）两种制式。2013 年 12 月，工信部在其官网上宣布向中国移动、中国电信、中国联通颁发"LTE/第四代数字蜂窝移动通信业务（TD – LTE）"经营许可，也就是 4G 牌照。

互联网 +（Internet Plus，或 Internet +），是知识社会创新 2.0 推动下的互联网形态演进。新一代信息技术发展催生了创新 2.0，而创新 2.0 又反过来作用于新一代信息技术形态的形成与发展，重塑了物联网、云计算、社会计算、大数据等新一代信息技术的新形态，并进一步推动知识社会以用户创新、开放创新、大众创新、协同创新为特点的创新 2.0，改变了我们的生产、工作、生活方式，也引领了创新驱动发展的"新常态"。

大数据（Big Data），是指无法在一定时间范围内用常规软件工具进行捕捉、管理和处理的数据集合，是需要新处理模式才能具有更强的决策力、洞察发现力和流程优化能力的海量、高增长率和多样化的信息资产。

物联网（Internet of Things），把所有物品通过信息传感设备与互联网连接起来，进行信息交换，即"物物相息"，以实现智能化识别和管理。

B2B（Business-to-Business），是企业对企业之间的电子商务模式。它将企业内部网通过 B2B 网站与客户紧密结合起来，通过网络的快速反应，为客户提供更好的服务，从而促进企业的业务发展。典型企业的 B2B 网站有阿里巴巴、中国制造网等。

B2C（Business-to-Customer），企业与消费者之间的电子商务模式。一般以网络零售业为主，主要借助于 Internet 开展在线销售活动。综合型 B2C 拥有庞大的购物群体、稳定的网站平台、完备的支付体系，这些都促进了综合型 B2C 卖家的进驻、买家的购买。典型企业的 B2B 网站有京东、苏宁易购、亚马逊等。

C2C（Customer-to-Customer），消费者与消费者之间的电子商务模式，淘宝网是最典型的 C2C 网站。

OTT（Over the Top），是指通过互联网向用户提供各种应用服务。这种应用和目前运营商所提供的通信业务不同，它仅利用运营商的网络，而服务由运营商之外的第三方提供。目前，典型的 OTT 业务有互联网电视业务、苹果应用商店等。

O2O（Online-to-Offline），是线上到线下的销售的意思。"O2O"一头是电商，一头是线下的实体零售商，线下实体零售商可借用线上的大数据资源、流量资源、供应商资源、移动支付技术等，电商也可借用线下实体零售商的会员资源、物流、区域供应商资源等，双方可实现优势互补，互利共赢。

P2P（Person to Person），互联网金融点对点借贷平台，又称点对点网络借款，是一种将小额资金聚集起来借贷给有资金需求人群的一种民间小额借贷模式。

IDC（Internet Data Center），为互联网内容提供商（ICP）、企业、媒体和各类网站提供大规模、高质量、安全可靠的专业化服务器托管、空间租用、网络批发带宽以及 ASP、EC 等业务。IDC 是对入驻（Hosting）企业、商户或网站服务器群托管的场所；是各种模式电子商务赖以安全运作的基础设施，也是支持企业及其商业联盟（其分销商、供应商、客户等）实施价值链管理的平台。

SP（Service Provider），服务提供商，是移动互联网服务内容应用服务的直接提供者，常指电信增值业务提供商，负责根据用户的要求开发和提供适合手机用户使用的服务。通过短信、彩信、WAP 等方式，通过电讯网络，向用户提供信息服务，并通过运营商向用户收取相应费用。

ISP（Internet Service Provider），网络服务提供者，指通过信息网络向公众提供信息或者为获取网络信息等目的提供服务的机构。

CP（Content Provider），内容提供商，是指移动数据业务内容提供商，或者叫移动增值业务内容提供商。

ICP（Internet Content Provider），网络内容提供者，是指组织、选择信息，并通过网络向公众发布的主体，包括向网络发布信息的个人主页的所有者、各种网站的设立者以及提供信息服务的网络服务管理者等。比如新浪、搜狐、网易等三大门户网站都是属于 ICP。

IAP（Internet Access Provider），网络接入服务提供者，即为用户提供网络接入服务的主体，包括提供光缆、路由器和网络接口等设备的经营者。

IPP（Internet Platform Provider），网络平台服务提供者，这类主体经营与互联网连接的服务器，提供大量的存储空间给服务对象。网络平台服务提供者大致又可以分为三类：第一种是为用户提供服务器存储空间，比如视频网站、百度文库网站；第二种是为用户提供网络连线后相关的服务业务，比如邮箱、博客、论坛等。第三种是为用户提供网络交易服务的平台，比如淘宝、各类软件应用商城等。

SEP（Search Engine Provider），搜索引擎服务提供者，主要指提供搜索引擎的在线网络服务提供者，比如百度、谷歌等。

BAT，中国互联网三巨头，百度公司（Baidu）、阿里巴巴集团（Alibaba）、腾讯公司（Tencent）英文名称首字母的缩写。

WEB（World Wide Web），即全球广域网，也称为万维网，它是一种基于超文本和 HTTP 的、全球性的、动态交互的、跨平台的分布式图形信息系统；是建立在 Internet 上的一种网络服务，为浏览者在 Internet 上查找和浏览信息提供了图形化的、易于访问的直观界面，其中的文档及超级链接将 Internet 上的信息节点组织成一个互为关联的网状结构。

WAP（Wireless Application Protocol），是一种无线应用协议，专门针对当时手机功能和网络带宽流量的限制，通过大量缩减 HTTP 网站上的内容，主要保留图片和文字信息，使之可以显示在手机显示屏上。

客户端（Client），也称用户端，指和服务器（Server）相对应、为客户提供本地服务的程序，如浏览器、安全软件等，都是常见的客户端。客户端劫持主要表现为通过恶意插件、木马、病毒或正常软件的恶意功能来实施两种行为：劫持用户对网站的正常访问、在用户正常访问网站时弹出各种广告或信息。

App（Application 的缩写），是指安装在智能手机上的客户端软件。

BBS（Bulletin Board System），电子公告板，通过在计算机上运行服务软件，允许用户使用终端程序通过 Internet 来进行连接，执行下载数据或程序、上传数据、阅读新闻、与其他用户交换消息等功能。

路由（Routing）是指分组从源到目的地时，决定端到端路径的网络范围的进程。路由工作在 OSI 参考模型第三层——网络层的数据包转发设备。路由器通过转发数据包来实现网络互连。

链接（Hyperlink），又称超链接、超文本链接，是指通过使用超文本标示语言编辑包含标记指令的文本文件，在两个不同的文档或同一文档的不同部分建立联系，从而使访问者可以通过一个网址访问不同网址的文件或通过一个特定的栏目访问同一站点上的其他栏目。超文本链接的技术基础有三：一是超文本传输协议（HTTP），指在远程服务器与用户计算机之间传输导引信息的协议；二是超文本标记语言（HTML），指在以图形或以文字为基础的文件中埋置导引信息的文件格式；三是通用资源定位符（URL），用于分辨远程服务器或服务器上的文档的位置。

HTTP（Hyper Text Transfer Protocol），超文本传输协议，是互联网上应用最为广泛的一种网络协议，所有的 Web 文件都必须遵守这个标准。

HTML（HyperText Markup Language），超文本标记语言，为网页创建和其他可在网页浏览器中看到的信息设计的一种标记语言。

URL（Uniform Resource Locator），统一资源定位符，是对可以从互联网上得到的资源的位置和访问方法的一种简洁的表示，是互联网上标准资源的地址。互联网上的每个文件都有一个唯一的 URL，它包含的信息指出文件的位置以及浏览器应该怎么处理它。

深层链接（Deep Link），是通过网站的分页地址设置链接，略过所在网站的主页，直接将用户导向某个分页。浅层链接则是直接进入被链网站的主页。

IP（Internet Protocol），网络之间互连协议，它是能使连接到网上的所有计算机网络实现相互通信的一套规则，规定了计算机在因特网上进行通信时应当遵守的规则。（注：IP 也是"Intellectual Property"的缩写，很多语境下 IP 是指知识产权。）

TCP（Transmission Control Protocol），传输控制协议，一种面向连接的、可靠的、基于字节流的传输层通信协议。

VPN（Virtual Private Network），虚拟专用网络，是指在公用网络上建立的专用网络，进行加密通讯，在企业网络中有广泛应用。

钓鱼网站（Phishing Website），一种网络欺诈行为，指不法分子利用各种手段，仿冒真实网站的 URL 地址以及页面内容，或者利用真实网站服务器程序上的漏洞在站点的某些网页中插入危险的 HTML 代码，以此来骗取用户银行或信用卡账号、密码等私人资料。

LBS（Location Based Service），基于位置的服务，它是通过电信移动运营商的无线电通信网络（如 GSM 网、CDMA 网）或外部定位方式（如 GPS）获取移动终端用户的位置信息（地理坐标，或大地坐标），在地理信息系统（Geographic Information System，简称 GIS）平台的支持下，为用户提供相应服务的一种增值业务。

NFC（Near Field Communication），近距离无线通信技术，短距高频的无线电技术，能在短距离内与兼容设备进行识别和数据交换。

RFID（Radio Frequency Identification），射频识别，一种无线通信技术，可以通过无线电信号识别特定目标并读写相关数据，而无须识别系统与特定目标之间建立机械或者光学接触。目前 RFID 技术应用很广，如图书馆、门禁系统、食品安全溯源等。

VR（Virtual Reality），虚拟现实，综合利用计算机图形系统和各种现实及控制等接口设备，在计算机上生成的、可交互的三维环境中提供沉浸感觉的技术。其中，计算机生成的、可交互的三维环境成为虚拟环境，即 Virtual Environment（简称 VE），虚拟现实技术实现的载体是虚拟现实仿真平台，即 Virtual Reality Platform（简称 VRP）。

AR（Augmented Reality），增强现实，它是一种将真实世界信息和虚拟世界信息"无缝"集成的新技术。真实的环境和虚拟的物体实时地叠加到了同一个画面或空间同时存在。

信息网络传播权（the Right to Communicate Works to the Public over Information Networks），是指以有线或者无线方式向公众提供作品、表演或者录音录像制品，使公众可以在其个人选定的时间和地点获得作品、表演或者录音录像制品的权利。

避风港原则（Safe Harbor Rules），是指若网络服务提供者（ISP）仅提供传输、存储和搜索等网络服务，不制作网络内容，当侵权案件发生时，侵权内容既不在 ISP 的服务器上存储，又没有被权利人告知哪些内容涉嫌侵权应该删除，则 ISP 不承担侵权责任，如果 ISP 被告知侵权，则有及时删除的义务，否则就被视为侵权，简单来说即是"通知 + 删除"。

红旗标准（Red Flag Test），作为避风港原则的例外，指的是当侵权行为发生后，若侵权行为本身显而易见，就如红旗一般飘扬在半空中，而网络服务提供商却如同鸵鸟一般当作没看到，并不对其作出删除等处理行为，则即使权利人未向其发出通知要求删除侵权内容，也视为网络服务提供商已经知道该侵权事实且构成共同侵权。

（说明：以上电信、互联网行业常用术语根据网络公开资料和我们自己的理解整理、摘录，仅供参考）

后　记

　　《电信及互联网热点法律问题案例评析》一书由暨南大学出版社出版，算是完成了作者一直想完成也应该完成的作业。有着多年电信法律实务经验的我们期待本书出版能够抛砖引玉，为读者提供日益突出的电信、互联网热点问题在法律层面上解决办法的参考与借鉴。

　　本书选用案例主要是作者承办以及各级法院公布的已裁案例；少数属于经核实但未能查调法院裁判文书的案例，这类案例同样涉及与电信、互联网领域相关的热点问题，因此本书亦有所采用。我们尽量引述判词作为结论，同时也会适当加入评析。

　　本书初稿主要由广州金鹏律师事务所黄国华律师撰写，雷毓雯律师参与校对与专业术语部分的整理。全书由洪彬律师策划、确定大纲结构、修改及定稿。

　　本书从撰写到定稿，由于时间仓促，一则热点问题难免有遗漏，二则水平所限，错误或许难免，期待广大读者指正。再次感谢暨南大学出版社张仲玲副社长及本书责任编辑的肯定和辛苦工作。

作　者

2018 年 1 月